Michael Vaupel / Vivek Kaul

Die Geschichte(n) des Geldes

Von der Kaurischnecke zum Goldstandard –
So entwickelte sich das Finanzsystem

börsenbuch verlag

Teile dieses Buchs wurden bereits in folgendem Werk veröffentlicht:
Easy Money: Evolution of Money from Robinson Crusoe to the First World War
English language edition published by SAGE Publications India Pvt of New Delhi,
London, Thousand Oaks, and Singapore
© Vivek Kaul, 2013

Copyright 2016:
© Börsenmedien AG, Kulmbach

2. Auflage 2016

Covergestaltung: Romina Künzel und Johanna Wack
Gestaltung und Satz: Bernd Sabat, VBS-Verlagsservice
Herstellung: Daniela Freitag
Lektorat: Elke Sabat
Korrektorat: Egbert Neumüller
Druck: CPI – Ebner & Spiegel, Ulm

ISBN 978-3-86470-327-0

Alle Rechte der Verbreitung, auch die des auszugsweisen Nachdrucks,
der fotomechanischen Wiedergabe und der Verwertung durch Datenbanken
oder ähnlichen Einrichtungen vorbehalten.

Bibliografische Information der Deutschen Nationalbibliothek:
Die Deutsche Nationalbibliothek verzeichnet diese Publikation in der
Deutschen Nationalbibliografie; detaillierte bibliografische Daten
sind im Internet über <http://dnb.d-nb.de> abrufbar.

Postfach 1449 • 95305 Kulmbach
Tel: +49 9221 9051-0 • Fax: +49 9221 9051-4444
E-Mail: buecher@boersenmedien.de
www.boersenbuchverlag.de
www.facebook.com/boersenbuchverlag

INHALT

Vorwort Vivek Kaul 5
Vorwort Michael Vaupel 9
Warum Robinson Crusoe kein Geld brauchte 13
Gold – nützlich oder nutzlos? 31
Bedrucktes Papier wird zu Geld 55
Papiergeld in Zeiten des Umbruchs 93
Spekulationsblasen und Krisen 137
Goldene Zeiten 171
Diesmal ist es nicht anders 203
Anhang 215

VORWORT
VIVEK KAUL

TO MA AND PAPA, FOR LETTING ME BE!

Liebe Leserin, lieber Leser,

sofern Sie es schaffen, dieses Buch bis zum Ende zu lesen, werden Sie auf ein Zitat des deutschen Philosophen Georg Wilhelm Friedrich Hegel (1770–1831) stoßen. Dieses lautet: „Was die Erfahrung aber und die Geschichte lehren, ist dieses, dass Völker und Regierungen niemals etwas aus der Geschichte gelernt und nach Lehren, die aus derselben zu ziehen gewesen wären, gehandelt haben." Dieses eine Zitat fasst im Grunde zusammen, was mein Koautor Michael und ich mit diesem Buch versucht haben. Der Staat – repräsentiert durch Könige, Königinnen, Politiker, Generalsekretäre oder Diktatoren – hat Geld oft missbraucht. Und die Tatsache, dass dieser Missbrauch fast immer desaströs geendet hat (wie wir in diesem Buch sehen werden), hat Staaten nicht davon abgehalten, denselben Fehler immer und immer wieder zu begehen.

Dabei geht es nicht nur um weit entfernte geschichtliche Ereignisse, sondern das geschah auch nach der Finanzkrise von 2008, als die viertgrößte Investmentbank der Wall Street, Lehman Brothers, zahlungsunfähig wurde. Einer der Hauptgründe, die zur Finanzkrise führten, war, dass Zentralbanken und Regierungen eine Ära des „leichten Geldes" eingeläutet hatten. Diese Ära führte zu exzessivem Schuldenmachen und letztlich zu einer riesigen Immobilienblase in den USA. Sobald diese Immobilienblase zu platzen begann, kam es zur Finanzkrise.

Und nachdem diese Krise überstanden war, haben die Zentralbanken der westlichen Welt weiter dasselbe getan, immer wieder. Eine weitere Ära des „leichten Geldes" wurde eingeleitet. Das Problem dabei ist, dass die Wirtschaftsgeschichte uns klar zeigt, dass „leichtes Geld" zwar kurzfristig Vorteile hat, aber mittel- und langfristig üblicherweise große Probleme mit sich bringt.

Unsere verantwortlichen Zentralbanker und Politiker lesen offensichtlich nicht genügend Geschichtsbücher oder sie sind nur daran interessiert, dass ihre eigene Amtszeit ohne Probleme vonstattengeht – wofür sie alles tun würden. Und wenn das bedeutet, eine neue Ära des „leichten Geldes" einzuläuten, dann sei es so.

In diesem Buch betrachten Michael und ich die Wirtschaftsgeschichte der Welt und ziehen dann Parallelen dazu, wie die Dinge heutzutage laufen. Einer der Punkte, die wir besprechen, ist das relativ geringe Eigenkapital, mit dem Banken und andere Finanzinstitute heute arbeiten. Wie Walter Bagehot, im 19. Jahrhundert Herausgeber der Wochenzeitung *The Economist*, einmal sagte: „Die Hauptquelle der Profitabilität des etablierten Bankwesens ist die geringe Menge an erforderlichem Kapital." Dieser fundamentale Punkt ist wichtig, um sowohl die Entwicklung von Banken und anderen Finanzinstituten im Laufe der Jahre als auch die heutige Situation zu verstehen. Banken und Finanzinstitute haben im Laufe der Jahre herausgefunden, dass ihre Rendite umso höher sein kann, je weniger Eigenkapital sie selber einsetzen. Aber dies erhöht gleichzeitig das Risiko im gesamten Finanzsystem.

Das sind Lektionen, die gelernt werden müssten, welche aber nicht gelernt werden.

Um es zusammenzufassen: Beim Thema Finanzsystem und Geld hat sich im Laufe der Jahre viel geändert und viel entwickelt. Aber auf einem sehr grundlegenden Niveau sind die Dinge weiterhin dieselben.

Angenehme Lektüre.

Vivek Kaul

VORWORT
MICHAEL VAUPEL

FÜR KRISTINA

„Glücklich das Volk,
dessen Geschichte sich langweilig liest."

– Charles-Louis de Montesquieu (1689–1755)

Liebe Leserin, lieber Leser,

Geschichte wiederholt sich nicht unbedingt – aber sie „reimt sich", so ein Zitat von Mark Twain. Ich finde, dieses Zitat passt sehr gut zu unserem Buch, welches hiermit vor Ihnen liegt. Ein Beispiel: Die US-Notenbank kauft US-Staatsanleihen, die Leitzinsen werden gesenkt. Der US-Finanzminister verkündet, dass es ein reichliches Angebot an „easy money" – leichtem Geld – gibt, was für alle Eventualitäten sorgen würde. Kommt Ihnen das bekannt vor?

Diese Situation beschreibt nicht nur die Gegenwart, sondern auch das Jahr 1927. Und ging es gut, damals, 1927? Aber ja! Die US-Wirtschaft boomte. Auch 1928 und einen Teil des Jahres 1929 hindurch sorgte das „leichte Geld" für einen Boom in der Realwirtschaft und besonders am Aktienmarkt. Doch dann kam der Zahltag: Crash an der Wall Street und Beginn der Weltwirtschaftskrise im Jahr 1929.

Ob es diesmal analog dazu wieder so kommen wird? Dazu möchte ich meinen Koautor zitieren, mit dem ich Themen wie dieses durchgegangen bin. Vivek antwortete mit einem Zitat. Auf den ersten Blick hat es nichts mit der Frage zu tun – auf den zweiten Blick hingegen zeigte es mir, warum ich so dankbar bin, Vivek als Koautor gewonnen

zu haben. So zitierte er Mark Buchanan, welcher sinngemäß dieses Beispiel nannte:
Ein Haus ist abgebrannt. Später fand man heraus, dass jemand mit Streichhölzern gespielt hatte. Ein Funken war auf eine Spielkarte geflogen und diese hatte angefangen zu brennen. Da mehrere Spielkarten daneben verteilt waren, breitete sich das Feuer über diese aus, erreichte dann die Vorhänge und das Haus brannte ab. Können wir in dem Fall die Schlussfolgerung ziehen, dass das Haus nicht abgebrannt wäre, wenn die Spielkarten nicht auf dem Tisch verteilt gewesen wären? Durchaus. Aber können wir das verallgemeinern? Wird die Zahl der Hausbrände dadurch verringert, dass Spielkarten nicht auf bestimmte Weise auf einem Wohnzimmertisch verteilt werden?

Dies als Warnung davor, voreilige Analogieschlüsse zur Situation von 1929 zu ziehen. Vivek und ich liefern Ihnen mit unserem Buch keine „Gewissheiten" im Sinne eindeutiger Analogieschlüsse. Wir sagen nicht, dass es zum Beispiel so wie 1929 kommen muss. Stattdessen zeigen wir Ihnen, wie es früher einmal in ähnlicher Situation verlaufen ist. Wir beschreiben Ihnen, zu was „Gelddrucken" in früheren Jahren geführt hat. Geschichte wiederholt sich nicht – aber sie reimt sich. Und wer die Geschichte kennt, ist tendenziell besser vorbereitet auf die aktuellen Ereignisse. Davon sind wir überzeugt.

In diesem Sinne wünsche ich Ihnen eine angenehme und gewinnbringende Lektüre!

Ihr
Michael Vaupel

WARUM ROBINSON CRUSOE KEIN GELD BRAUCHTE

*„Dem Büffel ist das frische Gras lieber
als eine goldene Futterkrippe."*

– CHINESISCHES SPRICHWORT

Daniel Defoe war wahrscheinlich der erste investigative Finanzjournalist der Welt.[1] Er soll detailliert über die sogenannte Südseeblase berichtet haben, eine Spekulationsblase, die London in der zweiten Hälfte des 18. Jahrhunderts traf. Isaac Newton, der damals selber eine bedeutende Summe verlor, soll dazu gesagt haben: „Ich kann die Bewegung eines Körpers messen, aber nicht die menschliche Dummheit."

Heute hingegen ist Daniel Defoe – wenn überhaupt – bekannter als Autor des Romans „Robinson Crusoe", der im April 1719 das erste Mal veröffentlicht wurde. Wenn Sie dieses Buch nicht aus Ihrer Kindheit kennen, hier die kurze Zusammenfassung: Ein Schiffbrüchiger verbringt 28 Jahre auf einer einsamen Insel in der Karibik, bevor er schließlich gerettet wird. Die Insel wird gelegentlich von Kannibalen besucht. Bei einem dieser Besuche entkommt ein Gefangener der Kannibalen. Robinson Crusoe rettet ihn und nennt ihn „Freitag" – weil das Ereignis an diesem Wochentag stattfand. Aber was hat dieser Robinson Crusoe in unserem Buch zu suchen? Außer der Gemeinsamkeit mit Ihren Autoren, dass auch diese manchmal auf Freitag warten?

Diese kurze Einleitung zu Daniel Defoe und Robinson Crusoe soll bei der Beantwortung der Frage helfen, ob „Robinson Crusoe und

Freitag Geld brauchten".[2] Die Antwort ist: Nein, brauchten sie nicht! Robinson und Freitag waren die einzigen beiden Menschen auf der Insel. Wenn sie Fisch haben wollten, dann konnten sie welchen fangen. Wenn sie Kokosnüsse wollten, brauchten sie diese nur einzusammeln. Sie mussten nichts von irgendjemandem kaufen.

Alles Gold der Welt ...

Selbst wenn sie alles Gold der Welt gehabt hätten, dann hätte es für sie nichts bedeutet. Und wenn sie modernes Papiergeld gehabt hätten, dann hätten sie dieses nur zum Feuermachen nutzen können. Ja, zwei Menschen auf einer einsamen Insel benötigen kein Geld. Aber wenn es mehr als zwei Menschen werden, dann kommt das Bedürfnis auf, ein Zahlungsmittel zu haben, um einfacher tauschen zu können.[3] Nichtsdestotrotz kam das Konzept von Geld nicht sofort auf – zuerst entwickelte sich der Tauschhandel, Ware gegen Ware. Mit dem Begriff „Barter-Geschäft" wird der bargeldlose Tauschhandel bezeichnet. Wer ein paar Eier hat und Salz braucht, kann eins der Eier gegen Salz eintauschen. Geld ist bei diesem Tausch nicht notwendig. Aber nicht immer ist es so einfach.

Das erste Problem, welches bei Barter-Geschäften auftauchen kann, ist die notwendige Gleichzeitigkeit der Wünsche. Angenommen, ich habe Eier und möchte Salz. Also muss ich jemanden finden, der Salz hat und zur selben Zeit dieses gegen ein Ei eintauschen möchte. Aber was ist, wenn die Person, die Salz hat, dieses nicht gegen ein Ei, sondern gegen Zucker eintauschen möchte? Was passiert dann? Um die Transaktion in diesem Fall durchführen zu können, muss ich erst jemanden finden, der Zucker hat und diesen gegen ein Ei eintauschen möchte. Dann nehme ich den Zucker, gehe damit zu der Person, die das Salz hat, und gebe ihr den Zucker im Austausch gegen das Salz.

Dieses Beispiel beinhaltet drei Waren. Stellen Sie sich vor, was los wäre, wenn es um zehn Waren gehen würde. Das könnte für diejenigen, die tauschen möchten, ein komplettes Chaos bedeuten. In einem Barter-System mit vier Waren gibt es sechs mögliche Tauschverhältnisse. Aber stellen Sie sich ein Barter-System vor, in welchem 1.000 Waren untereinander getauscht werden können. Dann würde es 499.500 mögliche Tauschverhältnisse geben.[4]

Das zweite Problem bei Barter-Geschäften ist die Unteilbarkeit. Angenommen, jemand möchte eine Töpferware gegen grundlegende Dinge wie Eier, Salz und Weizen verkaufen. Wenn dieser Mensch keine Person findet, die diese Dinge gegen eine Töpferware eintauschen möchte, dann kommt kein Barter-Geschäft zustande. Und wenn es drei unterschiedliche Menschen gibt, von denen der eine Eier, der andere Salz und der dritte Weizen anbietet – wie kann dann die Töpferware aufgeteilt werden? Denn diese ist nur ungeteilt von Nutzen.

Schon in der Steinzeit lebten die Menschen in Gruppen von vielleicht 20 bis 60 Personen zusammen.[5] In so einer Gemeinschaft gingen üblicherweise die Männer auf die Jagd, um Fleisch auf den Tisch zu bringen. Aber nach jeder Jagd gab es einige Männer, welche nicht erfolgreich gewesen waren, und deshalb mussten deren Familien hungern.

Eine Möglichkeit, dieses Problem zu beseitigen, war die Vergesellschaftung der Risiken: Jäger, welche Erfolg hatten, teilten das Fleisch mit denjenigen, welche nicht erfolgreich gewesen waren. So wurde sichergestellt, dass niemand hungern musste.[6] Das beinhaltete natürlich die Annahme, dass Jäger mit einem schlechten Tag später wieder vielleicht einen guten Tag haben würden – und dann ihrerseits mit anderen teilen würden. Aber dieses Arrangement ging davon aus, dass alle Jäger gleich kompetent bei der Jagd sein würden, was der Fall gewesen sein mag – oder eben nicht. Wenn der Mann einer bestimmten Familie generell ein schlechter Jäger war, dann war die Wahrscheinlichkeit größer, dass er mehrere schlechte Tage haben würde. In so einer Situation würde er von der Großherzigkeit der anderen abhängig sein, um seine Familie ernähren zu können.

Ein Töpfer, der nicht gut jagen konnte ...

Was wäre, wenn dieser Mann, der nicht gut jagen konnte, stattdessen aber sehr gut in Töpferarbeiten gewesen wäre? Er hätte dann Töpferarbeiten herstellen und diese bei den Jägern gegen Fleisch eintauschen können, um so seine Familie zu ernähren. Allerdings wären auch dann die Probleme der Barter-Geschäfte aufgetaucht. Was wäre, wenn die Jäger an einem bestimmten Tag keine Töpferware gewollt hätten? Die Familie des Töpfers würde an solchen Tagen dann hungrig sein – denn Nahrung wird jeden Tag benötigt, neue Töpferwaren nicht. Was wäre ein Ausweg für den Töpfer gewesen? Er hätte zum Beispiel an einem Tag für seine Töpferwaren mehr Nahrung eintauschen können, als seine Familie an diesem Tag benötigte. Aber wie konnte er diese Nahrung lagern? Die Lösung war, dass der Töpfer seine Güter gegen eine Ware eintauschte, welche nicht so schnell verdarb. Er konnte diese Ware dann lagern und hoffentlich später gegen Nahrung eintauschen – an Tagen, an denen es geringe Nachfrage nach seinen Töpferwaren gab. Selbstverständlich funktioniert dieses Beispiel auch mit einer Töpferin.

Als die Menschen begannen, Geschäfte jenseits des eigenen Clans durchzuführen, bemerkten sie, dass formalere Regeln für Verträge notwendig sein können. Innerhalb des eigenen Clans konnte man vereinbaren, dass die Gegenleistung nicht sofort erfolgen musste. Wenn im Clan jemand Töpferwaren kaufen wollte, aber nicht so viele Nahrungsmittel hatte, wie der Töpfer dafür haben wollte, dann konnte er den Rest auch später zahlen, wenn

er eine gute Jagd gehabt hatte. Aber dieses Arrangement konnte schlecht bei jemandem angewendet werden, der nicht zum eigenen Clan gehörte und dem man nicht vertrauen konnte.

Wenn Menschen Barter-Geschäfte mit anderen Menschen außerhalb ihres eigenen Clans durchführen wollten, dann brauchten sie „Standardgegenstände", welche jeder bereitwillig akzeptierte und die dadurch komplexere Barter-Geschäfte ermöglichten.[7] Ein Töpfer musste dann seine Töpferwaren nicht mehr notwendigerweise nur gegen Nahrungsmittel eintauschen, welche nicht lange haltbar waren. Er konnte sie auch gegen solche allgemein akzeptierten „Standardgegenstände" eintauschen, die er wiederum in der Zukunft gegen Nahrungsmittel tauschen konnte. Auf diese Weise konnten auch Barter-Geschäfte mit Menschen jenseits des eigenen Clans durchgeführt werden. Solche „Standardgegenstände" wurden nicht über Nacht erfunden. Wahrscheinlich gab es in unterschiedlichen Gemeinschaften im Laufe der Jahrhunderte viele gescheiterte Versuche, bevor sich solche Gegenstände herauskristallisierten. Der Nutzen liegt auf der Hand. Der Mensch in unserem Beispiel brauchte jemanden, der Zucker hatte und diesen gegen Eier eintauschen wollte. Dann wurden erst Eier gegen Zucker getauscht – und dann der Zucker gegen Salz. Am Ende konnte dieser Mensch dann ein Ei mit Salz genießen.

Eier, Zucker und Salz

Im zweiten Beispiel hatten wir einen Töpfer, welcher die Töpferware nicht teilen konnte, um damit eine kleinere Menge Nahrung bezahlen zu können. Aber er konnte sie gegen eine größere Menge von etwas eintauschen, was leichter teilbar war. Ein Beispiel dafür ist Zucker. So konnte der Töpfer einen größeren Zuckervorrat erwerben und davon dann auch kleinere Mengen an Nahrungsmitteln erwerben. In so einem Fall hätte sich nach und nach eine größere Nachfrage nach Zucker gezeigt – da die Menschen gesehen hätten, dass sie Zucker leicht gegen Güter ihres täglichen Bedarfs eintauschen konnten. In der heutigen Terminologie gesprochen bedeutet dies, dass Zucker eine größere „Marktfähigkeit" als andere Güter gehabt hätte.[8] Woher kam diese Marktfähigkeit des Zuckers? Eier sind leicht zerbrechlich und müssen vorsichtig transportiert werden. Beim Transport von Zucker gibt es hingegen weniger Probleme. Und anders als Töpferware kann Zucker auch leicht geteilt werden. Und was ist mit Salz? Bei Salz besteht die Gefahr, dass es regnet und sich das Salz auflöst. Für Zucker gilt das teilweise – dafür kann Zucker wiederum Ameisen anziehen.

All das mussten die Menschen bedenken, wenn sie „Standardgegenstände" für den Tausch suchten. Und ein solcher Gegenstand sollte nicht nur ein Tauschmittel sein, sondern auch im Alltag verwendet werden können. Interessanterweise wurde auf diese Weise das Konzept von „Geld" nicht von einer Person oder einer Gemeinschaft erfunden, sondern es entwickelte sich langsam fast überall auf der Welt.

Wo man mit Kokosnüssen bezahlen konnte

In unterschiedlichen Gesellschaften wurden unterschiedliche Formen von Geld entwickelt. Aber in jeder Gesellschaft gab es einen oder zwei Rohstoffe, welche schließlich als Standardtauschmittel genutzt wurden. In Teilen des alten Indiens waren Mandeln ein Zahlungsmittel. Auf den Nikobaren (einer Inselgruppe im Golf von Bengalen) waren Kokosnüsse Geld. In Guatemala wurde mit Mais bezahlt. Im vorkolonialen Namibia waren es zeitweise Straußenfedern. Und in der Mongolei wurde Tee als Zahlungsmittel genutzt. In Reis produzierenden Gesellschaften wie im Gebiet der heutigen Staaten Philippinen, Japan und Burma wurden standardisierte Mengen Reis als Geld genutzt. Und im kalten Norwegen wurde zeitweise Butter in dieser Funktion verwendet. Sogar Stockfisch (getrockneter Fisch) wurde als Geld genutzt. In der Fastenzeit war die Nachfrage nach Stockfisch übrigens besonders groß.[9]

Wieso entwickelten sich in unterschiedlichen Weltgegenden unterschiedliche Zahlungsmittel? Hauptsächlich lag das an der jeweiligen Verfügbarkeit des Zahlungsmittels. So wurde im nordamerikanischen Virginia Tabak produziert – und der wurde als Zahlungsmittel genutzt. Kein Witz: 1642 wurde Tabak in Virginia zum gesetzlichen Zahlungsmittel erklärt. Und in Maryland wurden alle Geschäftstransaktionen inklusive der Steuerzahlungen in Tabak abgewickelt.[10] Ein weiterer Rohstoff, der als Zahlungsmittel verwendet wurde, war Salz. Die frühen römischen Soldaten erhielten zeitweise ihre Soldzahlungen in Salz. Das wurde dann „salarium" genannt, wovon das heutige Wort „Salär" abgeleitet wurde.[11]

In Teilen Westafrikas wurde Salz noch bis zu Beginn des 20. Jahrhunderts als Zahlungsmittel verwendet. Salz konnte gekauft, verkauft, gemietet, gelagert und sogar vererbt werden. Interessanterweise konnten im Sudan alle Dinge und Güter des täglichen Bedarfs wie Kleidung, Pferde und sogar Sklaven mit Salz gekauft werden. Zu bestimmten Zeiten lag der Preis eines Sklaven bei der Menge an Salz, die der Größe seines Fußes entsprach.[12] Salz wurde wegen seiner Härte und Dauerhaftigkeit als Geld genutzt. Es wurde unter großen Risiken und großem Arbeitseinsatz aus der Sahara gewonnen. Dort konnte das Salz gut transportiert und auch zur Ernährung von Mensch und Tier verwendet werden. Aus dem Meer gewonnenes Salz hingegen konnte nicht so gut transportiert werden und änderte die Farbe und den Geschmack, wenn es exzessiver Hitze oder Feuchtigkeit ausgesetzt wurde.[13] Das Salz, welches in der Sahara gewonnen wurde, war so hell, dass Salzscheiben, welche Händler transportierten, für Marmor gehalten werden konnten. Diese Reinheit stellte auch sicher, dass das Salz in standardisierte Größen geteilt werden konnte.[14]

Hingegen waren in China, Indien und Teilen von Afrika auch Kaurischnecken als Zahlungsmittel verbreitet. In China wurden Kaurischnecken auch als Grabbeigabe verwendet. Die kleine Inselgruppe der Malediven war die hauptsächliche Quelle dieses auch

"Kaurimuschel" (was biologisch nicht korrekt ist) genannten Tauschmittels. Es setzte sich zunächst in Indien durch und wurde später auch in China verwendet. Der Wert stieg mit der Entfernung zu den Malediven. Arabische Händler kauften die Kaurischnecken und brachten sie nach Afrika, wo sie von ihnen auch für den Kauf von Sklaven verwendet wurden. Ein Schiffbrüchiger auf den Malediven schrieb im 17. Jahrhundert:

> *"Sie nannten diese (Kaurimuscheln) Boly und exportieren sie überall hin in unbegrenzten Mengen, sodass ich innerhalb eines Jahres 30 bis 40 ganze Schiffe voll nur damit gesehen habe, ohne andere Ladung. Alle gehen nach Bengalen, denn nur dort besteht eine so hohe Nachfrage zu hohen Preisen. Die Menschen in Bengalen nutzen diese als normales Geld, obwohl sie Gold und Silber und viele andere Metalle haben; und was noch merkwürdiger ist, Könige und große Herren haben Häuser, welche nur dafür errichtet worden sind, diese Schneckenhäuser zu lagern, und sie werden als Teil ihres Schatzes gesehen."*[15]

Kaurischnecken waren so erfolgreich, weil sie alle Eigenschaften hatten, die Geld haben sollte. *Sie waren leicht zu transportieren, beständig und sehr schwer zu fälschen.* Dies war ein sehr wichtiger Vorteil gegenüber Münzen, die gefälscht werden konnten. In China konnten Steuern bis ins 14. Jahrhundert hinein mit Kaurischnecken bezahlt werden. Nichtsdestotrotz wurden die Kaurischnecken bis Mitte des 19. Jahrhunderts von einer starken Inflation getroffen, da es einfach zu viele von ihnen gab. Denn auch vor der Küste von Sansibar wurden Kaurischnecken in großer Zahl gefunden. Und sobald diese Kaurischnecken auf den Markt kamen, fiel ihr Wert, sodass sie schließlich nicht mehr als Zahlungsmittel verwendet wurden.[16] Im Zeitverlauf wurde Geld auch zu einem Wertaufbewahrungsmittel, statt nur ein Zahlungsmittel zu sein – zum Beispiel in Form von Rindern.[17] Diese Art der Wertaufbewahrung beziehungsweise des Messens des eigenen Reichtums ist auch in der Gegenwart immer noch in Teilen der Welt zu beobachten. Denken Sie nur an die bekannte Volksgruppe der Massai in Ostafrika. Interessant dabei: Das Wort „pekuniär" ist vom lateinischen Wort „pecus" = Vieh abgeleitet.

Auch Tierhäute wurden zu bestimmten Zeiten als Geld genutzt, zum Beispiel in den britischen Kolonien an der Ostküste der heutigen USA. Auch hier zeigen sich interessante sprachliche Wurzeln: Der Rehbock wird auf Englisch „buck" genannt – und noch heute wird der US-Dollar in den USA auch „buck" genannt. Die Azteken wiederum nutzten Kakaobohnen als Geld. Die ersten europäischen Piraten wussten nicht, was für einen Wert Kakaobohnen für die Azteken hatten, und versenkten ganze Schiffsladungen davon, weil sie die Kakaobohnen fälschlicherweise für Hasenkötel hielten.[18]

Der menschliche Einfallsreichtum in Zeiten der Not hat sogar dazu geführt, dass Zigaretten als Geld genutzt wurden. Dies war zum Beispiel in Deutschland unmittelbar nach dem Zweiten Weltkrieg der Fall. In Deutschland stationierte amerikanische und britische Soldaten konnten ihre Zigarettenration gegen Dinge des täglichen Bedarfs eintauschen – und ihren Sold unangetastet lassen. Im September 1946 unterbanden britische und amerikanische Behörden die Möglichkeit, die Reichsmark in Britische Pfund oder US-Dollar zu tauschen.[19] Für die Soldaten waren damit die Zigaretten effektiv „Geld". Bezahlt wurde nicht mit dem Sold in harter Währung, sondern mit der „Währung" Zigaretten.[20] Diese hatten einen wirtschaftlichen Wert erhalten, der über dem ihres eigentlichen Verwendungszwecks lag.[21] Zigaretten wurden auch in den Kriegsgefangenenlagern Europas während und nach dem Zweiten Weltkrieg als Geld verwendet. Manche Gefangene erhielten Standardpakete vom Roten Kreuz, die Kekse, Butter, Zigaretten, Dosenfleisch, Schokolade, Marmelade, Milch, Zucker und weitere Dinge enthielten.[22] Sobald die Rotkreuz-Pakete angekommen waren, begannen die Gefangenen zu tauschen. Zu Beginn tauschten die Nichtraucher ihre Zigaretten gegen Schokolade ein. Diese europäische Perspektive kennt Ihr Autor Michael Vaupel aus Berichten. Ihr Autor Vivek Kaul wiederum berichtet, dass die indischen Sikhs, welche in der britischen Armee kämpften, in den Kriegsgefangenenlagern die Dosen mit Rindfleisch gegen andere Güter wie Butter, Marmelade und Margarine eintauschten. Aber Schritt für Schritt kristallisierten sich die Zigaretten als Standardgegenstand des Tauschhandels heraus.

Zigaretten als Währung in Kriegsgefangenenlagern

Es gab laut Aussagen eines ehemaligen Kriegsgefangenen Geschäfte der Art „das Stück Käse gegen sieben Zigaretten". Er erinnerte sich auch daran, dass ein anderer Gefangener Kaffee, Tee oder Kakao verkaufte – zum Preis von zwei Zigaretten pro Tasse. Dieser Gefangene erweiterte sein Geschäft, aber scheiterte letztlich und verlor ein paar Hundert Zigaretten.[23] Warum etablierten sich gerade Zigaretten während und nach dem Zweiten Weltkrieg als Form von Geld? Eine Zigarette hat einige der Qualitäten von gutem Geld. Sie kann leicht transportiert werden. Sie kann leicht geteilt werden – von einzelnen Zigaretten bis hin zu ganzen Stangen. Und innerhalb eines Kriegsgefangenenlagers konnten Zigaretten nur schwer gefälscht werden. Es gab immer einige Leute, die etwas Tabak aus einzelnen Zigaretten „herausschüttelten", bis sie genug Tabak hatten, um eine neue Zigarette zu rollen. Dann war es für Mitgefangene allerdings offensichtlich, dass die neue Zigarette selbst gerollt war. Zigaretten konnten zudem schmutzig oder nass werden.

Das waren allerdings kleine Probleme im Vergleich zu den Zeiten, wenn die wöchentlichen Rotkreuz-Pakete nicht ankamen. Und zu anderen Zeiten führte zum Beispiel der Stress durch schwere Luftangriffe dazu, dass die Leute ihr Geld – d. h. die Zigaretten – rauchten.[24] In solchen Situationen war nicht genug Geld (= Zigaretten) im Umlauf und die Preise sanken. Da die Leute nicht viele Zigaretten hatten, um Güter zu kaufen, senkten diejenigen, welche Waren horteten, die Preise. Zu anderen Zeiten erhielten viele Kriegsgefangene von ihren Familien Pakete voll mit Zigaretten. Das bedeutete dann, dass sich die im Umlauf befindliche Menge an Zigaretten erhöhte. Plötzlich war die „Geldmenge" stark gestiegen – und die Preise stiegen daraufhin ebenfalls.[25]

Was wir bis jetzt gesehen haben: Während der Geschichte des Geldes wurde größtenteils ein Rohstoff als Geld genutzt, welcher auch einen eigenen Gebrauchswert hatte. Es gab natürlich auch Ausnahmen wie zum Beispiel die Kaurischnecken. Aber der wichtigste Punkt beim Nutzen von Geld ist der Glaube, dass dieses Geld auch von anderen angenommen wird. Und wenn dieser Glaube im Zeitablauf allgemein vorherrschend wird, dann können sogar absurde Dinge als Geld genutzt werden. So wurden im alten China zeitweise landwirtschaftliche Geräte als Geld genutzt. Im Lauf der Zeit wurden diese Gegenstände eher als Geld denn als Arbeitsgeräte verwendet. Und was passierte? Es wurden miniaturisierte Versionen davon hergestellt, welche gar nicht mehr für die Landwirtschaft verwendet werden konnten. Ähnlich sah es zeitweise in England aus. Dort wurden eine Zeit lang Schwerter als Geld verwendet. Im Laufe der Zeit wurden solche Schwerter nicht mehr für den Kampf, sondern nur noch für den Handel benutzt. Daraufhin wurden sie miniaturisiert. Auch auf dem europäischen Kontinent fanden sich miniaturisierte Doppeläxte. Diese waren zu klein, um sinnvoll verwendet zu werden. Deshalb haben Archäologen daraus geschlossen, dass diese Doppeläxte wahrscheinlich als Zahlungsmittel verwendet wurden.[26]

In welcher deutschen Kolonie man mit einem steinernen Rad bezahlen konnte

Wir springen gedanklich auf die Karolinen-Inseln. Dabei handelt es sich um einen verstreuten Archipel mit ungefähr 500 Inseln im westlichen Pazifik östlich der Philippinen. Dieser Archipel wurde übrigens 1899 im Rahmen des „Deutsch-Spanischen Vertrags" vom deutschen Kaiserreich von Spanien erworben. Der Kaufpreis lag bei 25 Millionen Peseten. Der Erste Weltkrieg brachte auch hier das Ende der deutschen Kolonialbesitzungen. Zu den Karolinen gehört auch eine Insel namens Yap oder Uap, von den Einheimischen auch Wa´ab genannt. 1903 besuchte der amerikanische Anthropologe William Henry Furness III. die Insel und untersuchte dort auch, was die Einheimischen als Geld benutzten. Die lokale Währung wurde „Fei" genannt. Dabei handelte es sich im Wesentlichen um große,

solide, dicke steinerne Räder, welche einen Durchmesser von 30 Zentimetern bis hin zu vier Metern haben konnten. In der Mitte war ein Loch von etwa einem Sechstel des Durchmessers, wodurch eine Stange gesteckt werden konnte, um den „Fei" auf den Schultern von Männern zu transportieren. Die Feis wurden aus Kalkstein hergestellt, welcher auf einer Insel namens Babelthuap gewonnen wurde – mehrere Hundert Kilometer entfernt. Sehr wahrscheinlich wurden die Feis dort auch hergestellt und dann mit Kanus und Flößen nach Yap transportiert.[27] Die größeren Feis waren natürlich wertvoller, aber die Größe war nicht der einzige Bestimmungsfaktor des Wertes. Auch die Qualität des Kalksteins war wichtig.[28]

In einigen Fällen konnte ein Fei so viel wiegen wie ein modernes Auto und war deswegen schwer zu transportieren.[29] In solchen Fällen war ein neuer Besitzer eines Feis glücklich, wenn ihm dieser einfach nur gehörte – und der Fei selbst konnte vor dem Haus des vorigen Besitzers stehen bleiben.[30] Wie bereits oben dargelegt: Der wichtigste Punkt beim Nutzen von Geld ist der Glaube, dass dieses Geld auch von anderen angenommen wird. Wenn dieses Vertrauen da ist, dann reicht auch ein steinernes Rad vor dem Haus eines anderen aus, damit sich jemand „reich" fühlen kann.

Eine schrecklich nette Familie

Es gab sogar eine Familie, deren Reichtum groß und allgemein anerkannt war – obwohl niemand (einschließlich der Familie selbst) jemals den Reichtum dieser Familie in Form von Feis gesehen hatte. Die Quelle ihres Reichtums war ein enormer Fei, der seit zwei oder drei Generationen auf dem Meeresboden lag. Offensichtlich war einer der Vorfahren der Familie zu einer Expedition aufgebrochen. Als er zurückkam, brachte er einen enormen Fei auf einem Floß mit. Aber ein Sturm kam auf, und um das Leben der Mitreisenden zu retten, musste der Fei versenkt werden. Nach der Rückkehr bestätigten alle Mitreisenden, dass sie den Fei gesehen hätten – und dass er riesig sei und ohne Schuld des Besitzers versenkt worden sei. Deshalb blieb die Kaufkraft dieses Steins für den Mann und spätere Generationen seiner Familie erhalten.[31] Was dieses Beispiel und andere Beispiele abstrakten Geldes uns zeigen, ist die Wichtigkeit eines „Mythos" oder nicht infrage gestellten Glaubens in monetären Dingen. Das Geld um uns herum, das Geld, mit dem wir aufwachsen, *erscheint* uns nur als „reales" Geld.[32] Bevor wir über das Beiepiel überheblich schmunzeln – ist es heute wirklich so sehr anders?

Urwaldbewohner kommen das erste Mal in eine Stadt ...

Wir reisen gedanklich weiter nach Südamerika. Der Stamm der Nukak Maku lebte nomadisch als Jäger und Sammler in den Tiefen des tropischen Regenwaldes in Kolumbien.[33] 2003 verließ dieser Stamm den tropischen Regenwald, in dem er seit Jahrhunderten gelebt hatte, und kam in die kolumbianische Stadt San José del Guaviare. Der Bürgerkrieg in Kolumbien hatte den Stamm aus seiner angestammten Region vertrieben. Als diese Menschen in der Stadt ankamen, verstanden sie nicht, was „Geld" oder eine „Regierung" ist. Sie hatten auch keine Ahnung davon, dass sie Staatsbürger von Kolumbien waren. Sie fragten sogar, ob die Flugzeuge am Himmel sich auf unsichtbaren Straßen fortbewegten.[34]

Sie hatten auch kein Konzept der Zukunft. Als einer von ihnen gefragt wurde, ob der Stamm sich Sorgen wegen seiner Zukunft mache, jetzt wo sie nicht mehr im Regenwald seien, kam als Antwort nur: „Die Zukunft. Was ist das?" Heutzutage wohnt dieser Stamm in einer Siedlung neben der Stadt San José del Guaviare, wo er von Hilfslieferungen lebt.[35]

Ihre Autoren bezweifeln, dass dieser Stamm, der bis 2003 (!) unberührt war von Zeit und Geld, nun glücklicher als zuvor ist.

Könnten Sie einen Toaster selbst herstellen?

Die Geschichte des Stamms der Nukak Maku zeigt uns, wie eine Gesellschaft aussehen kann, die das Konzept von Geld nicht entwickelt hat. Geld ermutigt auch die Spezialisierung der Arbeit sowie den Handel mit Fremden. Dies ist wichtig, wenn es um die Erhöhung der Produktivität und den Fortschritt geht. Das klingt zu abstrakt? Dann überlegen Sie einmal, wie schwer es ohne Spezialisierung der Arbeit wäre, in der heutigen Welt einen Alltagsgegenstand wie einen Toaster herzustellen.[36] Ihre Autoren wären dazu selbst mit den notwendigen Utensilien nicht in der Lage. Aber wenn sich viele Menschen in ihren jeweiligen Nischen spezialisieren, dann werden auch Produkte wie

Toaster möglich. Und diese Spezialisierung und dieser Fortschritt sind nur möglich, weil unsere Vorfahren das Konzept von Geld erfunden haben. Denn dadurch wurde es den Menschen möglich, in den Bereichen zu arbeiten, welche ihnen am besten lagen – ohne sich darüber Sorgen machen zu müssen, wie sie ihre Produkte gegen andere notwendige Dinge eintauschen könnten. Diese Spezialisierung wiederum führte zu Entdeckungen und Erfindungen. Das Konzept von Geld ist deshalb ein wichtiger Punkt für den menschlichen Fortschritt, ob wir das mögen oder nicht. In Gesellschaften wie dem Stamm der Nukak Maku, welche das Konzept von Geld nicht entwickelt hatten, gab es daher keinen beziehungsweise wenig Fortschritt.

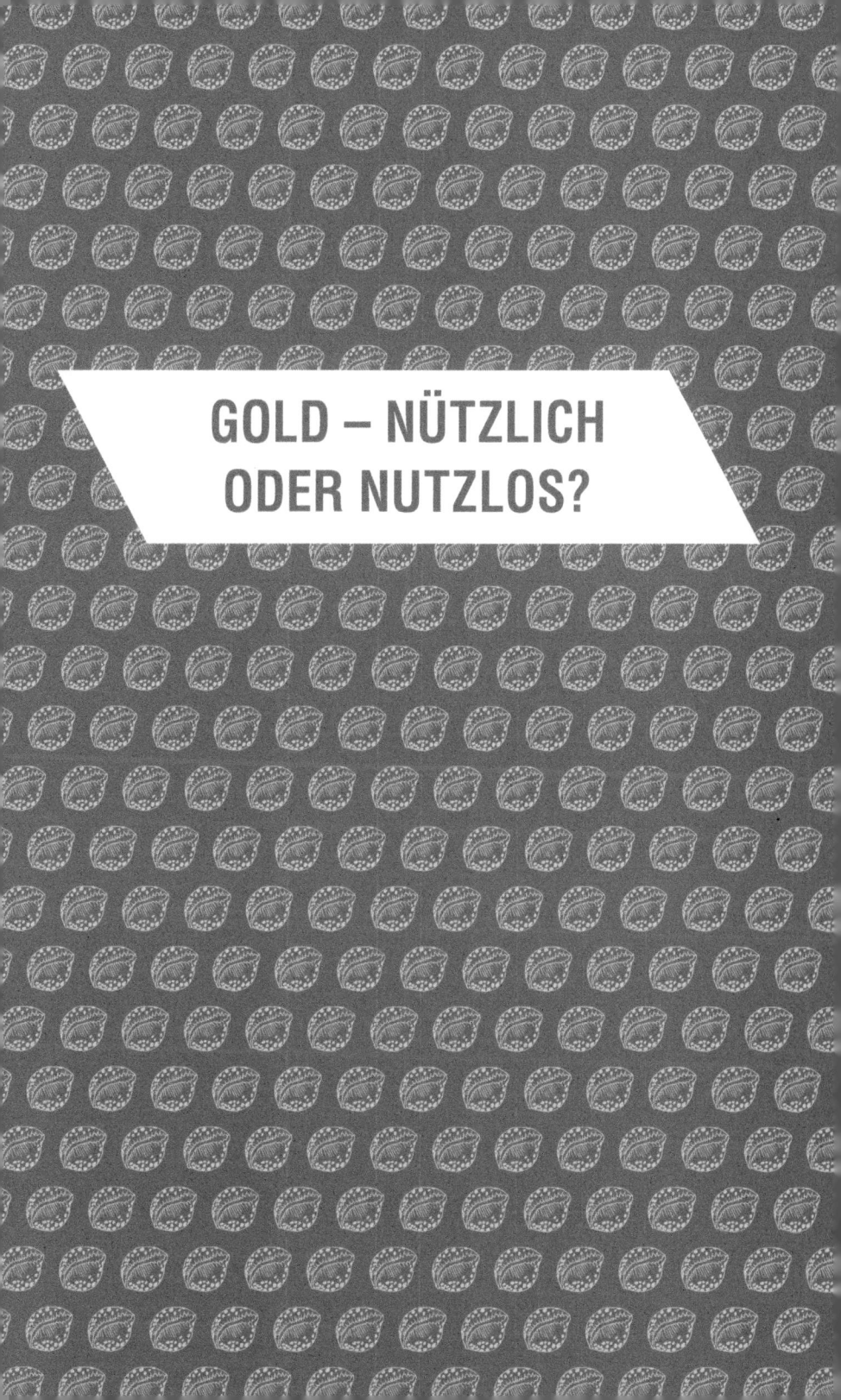
GOLD – NÜTZLICH ODER NUTZLOS?

„Du verlangst nach Gold, und Ich wünsche, dass du dich von ihm löst. Du wähnst dich reich in seinem Besitz, wo Ich in der Heiligung davon deinen Reichtum sehe. Bei Meinem Leben! Dies ist Mein Wissen, jenes dein Wahn – wie passt beides zueinander?"

– Verborgene Worte Bahá'u'lláhs, 1858

Bei Barter-Geschäften wurden Tauschverhältnisse zwischen zwei Gütern angegeben. So konnte ein Pferd 50 Hühner wert sein. Und ein Huhn wiederum konnte für zehn Eier gehandelt werden. Ein Ei wiederum konnte vielleicht für 50 Gramm Zucker eingetauscht werden, diese wiederum gegen eine bestimmte Menge Salz. Auf diese Weise konnte man auch bestimmen, gegen wie viele Kilogramm Zucker oder Salz ein Pferd eingetauscht werden konnte. Das ist aber alles recht verwirrend. Stellen Sie sich vor, Sie müssten sich all diese Tauschverhältnisse merken – und zwar für eine ganze Reihe weiterer Güter. Denn laut Schätzungen sind in Städten wie London oder New York rund zehn Milliarden verschiedene Produkte im Angebot.[1] Wenn weltweit Barter- statt Geldgeschäfte stattfinden würden, dann wäre das wahrscheinlich ein großes Durcheinander. Aber dies sind nur theoretische Überlegungen, denn ohne die Einführung von Geld hätten sich die Volkswirtschaften wahrscheinlich gar nicht auf diese Art und Weise entwickelt, welche das Angebot von so vielen unterschiedlichen Gütern ermöglicht.

In einer Wirtschaft, die nur auf Barter-Geschäften beruht, wäre es auch viel schwieriger zu bestimmen, ob ein Unternehmen Verlust oder Gewinn erwirtschaftet. Wenn jemand drei Eimer Weizen, acht Eier und zwei Karpfen erhalten und dafür vier Tongefäße und eine Schüssel Beeren gegeben hat – hat er damit einen „Gewinn" erzielt oder einen „Verlust"? Der Ökonom Murray Rothbard stellte für diesen Fall die Frage auf: „Wie in der Welt könnte man herausfinden, wie gut man dabei abschneidet?"[2] Durch die Einführung von Geld wurde dieses Problem gelöst. Jedes Gut hatte nun einen Preis – statt einer Vielzahl von Tauschverhältnissen, welche man sich sonst hätte merken müssen. Das vereinfachte das Wirtschaftsleben erheblich. Umsätze und Ausgaben konnten nun berechnet werden, was dem menschlichen Unternehmertum wie nichts zuvor einen gewaltigen Schub versetzte.

Außerdem hatten die Rohstoffe, welche zuerst als Geld genutzt wurden, ihre eigenen Probleme. Nehmen wir die Kaurischnecken: Sie waren zerbrechlich und mussten vorsichtig transportiert werden. Trotzdem blieben sie jahrhundertelang „Geld". Tiere, welche ebenfalls als Geld genutzt wurden (und in manchen Teilen der Welt immer noch genutzt werden), konnten nicht einfach geteilt werden, um kleinere Käufe durchzuführen. Aber sie waren eine Wertaufbewahrungsmöglichkeit. Der Rohstoff, der letztlich als Geld genutzt wurde, wurde von einer Vielzahl von Faktoren bestimmt. Dazu gehörten die örtliche Kultur, die Gegend und sogar das Wetter. Butter, die zeitweise von den alten Norwegern als Geld genutzt wurde, wäre in anderen Gegenden der Welt sofort geschmolzen. Salz wiederum wurde im westlichen Afrika in der Sahara sowie in der Sahel-Zone als Geld genutzt – diese Gegend ist im weltweiten Vergleich sehr trocken. Es wäre hingegen unpraktisch gewesen, Salz in regenreichen Gebieten als Geld zu verwenden.

Ein Hundezahn als Trinkgeld …

Rohstoffe wie Mandeln, Kakaobohnen, Reis, Weizen und Tabak, die als Geld genutzt wurden, waren nicht so zerbrechlich wie

Kaurischnecken, aber sie waren ein schlechtes Wertaufbewahrungsmittel. Es bestand immerhin die Möglichkeit, dass sie von Nagetieren und/oder Insekten gefressen wurden. Es gab immer das Risiko eines zu knappen Angebots oder im Gegenteil von zu viel Angebot eines Rohstoffs, der als Geld genutzt wurde. Was für Eigenschaften musste also ein Rohstoff haben, der Geld wurde? Er musste dauerhaft sein und nicht zerbrechlich. Sein Angebot musste stabil sein. Und am wichtigsten: Die Menschen, welche das Geld nutzten, mussten es auch bereitwillig als Geld akzeptieren. Zum Beispiel wurden auf den Salomon-Inseln im Pazifik jahrhundertelang Delfinzähne als Geld genutzt. Sogar noch im Jahr 2008 soll neues Interesse an Delfinzähnen als Geld aufgekommen sein. Der Preis für einen Delfinzahn schoss damals um das Vierfache nach oben, auf zwei Salomonen-Dollar. Der Gouverneur der Zentralbank der Salomon-Inseln gab zu, dass auch er Delfinzähne gekauft hatte.[3] Auf den Admiralitätsinseln Neuguineas wiederum wurden Hundezähne als Geld genutzt, was einige auswärtige Besucher der Inseln wiederum ekelhaft fanden.[4]

Als die Menschen lernten, Erze zu verarbeiten und auf diese Weise Werkzeuge und Waffen herzustellen, erhielten Metalle einen Wert.[5] Darüber hinaus erfüllten einige Metalle die grundlegenden Voraussetzungen, die ein Rohstoff benötigte, um als Geld genutzt werden zu können. Sie wurden von jedem akzeptiert. Sie lösten sich nicht auf und waren haltbar. Da sie nicht in großen Mengen vorkamen, konnten kleine Mengen hohen Wert haben. Sie waren tragbar. Und sie konnten relativ leicht in kleinere Mengen geteilt werden. Selbst wenn sie zerbrachen, hatten sie immer noch Wert und Qualität.[6] Und anders als viele andere Formen von Geld waren Metalle gute Wertaufbewahrungsmittel.

Wenn es um Seltenheit ging, dann waren Dinge wie Diamanten oder Rubine sicher eine bessere Wette. Aber es war schwer, die Qualität eines Diamanten und anderer Edelsteine zu bestimmen. Experten konnten da auch unterschiedlicher Ansicht sein. Bei Metallen hingegen gab es diese Probleme nicht oder kaum. Denn die waren entweder zu 99 % rein oder nicht. Sie wogen 100 Gramm oder nicht. Und es gab keine großen Unterschiede, wenn es um die Expertenmeinung zur Qualität ging.[7] Diese Homogenität der Metalle war ein wichtiger Grund, weshalb sie als Geld verwendet wurden. Setzte man die Menge zum Wert in Relation, waren auch die Transportkosten gering.[8] Metalle waren außerdem nicht so schnell vergänglich wie andere Rohstoffe. Deshalb boten sie die Möglichkeit, Reichtum aufzubewahren, welcher dann an die folgenden Generationen weitergegeben werden konnte.

Zudem waren Metalle geografisch verteilt, sodass kein einzelnes Land das gesamte Angebot kontrollierte.[9] Metalle konnten auch leicht gewogen werden. Und das ist ein Grund dafür, warum Gewichtseinheiten oft zu den Namen von Geldmünzen (und später von Papiergeld!) wurden. Pfund, Schekel, Lira oder Drachme – das sind oder waren alles auch Gewichtseinheiten.[10] Wie der griechische Philosoph Aristoteles – Lehrer von Alexander dem Großen – sinngemäß sagte: Es wurde notwendig, an bestimmte Rohstoffe zu denken, welche leicht zu handhaben waren, sicher transportiert werden konnten und die auf so vielfältige Weise genutzt werden konnten, dass sie sicherstellten, dass immer im Austausch für sie die gewünschten Güter erhalten werden konnten.[11]

Das schwedische Plattengeld:
Eine „Münze" konnte zehn Kilogramm wiegen

Metalle wie Gold, Silber, Kupfer, Eisen, Platin, Blei, Nickel, Zinn und andere wurden zu unterschiedlichen Zeiten von unterschiedlichen Zivilisationen als Geld genutzt. In Russland wurde Platin eine kurze Zeit lang als Geld genutzt. Und in Schweden wurde erstmals zur Zeit des Dreißigjährigen Krieges und danach bis ins 18. Jahrhundert Kupfer als Geld gebraucht. Dazu wurde das sogenannte Plattengeld geprägt. Eine „Münze" im Wert von vier Talern war eine rechteckige, vier Kilogramm schwere Kupferplatte. Damit schickte man sein Kind wohl nicht zum Bäcker, um ein Brot zu kaufen. In die vier Ecken des Plattengeldes wurde jeweils das Herrschermonogramm geprägt, damit sich Betrüger nicht einfach eine Ecke abzwacken konnten. Es gab auch „Münzen" – Plattengeld – mit dem aufgedruckten Wert von zehn Talern. Das waren dann entsprechend zehn Kilogramm schwere Kupferplatten – gewissermaßen das Gegenteil zur heutigen „Politik des leichten Geldes". Hier zeigt sich der Nachteil davon, dass zu jener Zeit in Schweden Kupfer als Grundlage der Münzen genommen wurde, denn Kupfer war reichlich vorhanden und nicht besonders teuer. Da der Materialwert des Plattengeldes den jeweils aufgedruckten Wert decken sollte, musste eben viel Kupfer bei der Prägung verwendet werden. So kam es zu diesem mehrere Kilogramm schweren Plattengeld.

Warum chinesische Bronzemünzen ein Loch in der Mitte hatten

Ähnliche Erfahrungen hatte es auch in China gegeben – und zwar bereits rund 2.000 Jahre zuvor. Denn dort waren bereits vor Christi Geburt runde Münzen aus Bronze vom Staat geprägt und ausgegeben worden. Bronze hatte damals einen relativ geringen Wert. Da die Münzen aber ihr eigenes Gewicht in Bronze wert sein sollten, hatten sie in der Mitte ein quadratisches Loch. So konnten Hunderte oder Tausende Münzen leicht auf eine Schnur gezogen werden. Dennoch hatten Schnüre mit Tausenden Münzen noch keinen großen Wert. Der Wissenschaftsjournalist Charles C. Mann brachte es in „Kolumbus' Erbe" gut auf den Punkt. Wir zitieren ihn an dieser Stelle gerne: „Chinesischen Großhändlern zuzumuten, sich dieser Zahlungsmittel zu bedienen, wäre etwa so gewesen, als würde man heute Bankern vorschlagen, ihre Fusions- und Übernahmegeschäfte mit Fünfzig-Cent-Rollen zu tätigen." Auch rund 2.000 Jahre später, und zwar im 16. Jahrhundert nach Christus, wurden in China Kupfermünzen verwendet. Damals hatten viele chinesische Kaiser die Angewohnheit, Münzen mit dem Aufdruck ihres Namens prägen zu lassen. Das wäre nicht weiter erwähnenswert – wenn dies nicht gleichzeitig mit dem Verbot der Münzen des Vorgängers verbunden gewesen wäre. Und genau so war es, was wahrscheinlich nicht wenige chinesische Kaufleute verzweifeln ließ. Da hatte man ein Vermögen an Münzen mit dem Aufdruck des aktuellen Kaisers angesammelt und dann starb dieser. So kann echte Trauer bei einer Todesnachricht aussehen.

Blei wurde in Myanmar/Burma genutzt. Nickel wurde beziehungsweise wird in Ländern wie Belgien, Deutschland, Jamaika, der Schweiz und den Vereinigten Staaten als Geld verwendet. In Syrakus auf Sizilien und in Gallien wurden Münzen aus Zinn verwendet.[12] Es wäre in den „Asterix und Obelix"-Heften deshalb wahrscheinlich historisch korrekt, wenn dort in den freien gallischen Dörfern mit einer Legierung aus Kupfer und Zinn (die sogenannte „keltische Münzbronze") bezahlt worden wäre. Diese Gedanken machte sich Ihr Autor Michael Vaupel allerdings bei der Lektüre der Hefte im jugendlichen Alter noch nicht.

Eisen war eines der frühesten Metalle, die als Geld genutzt wurden. Der griechische Stadtstaat Sparta nutzte etwa zwischen dem 10. und 8. Jahrhundert v. Chr. Eisenstangen als Geld. Doch Eisen rostete. Und es war schwer, was den Transport nicht einfach machte. Dennoch wählten die Spartaner Eisen als Geld und dafür gab es einen einfachen Grund. Damals war Eisen noch nicht so leicht verfügbar wie heute. Meist handelte es sich um Meteoritengestein, weshalb Eisen auch oft als „himmlisch" betrachtet wurde.[13]

Vielleicht ändert diese Eisenstange Ihre Meinung?

Einige Interpretationen sprechen dafür, dass der spartanische König Lykurg beziehungsweise Lykurgos den Gebrauch von Gold und Silber als Geld untersagte. Dies soll geschehen sein, um Diebstahl und Bestechungen öffentlicher Angestellter zu erschweren. Es war schließlich angesichts der Schwere von Eisenstangen nicht leicht, Beamte zu bestechen.[14] Eisen wurde in Sparta nie in Form von Münzen geprägt. Die Einwohner von Byzanz hingegen nutzten ebenso wie die Japaner Münzen aus Eisen.[15] Aber weltweit betrachtet setzte sich Eisen als Geld nicht lange durch, da es schwer war und leicht rostete. Andere Metalle hatten ihre eigenen Probleme. So wurde etwa Kupfer bei Kontakt mit Sauerstoff aufgrund einer chemischen Reaktion grün.

Im Laufe der Jahrhunderte wurde Gold zum universellen Geld – und dafür gab es gute Gründe. Anders als zum Beispiel Kaurischnecken ist Gold nicht zerbrechlich, und es ist haltbar. Gold verrottet nicht. Es ist chemisch träge, anders als Kupfer, Silber oder Eisen. Mit anderen Worten: Der Glanz von Gold ist zeitlos. Da Gold chemisch so träge ist, existiert ein Großteil des Goldes, welches in der Geschichte der Menschheit gefördert worden ist, immer noch. Schätzungen zufolge gibt es auf der Welt insgesamt 165.000 Tonnen Gold.

Nur selten gab es bei der weltweiten Goldproduktion einen sprunghaften Anstieg. Der historische Rückblick zeigt, dass die Goldförderung zwischen 1900 und 1990 um 1,9 % pro Jahr wuchs.[16] Das sah auch in früheren Zeiten nicht großartig anders aus. Seit 1492 stieg das gesamte Angebot an Gold in nur sehr wenigen Jahren um mehr als fünf Prozent. Und nur zur Zeit der großen Goldfunde – Kalifornien und Australien in den 1850ern oder Südafrika in den 1890ern – stieg das Angebot um mehr als vier Prozent pro Jahr.[17] In den Jahren von 2011 bis 2015 stieg das Angebot an Gold um circa drei bis vier Prozent pro Jahr.

Die Dichte von Gold ist 20-mal so hoch wie die von Wasser und zweimal so hoch wie die von Blei. In der Form von Gold kann viel Geld leicht transportiert werden. Was auch half, war die „Nutzlosigkeit" von Gold. Trotz der Tatsachen, dass Gold leicht in Blätter geschnitten werden kann, dass es duktil (verformbar) ist und dass es elektrischen Strom leitet, hat Gold nicht so viele industrielle Anwendungen wie andere Metalle. Dies liegt auch daran, dass Gold relativ weich ist und somit praktisch nutzlos für Anwendungen, welche hartes Metall benötigen.[18] Hinzu kommt: Wenn Rohstoffe als Geld genutzt werden, dann werden sie dem primären Nutzen entzogen. Wenn zum Beispiel Reis als Geld genutzt wird für tägliche Transaktionen, dann kann dafür weniger Reis gegessen werden. Gold hingegen hat keinen großen praktischen Nutzen. Es schadet also niemandem, wenn die Leute Gold horten. Diese „Nutzlosigkeit" von Gold hilft ihm kurioserweise auch dabei, seinen Wert zu behalten. Silber hat viele industrielle Anwendungen. Deshalb ist in einer Rezession die Wahrscheinlichkeit hoch, dass der Silberpreis und damit die Kaufkraft des Silbers fällt, da die Nachfrage nach den industriellen Anwendungen für Silber zurückgeht.[19] Dies gilt auch für Metalle wie Platin und Palladium, die ebenfalls für industrielle Anwendungen benötigt werden. Gold hingegen ist nicht so stark davon betroffen. Die industrielle Nachfrage nach Gold macht nur einen geringen Teil der Gesamtnachfrage aus.[20]

Überspitzt formuliert: Gold wurde nützlich, weil es nutzlos ist. Und das führte dazu, dass Menschen überall auf der Welt Gold haben wollten. Und ein Großteil dessen, was in den letzten 10.000 Jahren an Gold aus der Erde geholt wurde, ist immer noch vorhanden.

Gold wurde zuerst in Form von Goldbarren als Geld genutzt, so zum Beispiel bereits 4.000 v. Chr. von den Ägyptern. In Barrenform konnte Gold aber natürlich nur für größere Transaktionen benutzt werden. Und da nie zwei Goldbarren exakt identisch waren, mussten bei jeder Transaktion die Reinheit und das Gewicht des Barrens festgestellt werden.[21] Das benötigte natürlich Zeit. Dieses Problem wurde deutlich später teilweise durch das Prägen von Münzen gelöst, welche die früheste Form von organisiertem Geld sind. Eine Münze war ein Stück Edelmetall, dessen Gewicht und Qualität normalerweise vom Herrscher/von der

Herrscherin beziehungsweise dem König oder der Königin des Landes garantiert wurden. Dies geschah dadurch, dass auf eine Seite der Münze ein Porträt des Königs oder der Königin geprägt wurde.

Es gibt eine interessante Geschichte dazu, wie es zur Erfindung der ersten Münzen kam. Ungefähr im 12. Jahrhundert v. Chr. erschien es der chinesischen Regierung sinnvoll, zum Zwecke des Handels miniaturisierte Modelle von Dingen wie Messern, Sicheln, Kleidungsstücken und so weiter herstellen zu lassen, welche dann als Tauschmittel genutzt wurden. Es gab dann „Messer-Münzen" und „Stoff-Münzen", welche miniaturisierte Versionen der Dinge waren, die sie repräsentierten. Diese Miniaturen hatten ein kleines rundes Loch an einem Ende, damit man die Münzen auf einer Kordel aufreihen und so leichter transportieren konnte. Dieses Loch wurde nach und nach immer größer, bis ungefähr 200 v. Chr. im Fall der „Messer-Münzen" kein Messer mehr zu sehen war, sondern nur noch das runde Ende des Messerknaufs. Dies waren dann runde Münzen, so wie wir sie bis heute kennen. Viele Chinesen waren damals der Ansicht, dass das Geld um die Welt rollen soll, und deshalb sollte es rund sein.[22] Aber das ist nur eine Version unter vielen, wie es zur Entstehung von Münzen kam.

Der antike griechische Historiker Herodot, der zwischen 484 v. Chr. und 425 v. Chr. lebte, war der Ansicht, dass die ersten Münzen im Königreich der Lyder ungefähr 700 v. Chr. hergestellt wurden. Lydien war ein Königreich im Westen Kleinasiens. Herodot schrieb, dass seines Wissens die Lyder als Erste Gold- und Silbermünzen prägen ließen.[23] Die Münzen hatten eine ovale Form und waren erheblich dicker als die heutigen Münzen.[24]

Es waren einmal ... Kandaules und Gyges

Zu jener Zeit wurde zusammen mit der Einführung von Münzen auch ein offener Markt mit kleinen Geschäften in der lydischen Hauptstadt Sardes eröffnet. Jeder Händler spezialisierte sich auf eine bestimmte

Ware. Selbst Fremde konnten den Markt besuchen und Güter kaufen, solange sie Münzen hatten. Lange bevor in Mitteleuropa Geschäfte entstanden, war dies in Lydien der Fall.

Eine interessante Anekdote am Rande: In Lydien hatten Frauen die Möglichkeit, sich ihre Ehemänner auszusuchen – sie mussten allerdings eine entsprechend hohe Mitgift besitzen. Dieses Geld verdienten einige durch die Arbeit in Bordellen. Glücksspiele um Geld folgten bald.[25]

Ungefähr zu der Zeit, als in Lydien die ersten Münzen geprägt wurden, herrschte ein König namens Kandaules, von den Griechen auch Myrsilus genannt. Kandaules war sehr in seine Ehefrau verliebt und hielt sie für die schönste Frau der Welt. Gleichzeitig vertraute er auch einem seiner Leibwächter namens Gyges besonders, mit dem er alles teilte, sogar den Blick auf die Schönheit seiner Frau. Eines Tages bot Kandaules Gyges sogar an, seine nackte Ehefrau zu bewundern.[26] Damals war es in Lydien eine Schande, nackt gesehen zu werden. Gyges ging darauf nicht direkt ein und soll dem widersprochen haben. Kandaules ermutigte ihn:

> *„Nur Mut, Gyges! Fürchte weder, dass ich dies nur sage, um dich auf die Probe zu stellen, noch dass dir von meiner Frau ein Schaden erwächst. Denn ich will es überhaupt so einfädeln, dass sie nicht einmal bemerkt, dass du sie siehst. Ich werde dich nämlich hinter die geöffnete Tür unseres Schlafzimmers postieren."*[27]

Wie Sie sich sicher denken können, würden wir diese Geschichte nicht erzählen, wenn es nicht interessant weitergehen würde. Da Kandaules darauf bestand, wurde der Plan durchgeführt und Gyges beobachtete die Königin, während sie sich auszog. Als er aber das Zimmer verließ, sah ihn die Königin und bemerkte, was passiert war. Zunächst ließ sie sich nichts anmerken, stellte den Leibwächter ihres Mannes dann aber am nächsten Tag vor die Wahl:

> *„Jetzt stehen dir zwei Wege offen, Gyges; ich lasse dir die Wahl, welchen du nehmen willst. Denn entweder tötest du Kandaules und nimmst mich und die Herrschaft über die Lyder oder du musst hier sofort sterben, damit du in Zukunft nicht in allem Kandaules folgst und siehst, was du nicht darfst. Nein, entweder du tötest den, der dies geplant hat, oder du musst sterben, da du mich nackt gesehen und Ungehöriges getan hast."*[28]

Sie ahnen wahrscheinlich, wie es ausgegangen ist. Die Königin war jedenfalls wie zuvor ihr Mann nicht bereit, ihre Absicht zu ändern, obwohl Gyges sie inständig darum bat. Schließlich stimmte er zu und fragte sie, wie die Durchführung erfolgen solle. Sie antwortete:

> *„Der Angriff wird von derselben Stelle erfolgen, von der auch er mich nackt gezeigt hat, und zwar, wenn er schlafen geht."*[29]

Und so geschah es. Als die Nacht hereingebrochen war, tötete Gyges den Kandaules im Schlaf und wurde selbst König. Dieses blutige Ereignis markierte somit den Beginn einer neuen Dynastie von lydischen Königen. Und wenn sie nicht gestorben sind … doch das sind sie. Das Königreich Lydien existiert nicht mehr und erinnert uns damit an die Vergänglichkeit des Lebens. Da relativiert sich auch das Streben nach Reichtum, finden Ihre Autoren.

Gyges traf nach seinem Amtsantritt eine historische Entscheidung. Er verbot die private Ausgabe von Münzen. Vom Zeitpunkt seines Befehls an durfte also nur noch der lydische Staat Münzen prägen.[30] Diese Münzen bestanden aus dem sogenannten „Elektron", einer Legierung aus Gold und Silber, wie sie im Bett eines Flusses in der Nähe der lydischen Hauptstadt Sardes vorkam. Das Problem mit den Münzen war, dass bei einer natürlichen Legierung aus Gold und Silber der Gehalt von Gold natürlich in jeder Münze unterschiedlich hoch ausfallen konnte. Deshalb hatte jede Münze eine andere Qualität.[31]

Ardys, der Sohn von Gyges, ließ Abdrücke auf den Elektron-Münzen anbringen, welche Gewicht und Wert garantierten. Und Alyattes, der Enkel von Ardys, ließ Münzen aus purem Gold prägen, welche zum Hauptexport von Lydien wurden und womit fast für die gesamten Importe gezahlt wurde. Krösus, Sohn von Alyattes, ist nicht nur der erste König in dieser Reihe, von dem Ihr Autor Michael Vaupel vor der Recherche zu diesem Buch gehört hatte. Krösus rief auch alle Münzen aus Elektron zurück, ließ sie einschmelzen, die Metalle trennen und daraus dann neue Gold- und Silbermünzen prägen.

Reich wie Krösus

Seitdem haben Münzen aus Edelmetall als Geld überlebt. Die Maßnahme von Krösus, Gold und Silber zu trennen, bildete die Grundlage für ein System mit zwei Edelmetallen. In diesem wurden Goldmünzen für große Transaktionen wie den Außenhandel genutzt, während Silbermünzen für alltägliche Transaktionen verwendet wurden. Sie führte auch zur Etablierung von staatlichen Münzanstalten, wo die Münzen geprägt wurden. Eine solche Münzanstalt oder kurz „Münze" funktionierte über Jahrhunderte hinweg auf die gleiche Weise: Analog zu einer Wäscherei konnten Personen pures Gold oder Silber abgeben, und dafür erhielten sie Münzen mit dem entsprechenden

Gegenwert, abzüglich einer Gebühr, welche *Seigniorage* genannt wurde.[32] Krösus war ein guter Geldpolitiker – aber tragischerweise ein sehr schlechter Militärstratege. Da die Perser unter ihrem König Kyros II. täglich mächtiger wurden, schlussfolgerte Krösus daraus, dass er ihnen sofort entgegentreten sollte, statt auf eine spätere Konfrontation zu setzen. Er ließ das Orakel von Delphi – eine Frau namens Pythia – zu seinen Siegchancen befragen. Die Antwort der Pythia: „Wenn du den [Grenzfluss] Halys überschreitest, wirst du ein großes Reich zerstören." Deshalb führte Krösus seine Truppen voller Siegesgewissheit in die Schlacht gegen die Perser.[33] Als Kyros II. die Kavallerie der Lyder sah, zog er alle Kamele zusammen, die verfügbar waren, und positionierte Krieger auf ihnen. Die meisten Pferde haben Probleme mit dem Geruch oder auch nur dem Anblick von Kamelen. Der Plan ging auf – und statt nach vorne zu stürmen, drehten sich die Pferde um, sobald sie die Kamele sahen.[34] Auf diese Weise wurde Krösus besiegt und gefangen genommen. Es zeigte sich, dass Krösus durchaus ein großes Reich zerstört hatte – nämlich sein eigenes.

Ein Satz, der ein Leben gerettet hat

Nach der Schlacht ordnete Kyros II. die Hinrichtung des Krösus an. Laut Herodot rief Krösus auf dem Scheiterhaufen dreimal laut den Namen des Weisen Solon, an dessen Warnung er sich erinnert hatte. Kyros II. fragte, was dies zu bedeuten habe. Krösus, dem Tod nahe, antwortete, dass Solon ihm diese Warnung gegeben hatte: *„Keiner ist vor seinem Tode glücklich zu preisen."* Kyros II., der eventuell schon ein Anhänger des Propheten Zarathustra und der von diesem begründeten Religion („gute Gedanken, gute Worte, gute Taten") war, ließ Krösus umgehend die Ketten abnehmen. Später fragte Krösus den Sieger Kyros II., was dessen Soldaten nun tun würden. Kyros II. antwortete, dass sie die Stadt Sardes des Krösus plündern und dessen Reichtümer davontragen würden. „Nicht meine Stadt", antwortete da

Krösus, „oder meine Reichtümer. Die gehören mir nicht mehr. Es ist dein Reichtum, den sie plündern."[35]

Die Münzen von Krösus überlebten ihn und wurden weiterhin als Geld im Gebiet des heutigen Griechenland genutzt. Die Formulierung „Bin ich Krösus?" impliziert bis heute, dass Krösus geradezu legendär reich gewesen sein soll. Und die Praxis, auf staatlich geprägten Münzen das Porträt des Herrschers abzubilden, hatte sich bei den Griechen durchgesetzt.[36] Durch das Prägen verwandelte sich auch das Aussehen der Münzen von einem ovalen Nugget hin zu einer flachen runden Münze.[37]

Die ersten griechischen Münzen wurden hauptsächlich aus Silber hergestellt. In den Silberminen in der Nähe von Athen sollen zu den besten Zeiten zwischen ca. 600 v. Chr. und 300 v. Chr. rund eine Million Feinunzen Silber (rund 31.100 Kilogramm) pro Jahr gefördert worden sein. Für fast 1.000 Jahre waren diese Minen die größten Silberminen der Welt.[38] Bevor Münzen geprägt wurden, waren übrigens Silberbarren – in ihrer Form Bratenspießen ähnlich – in Griechenland als Zahlungsmittel üblich. Sechs von ihnen zusammen wurden „Drachma" genannt – eine Handvoll. Später wurden dann auch die Münzen so genannt, die im Laufe der Zeit zum größten Exportgut Griechenlands werden sollten.[39]

Athenische Drachme: Werterhalt über Jahrhunderte!

Die athenische Drachme war eine Silbermünze, welche exakt 4,34 Gramm Feinsilber enthielt. Und das war so von 600 v. Chr., als Solon in Athen herrschte, bis ins Jahr 300 v. Chr., also kurz nach der Zeit Alexanders des Großen. Alexander der Große nahm athenische Drachmen mit sich, als er weite Gebiete eroberte und bis Indien kam. Von dort wanderten die Münzen weiter in andere Teile Asiens. Selbst nachdem Griechenland später vom Römischen Reich absorbiert worden war, fiel der Wert der Drachme nicht stark. Als die athenische Drachme schließlich fast sechs Jahrhunderte später an ihr Lebensende kam, war ihr Silbergehalt nur um drei Prozent gefallen.[40] *Nur sehr wenige Währungen haben ihren Wert über einen so langen Zeitraum erhalten können.*

Auf den Stadtstaat Athen folgte als neue überlegene Regionalmacht zunächst Sparta und schließlich das makedonische Imperium von Alexander dem Großen. Er hatte den makedonischen Thron im Alter von 20 Jahren von seinem Vater Philipp II. geerbt, welcher im Jahr 336 v. Chr. ermordet worden war. Wenn es um Geld ging, setzte Alexander wie sein Vater auf Gold, obwohl auch Silbermünzen im Umlauf waren. Auf diese Münzen, welche während der Regierungszeit von Philipp ausgegeben worden waren, war der Kopf von Zeus eingeprägt. Zeus war in der antiken griechischen Religion der oberste der Götter. Alexander wiederum ließ stattdessen das Porträt von Herakles (von den Römern Herkules genannt) – Sohn von Zeus – aufprägen. Dieser stand für gewaltige physische Kraft. Der Herakles auf den Münzen hatte eine auffällige Ähnlichkeit mit Alexander – und wenig überraschend wurden die Münzen dann „Alexanders" genannt.[41]

Als Alexander im Jahr 323 v. Chr. starb, da starb sein Imperium mit ihm. Es folgte der Aufstieg der Römer. Der Sieg der Römer über die Griechen bei Pydna im Jahr 168 v. Chr.[42] besiegelte den Niedergang der Makedonier. Und als das römische Imperium immer weiter wuchs, wuchs auch sein Bedarf an Münzen. Diese Münzen wurden in der Nähe des Tempels der Juno (lateinisch: Iuno) Moneta geprägt.[43] Einigen Berichten zufolge fand die Münzprägung für fast 400 Jahre innerhalb des Tempels statt, bevor sie zu einem nahe gelegenen Ort verlegt wurde.[44] Juno galt als die römische Göttin der Geburt, der Ehe und der Fürsorge. Der Juno-Tempel stand auf dem Kapitol in Rom. Ihr Beiname „Moneta" soll vom lateinischen Wort „monere" = warnen stammen. Dieser Beiname geht auf eine Geschichte zurück, die um das Jahr 390 v. Chr. stattgefunden haben soll. Damals hatten Gallier einen Überraschungsangriff auf Rom begonnen. Der Juno-Tempel hatte Gänse – und diese Gänse begannen laut zu schnattern. Die Bürger wurden so gewarnt und konnten den Angriff der Gallier abwehren. Auf diese Weise erhielt Juno den Beinamen „Moneta" = die Mahnerin oder Warnerin.[45]

Das englische Wort „money" leitet sich von diesem Beinamen ab. Und auch im deutschsprachigen Raum zeigen manche Bankräuber Geschichtsbewusstsein, wenn sie mit Ausdrücken wie „Her mit den Moneten" an den Tempel der Juno Moneta erinnern. Ihre Autoren raten Ihnen allerdings davon ab, im Fall einer entsprechenden Konfrontation ein Gespräch über den Tempel der Juno Moneta anfangen zu wollen.

Eine der Münzen, die in der Nähe des besagten römischen Tempels hergestellt wurden, war der Denar, welcher ab circa 269 v. Chr. mit 6,8 Gramm Gewicht geprägt wurde.[46] Die Römer hatten die Griechen zwar besiegt, aber sie waren sehr beeindruckt von deren Geldpolitik. Und letztlich war es ein Kompliment für die Griechen, dass der römische Denar exakt der Drachme entsprach.[47] Die Münze zeigte den Kopf von Herkules, wie es schon auf den Münzen zur Zeit von Alexander dem Großen der Fall gewesen war. Herkules konnte identifiziert werden, weil auch eine Keule und eine Löwenpranke auf seiner Schulter zu sehen waren.[48] Im Laufe der Jahre wurden diverse römische Herrscher auf den Denaren abgebildet, aber auch viele andere Dinge – darunter die Kleidung von römischen Priestern, Senatoren und Legionären. Es gab auch Abbildungen von gewonnenen Schlachten oder Kriegsmaterial – und es fanden sich Hinweise auf Wahlen. Auf einer der Versionen des Denars soll Kleopatra mit ihrem Geliebten Marcus Antonius zu sehen gewesen sein. Eine weitere Abbildung zeigt Odysseus, wie er nach Hause zurückkehrt und von seinem Hund begrüßt wird.[49] Aber das war nur ein Teil der Geschichte. William Till, ein Historiker des 19. Jahrhunderts, brachte es auf den Punkt. Der römische Denar sei mehr geehrt und mehr verfälscht worden als alle anderen Münzen.[50] Denn da Münzen Geld waren, war der nächste Schritt einiger Menschen der, kleine Stückchen von den Rändern der Münzen abzuschneiden. Und wenn ein Betrüger auf diese Weise genug Gold beziehungsweise Silber erhalten hatte, konnte er damit zur offiziellen Münzprägeanstalt gehen und sich das gegen ordentliche Münzen eintauschen lassen. Das ist übrigens auch der Grund, warum manche Münzen gerillte Ränder hatten. Dies erschwerte zum Beispiel zur Zeit der britischen Königin Elizabeth I. die Arbeit der Betrüger erheblich. In dem Fall fanden sich jedoch andere Wege. Die Münzen wurden in einen Lederbeutel gesteckt und sehr stark geschüttelt, sodass ein wenig Gold- beziehungsweise Silberstaub abfiel, der sich auf dem Boden des Beutels ansammelte.[51]

Aber das waren noch kleine Gaunereien im Vergleich zu dem, was die Könige und Herrscher mit den Münzen taten. Auch damals gab es „Abwertungen" – und zwar konnte der Herrscher den Edelmetallgehalt der Münzen senken, aber gleichzeitig deren aufgedruckten Wert unverändert lassen.

Dazu ein Beispiel: Nehmen wir an, dass eine Münze fünf Gramm Silber enthielt. Der König entschied, dass die Münze ab sofort nur noch vier Gramm Silber enthalten sollte. Zuvor ergaben 100 Gramm Silber 20 Münzen. Jetzt konnten aus derselben Menge Silber 25 Münzen hergestellt werden.

Man kann es auch anders erklären. Angenommen, eine bestimmte Münze hatte einen aufgedruckten Wert von 100 (Cent oder Pfennig oder was auch immer). Zu Beginn lag der Wert des in der Münze enthaltenen Metalls auch bei 100 Cent oder welche Einheit es gewesen sein mag. Man spricht in so einem Fall übrigens von einer „Kurantmünze". Bei einer Kurantmünze ist der aufgedruckte Wert – der Nominalwert – (nahezu) vollständig durch den Metallgehalt gedeckt. Wenn der Herrscher nun entschied, dass der Edelmetallgehalt der Münze um zehn Prozent reduziert werden sollte, dann lag danach der Nominalwert unverändert bei 100. Aber der Wert des Metallgehalts war auf 90 gesunken. Der Herrscher konnte dadurch aus derselben Menge Edelmetall mehr Münzen prägen lassen. Diese Praxis wurde von den Königen Roms mehrfach angewendet und seitdem immer wieder – von Königen, Königinnen, Diktatoren, Generalsekretären und Politikern.

Abwertungen gab es schon im alten Rom

Als sich das Römische Reich ausbreitete, benötigte es auch mehr Geld, um seine große Armee zu finanzieren. Aber Gold und Silber konnten nicht einfach aus dem Nichts geschaffen werden – so wie es bei Papiergeld heutzutage geht. Als die Römer reicher wurden, erhöhte sich auch die Nachfrage nach Luxusgütern, was wiederum die Nachfrage nach Edelmetallen erhöhte. Die Stadt Rom produzierte nur wenig von den Gütern, die ihre Bürger zum Überleben benötigten, in der unmittelbaren Umgebung. So kaufte die Stadt ihr Getreide zum Brotbacken in Ägypten. Die Gladiatoren, welche oft bis zum Tod kämpften, kamen unter anderem vom Balkan. Und die Soldaten stammten in den Jahren nach Julius Caesar unter anderem aus Gallien.[52] Gewürze wurden aus Indien und Seide aus China importiert – mit Gold bezahlt, welches aus den Ländern nicht zurückkam, da Rom nicht so viele Waren dorthin exportierte, wie es importierte.[53]

Die einfachste Lösung war eine „Abwertung" – und genau das taten die römischen Könige. Nero regierte Rom von 54 n. Chr. bis 68 n. Chr. – und er reduzierte sowohl den Silbergehalt im Denar als auch den Goldgehalt der Münze Aureus um zehn Prozent.[54]

Dionysius: Ein antiker „Trendsetter"

Nero wurde dazu wahrscheinlich von Dionysius dem Älteren inspiriert, welcher die griechische Kolonie Syrakus von 407–367 v. Chr. regiert hatte. Dionysius hatte für seine militärischen Kampagnen und seinen aufwändigen Lebensstil große Schulden aufgetürmt. Und wie es gelegentlich vorkommen soll, hatte er nicht genug Geld, um diese Schulden zurückzuzahlen. Daraufhin erließ er einen Befehl, demzufolge alles Geld im Staat zur Regierung gebracht werden musste. Bei Zuwiderhandlung drohte der Tod. Dann ließ er auf die 1-Drachmen-Münzen einfach eine „2" stempeln und gab sie an die Bürger zurück. So musste natürlich nur die Hälfte des Geldes, das abgegeben worden war, wieder herausgegeben werden. Das Geld, welches Dionysius dadurch „gewann", reichte aus, um seine Schulden zurückzuzahlen.[55]

Wir nehmen lieber Gold!

Was im Fall von Dionysius eine einmalige Sache war, wurde im Fall von Nero und seinen Nachfolgern ein Trend. Immer wenn sie mehr Geld benötigten, um ihre Kriege, Sozialausgaben oder Neubauten zu finanzieren, werteten sie die eigene Währung

ab.[56] Einige Nachfolger von Nero erhoben diese Praxis sogar zur „ordentlichen" Wirtschaftspolitik. Trajan, welcher von 98–117 n. Chr. herrschte, senkte den Silbergehalt des Denars auf 85 %. Marcus Aurelius (161–180 n. Chr.) senkte diesen Wert weiter auf 75 %. Und als Septimus Severus im Jahr 211 n. Chr. starb, da lag der Silbergehalt des Denars bei nur noch 50 %.[57] Da das römische Imperium eine gewaltige Größe erreicht hatte, wurde der Denar auch international genutzt. Er war sozusagen der US-Dollar der Antike. Aber weil sein Silbergehalt immer geringer wurde – und damit der Metallwert unter dem aufgedruckten Wert lag –, akzeptierten die Menschen ihn immer weniger. Die Heimat Ihres Autors Vivek Kaul, Indien, akzeptierte im Jahr 215 n. Chr. keine Denare mehr als Bezahlung und bestand stattdessen darauf, von den Römern in Gold bezahlt zu werden. Diese versuchten daraufhin, mit „Gold"-Münzen zu bezahlen, welche nur zu 50 % aus Gold bestanden. Aber natürlich kam man ihnen bald auf die Schliche.[58]

Glücklich das Volk, dessen Geschichte langweilig ist

Da die römische Währung international nicht mehr anerkannt wurde, wurde es sehr schwer, die Ausgaben des Imperiums weiter zu finanzieren. Soldaten konnten nicht mehr bezahlt werden, für Nahrungsmittelimporte fehlten die Mittel. In den nächsten 250 Jahren verfiel das Römische Reich langsam, aber stetig, und mit ihm die eigene Währung. Als der letzte Kaiser des Weströmischen Reichs – Romulus Augustulus – im Jahr 476 n. Chr. abgesetzt wurde, hatte der Denar lediglich noch einen Silbergehalt von zwei Prozent.[59] Der Denar war in etwa so geworden wie unser heutiges Papiergeld, welches durch nichts mehr gedeckt ist außer durch die Aussage von Regierung und Zentralbank, dass es Geld ist. Der Niedergang Roms und der Niedergang des Denars gingen Hand in Hand.

Während die römischen Herrscher damit beschäftigt waren, den Denar abzuwerten, führte einer von ihnen Anfang des 4. Jahrhunderts allerdings eine neue Goldmünze ein – den Solidus.[60] Der Solidus ersetzte im Jahr 312 n. Chr. die alte römische Goldmünze Aureus. Zur Zeit von Konstantin dem Großen wog jeder Solidus 4,55 Gramm. Diese schweren Goldmünzen überlebten interessanterweise das römische Weltreich. Sie wurden weiterhin auch von den germanischen Nachfolgereichen Roms geprägt. Die im Deutschen noch heute verwendeten Worte „Sold" oder „Söldner" gehen auf diese Goldmünze zurück. Der Solidus überlebte mit konstantem Gewicht und Edelmetallgehalt fast sieben Jahrhunderte lang.[61] Was die Langlebigkeit einer Währung betrifft, konnte er damit mit der athenischen Silberdrachme gleichziehen. Gute Münzen können die Imperien überleben, auf die sie zurückgehen.

Manchmal hört man die Aussage, dass die einzige Lektion der Geschichte die sei, dass die Menschheit nichts aus ihr gelernt habe. Ihre Autoren sehen das ein wenig anders. Wir sind durchaus der Ansicht, dass sich auch aus der Wirtschaftsgeschichte der Antike Erkenntnisse für die Gegenwart gewinnen lassen. Und was die Aussage betrifft, dass die Menschheit nichts aus der Geschichte gelernt habe: Könige und Politiker haben sehr wohl manche Lehren aus der Geschichte gezogen. Nur eben nicht unbedingt solche, welche die Menschheit vorwärtsbringen. Denn Nero und Co lernten von Dionysius dem Älteren, dass Währungen abgewertet werden können. Das war nur leider nicht die richtige Lektion. Seitdem jedenfalls haben Herrscher jeglicher Art Währungen zu zahlreichen Anlässen abgewertet. Die Ironie dabei ist, dass es sich dabei um dieselben Herrscher handelte, welche die private Münzprägung mit dem Argument verboten, die Qualität der Münzen würde so erhalten.[62]

Wer im Abwerten besonders „gut" war, war Heinrich VIII. von England (der Vater der späteren Königin Elizabeth I.), der im Jahr 1509 n. Chr. im Alter von 18 Jahren König von England wurde und bis 1547 herrschte. Zu Beginn gab es keine Abwertungen unter ihm, da er von seinem Vater ein großes Vermögen geerbt hatte und das Vermögen der Kirche konfiszierte. Doch 1542 ging es dann mit den Abwertungen los, welche auch nach seinem Tod weitergingen. Zwischen 1542 und 1551 verlor das Britische Pfund 83 % seines Silbergehalts.[63] Vergleichen Sie das einmal mit dem, was die römischen Herrscher mit dem Denar taten: *Beim Denar sank der Silbergehalt von 99 auf 2 % in fast 400 Jahren.* Der Silbergehalt des Britischen Pfunds fiel hingegen dramatisch um 83 % in nur neun Jahren.

„Politik des leichten Geldes": Keine Erfindung der Neuzeit
Abwertungen dieser Art wurden immer wieder von Herrschern durchgeführt, das war die damalige „Politik des leichten Geldes" zur Finanzierung von Ausgaben, darunter auch Angriffskriege. Heutzutage mag es der Welt vielleicht in manchen Bereichen besser gehen als damals – aber die Art und Weise, wie Staaten mit ihren Währungen umgehen, hat sich nicht besonders stark verbessert.

BEDRUCKTES PAPIER WIRD ZU GELD

*„Gold führt in der Sippe zu Zwietracht
und Hader."*

– Aus Norwegen

Beginnen wir dieses Kapitel mit einem kleinen Rätsel. Um welches Gemälde geht es? Lisa Gherardini del Giocondo ist vermutlich der Name der Frau, welche auf einem der berühmtesten Gemälde der Welt abgebildet ist. Allerdings gibt es auch andere Theorien zur Identität der Dame. Das Kunstwerk wurde im Jahr 1519 kurz vor dem Tod des Malers vollendet. Dieser Künstler gilt als einer der berühmtesten Universalgelehrten der Geschichte. Lisas Ehemann – ein Seidenhändler aus Florenz – soll das Bild bereits im Jahr 1503 in Auftrag gegeben haben, nachdem Lisa ihren ersten Sohn geboren hatte.

Ein Bild, das Hunderte Millionen Dollar wert sein soll

Sie wissen wahrscheinlich bereits, um welches Gemälde es geht: die „Mona Lisa". Und der Künstler war niemand anders als Leonardo da Vinci. 1519 lebte dieser Universalgelehrte auf Einladung des französischen Königs Franz I. (französisch: François Ier) in Frankreich. Kurz vor seinem Tod verkaufte Leonardo da Vinci die „Mona Lisa" an den König. Weder Lisa Gherardini del Giocondo noch ihr Mann, der Auftraggeber, sahen das fertiggestellte Gemälde jemals. Es blieb jahrhundertelang im Privatbesitz französischer Könige beziehungsweise des französischen Staates. Am 21. August 1911 jedoch wurde das Gemälde aus dem Louvre in Paris gestohlen. Rund zwei Jahre

später wurde das Bild ausfindig gemacht, als der Dieb versuchte, es zu verkaufen. Wie sich herausstellte, hatte es sich bei dem Kunsträuber um einen Mitarbeiter des Louvre gehandelt, der sich über Nacht im Museum hatte einschließen lassen. Seitdem ist die „Mona Lisa" zu einem der berühmtesten Gemälde der Welt geworden, der Wert soll im Bereich von mehreren Hundert Millionen Dollar liegen. Die Verwaltung des Louvre schätzt, dass rund 80 % der durchschnittlich sechs Millionen Besucher(innen) pro Jahr hauptsächlich kommen, um sich die von Leonardo da Vinci gemalte „Mona Lisa" anzusehen.[1]

BEDRUCKTES PAPIER WIRD ZU GELD

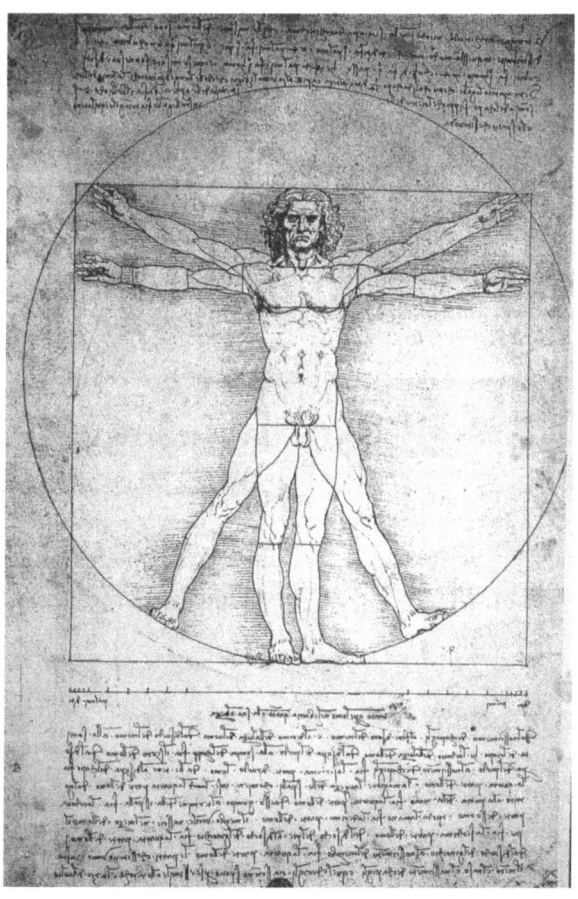

Leonardo da Vinci war nicht nur ein großartiger Maler, sondern auch Architekt, Musiker, Forscher, Mathematiker, Erfinder, Botaniker und Autor. So fertigte er unter anderem Zeichnungen über mögliche Verbesserungen des Prägeprozesses von Münzen an. Sein Ziel war es, schneller einheitlichere Münzen prägen zu können.[2] Vor diesem Hintergrund finden Ihre Autoren es durchaus angemessen, dass auf manchen heutigen 1-Euro-Münzen ein Werk von Leonardo da Vinci zu sehen ist: der vitruvianische Mensch. Die ursprüngliche Zeichnung ist um das Jahr 1490 herum entstanden.

In seinem Buch „History of Mechanical Inventions" schrieb der Autor Abbott Payson Usher, der sich um die Technikgeschichte verdient gemacht hat, sinngemäß übersetzt:

> „Wir wissen, dass Leonardo in der päpstlichen Münzanstalt beschäftigt war, obwohl es keine Belege dafür gibt, dass unter seiner Anleitung Münzen geprägt worden sind. (…) Seine Arbeit war die eines Vorläufers – die Arbeit der Konzeption."[3]

Da der Handel zwischen den Ländern Europas und weltweit anstieg, wuchs auch die Nachfrage nach Geld. Spanien und Portugal hatten große Mengen an Gold und Silber in der damals „Neue Welt" genannten Region – dem heutigen Mittel- und Südamerika – gefunden. Die von Leonardo da Vinci entwickelten technischen Innovationen ermöglichten es, das gefundene Gold und Silber schneller zu Münzen zu prägen.

Wie der Begriff „Indianer" entstand

Christoph Kolumbus (spanisch: Cristóbal Colón) wollte bekanntlich den Seeweg nach Indien entdecken. Er landete aber stattdessen in der Karibik. Zum ersten Mal an Land ging er nach der Überquerung des Atlantiks auf einer Insel der Bahamas namens Guanahani. Seinen Irrtum nicht erkennend, nannte Kolumbus die Einwohner Indianer.

Die Frage ist allerdings: Warum wollte Kolumbus überhaupt nach Indien? Offensichtlich war er sehr beeindruckt von dem Reichtum, den es in Indien und China geben sollte.[4] Dieser Reichtum spiegelte sich bereits im Fernhandel über die Seidenstraße wider. Aber nachdem die Hauptstadt des christlichen Kaiserreichs Byzanz – Konstantinopel, das heutige Istanbul – im Jahr 1453 von den osmanischen Türken erobert worden war, war die Landroute nach Asien von Europa aus gefährlich geworden.

Kolumbus hatte sich im Laufe der Zeit einen bedeutenden Teil des damaligen Wissens zu den Themen Seefahrt und Navigation angelesen. Und das theoretisch erworbene Wissen wendete er auch in der Praxis an. Als Navigator sammelte der Wissbegierige praktische Erfahrungen im Atlantischen Ozean von Irland bis an die westafrikanische Küste. Außerdem hatte er die veröffentlichten Reiseberichte von Marco Polo gelesen und mit Randbemerkungen versehen. Was also hat Marco Polo geschrieben, das Christoph Kolumbus so motivierte, vier Fernreisen auf der Suche nach einem Seeweg nach Indien zu unternehmen? Es war der Reichtum Indiens, den Marco Polo detailliert in seinem Reisebericht „Il Milione" schildert.

Hier ein paar sinngemäß übersetzte Beispiele aus diesem Bericht:

„Bangala ist eine Provinz im Süden (Chinas) ... Die Menschen dort besitzen Ochsen, die so hoch wie Elefanten sind, aber nicht so schwer ... sie leben von Fleisch und Milch und Reis. Sie bauen Baumwolle an, mit welcher sie handeln, und zudem Gewürze wie Ingwer, Zucker ... und viele andere Sorten."[5]

Zu jener Zeit entdeckten die Europäer(innen) gerade, dass Gewürze den Geschmack ihrer Speisen sehr verbessern konnten. Zudem konnten einige Gewürze für die Konservierung von Lebensmitteln verwendet werden. Andere wiederum waren Teil von Heilmitteln. Es gibt Gewürze, welche den Appetit anregen oder Verdauungsstörungen vorbeugen können. Da viele Gewürze auch getrocknet verwendet werden konnten, machte dies deren Gebrauch praktikabel. Mit der Heilkraft von diversen Gewürzen und Pflanzen hatte sich bereits Hildegard von Bingen (1098–1179 n. Chr.) befasst. Sie vereinte das Heilwissen der Antike mit der Volksmedizin des Mittelalters und verfasste hilfreiche medizinische Abhandlungen. Dabei betonte sie einen ganzheitlichen Ansatz, demzufolge Kranke unter anderem auf gute Werke und eine Hinwendung zu Gott als Teil ihrer Heilung achten sollten. Unabhängig von ihrer medizinischen Verwendung waren einige Gewürze wie Muskatnüsse oder Gewürznelken schließlich auch Statussymbole. Deshalb waren Gewürze im Europa des späten Mittelalters und der Frühen Neuzeit sehr gefragt. Und besonders gefragt war Pfeffer:

> „Wenn man Maabar verlässt (was sich auf die Malabar-Region an der Westküste Indiens bezieht) und 500 Meilen nach Südwesten reist, dann kommt man ins Königreich Coilum (was sich auf die Stadt Kollam bezieht – früher Quilon genannt –, die jetzt im indischen Bundesstaat Kerala liegt und lange Zeit einer der größten Häfen Indiens war) … auch Pfeffer wächst überall im Land in großer Menge."[6]

Und dann waren dort Diamanten:

> „Wenn man Maabar verlässt und sich etwa 1.000 Meilen nach Norden wendet, dann kommt man in das Königreich Mutflili. (Spätere Historiker nehmen an, dass sich Marco Polo dabei auf die Telangana-Region bezieht, welche seit 2014 ein eigener indischer Bundesstaat ist und zuvor zum Bundesstaat Andhra Pradesh gehörte.) In diesem Königreich finden sich Diamanten. Cail (was ein berühmter Hafen im südindischen Bundesstaat Tamil Nadu war) ist eine große und noble Stadt … Der König besitzt große Reichtümer, und er trägt selber viele wertvolle Juwelen … Dieser König hat um die 300 Frauen; denn in diesen Gegenden wird der Mann mit den meisten Frauen am meisten angesehen."[7]

Mit Berichten wie diesen im Kopf begann Christoph Kolumbus am 3. August 1492 vom Startpunkt Andalusien aus seine erste Reise nach Indien. Nur mit Mühe schaffte es Kolumbus nach einigen Wochen auf hoher See, seine Mannschaft zur Weiterfahrt zu bewegen. Am 12. Oktober 1492 schließlich war nach Wochen bangen Wartens die

"Neue Welt" erreicht. Die von Christoph Kolumbus geleitete Expedition umfasste drei Schiffe:

1. die Karacke Santa Maria (das Flaggschiff)
2. die Karavelle Niña
3. die Karavelle Pinta

Christoph Kolumbus hatte zuvor mit dem Königspaar Isabella von Kastilien und Ferdinand von Aragón – den sogenannten Katholischen Königen – vereinbart, dass er Anspruch auf zehn Prozent aller Gewinne der Expedition habe.[8] Am besagten 12. Oktober 1492 sichtete der Matrose Rodrigo de Triana gegen zwei Uhr morgens Land und teilte dies umgehend der Crew auf dem Schiff mit. Kein Wunder: Königin Isabella und König Ferdinand hatten demjenigen, der auf dieser Expedition zuerst neues Land sah, 10.000 Maravedis (spanische Goldmünzen) versprochen, von Kolumbus sollte es ein hochwertiges Wams aus Seide geben. Christoph Kolumbus berichtete:

> *"Nach Sonnenuntergang kehrte ich wieder zur Westrichtung zurück. Wir kamen mit einer Seegeschwindigkeit von zwölf Seemeilen vorwärts und bis zwei Uhr morgens hatten wir 90 Seemeilen durchlaufen. Da die Karavelle Pinta schneller war als die anderen beiden Schiffe und mir vorgefahren war, so entdeckte man an Bord der Pinta zuerst das Land und gab auch die angeordneten Signale. Als Erster erspähte dieses Land ein Matrose, der Rodrigo de Triana hieß."*[9]

"Land in Sicht!"

Christoph Kolumbus hatte Rodrigo de Triana im Übrigen vor der Inquisition bewahrt: Nur zwei Tage vor der Abfahrt der Expedition war für Kastilien und Aragón das Alhambra-Edikt erlassen worden.

Dies sah die Ausweisung aller Juden in diesen Gebieten vor, sofern sie nicht den katholischen Glauben annahmen. Das wiederum sollte durch die Inquisition überwacht werden. Rodrigo de Triana war als Jude aufgewachsen und später zum Katholizismus konvertiert. Die Prüfung durch die Inquisition stand jedoch noch aus, als Kolumbus ihn für seine Expedition anheuerte. Nach seiner Rückkehr aus der Neuen Welt blieb Rodrigo de Triana als Held dann von der Inquisition unbehelligt. Es spricht für Kolumbus, hier geholfen zu haben. Fragwürdiger hingegen war sein Verhalten, als es um die versprochene Belohnung für die Landsichtung ging. Er habe selbst um 22 Uhr des Vortags ein „Licht" gesehen, welches aber „so undeutlich" gewesen war, dass er es unterlassen habe, es als Zeichen einer Landsichtung auszurufen. Nichtsdestotrotz behielt Kolumbus die ausgelobte Belohnung für sich selbst.

Christoph Kolumbus unternahm drei weitere Reisen auf der Suche nach einem Seeweg nach Indien – aber diesen fand er nie. Er starb am 20. Mai 1506 im Alter von 54 Jahren im spanischen Valladolid. Seine Todesursache ist unklar – laut jüngsten Forschungsergebnissen ist er an Arthritis und Herzinfarkt gestorben.[10] Am Ende war es zweitrangig, dass Christoph Kolumbus nicht den Seeweg nach Indien gefunden hatte, denn die Spanier fanden, was sie gesucht hatten: Gold und Silber in gewaltigen Mengen. Zwar nicht in Indien, wie es

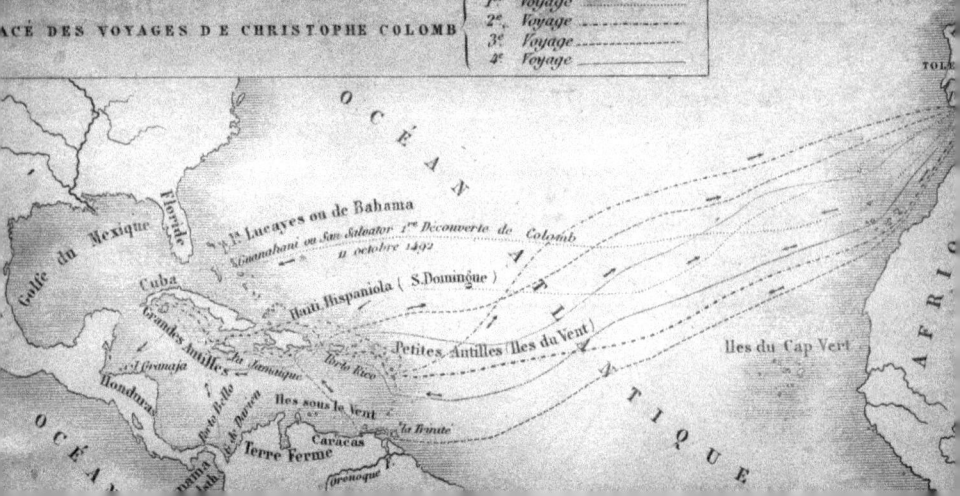

ursprünglich geplant war, dafür aber auf dem Kontinent, welcher in Europa als „Neue Welt" bekannt und später zu Amerika wurde. Innerhalb eines halben Jahrhunderts nach der ersten Expedition von Christoph Kolumbus hatten die Spanier die größten materiellen Schätze gefunden, die es damals in der Neuen Welt zu finden gab.

„Schweiß der Sonne" und „Tränen des Mondes"

Das Imperium der Inka war das größte Imperium in dem Teil der Neuen Welt, der später Südamerika genannt werden sollte. Gold wurde dort „Schweiß der Sonne" genannt und Silber waren die „Tränen des Mondes".[11] Die Inka mussten nicht nur gegen die Spanier kämpfen, die ihr Gold und Silber haben wollten. Es gab noch ein weiteres Problem, mit dem sie konfrontiert wurden: die Pocken und zahlreiche weitere Krankheiten, welche die Spanier sozusagen als blinde Passagiere mitgebracht hatten und gegen die die Inka keine Abwehrkräfte besaßen. Huayna Cápac, ein König der Inka, starb um das Jahr 1527 zusammen mit Tausenden seiner Soldaten an den Pocken. Er verfügte vor seinem Tod, dass sein Königreich zwischen seinen Söhnen Atahualpa und Huáscar aufgeteilt werden sollte. Und wie es in den besten Familien vorkommen kann, stritten sich die beiden Brüder um ihr Erbe, was letztlich zu einem Bürgerkrieg im Inkareich führte.

In dieser Situation marschierte ein spanischer Konquistador namens Francisco Pizarro im Jahr 1532 mit 106 Fußsoldaten und 62 Reitern ins Herz des Inkareiches. Der Begriff Konquistador ist übrigens ein Sammelbegriff für Entdecker, Abenteurer, Seeleute und/oder Soldaten, die im 16. und 17. Jahrhundert Gebiete für die spanische Krone in Besitz nahmen.[12] Atahualpa befand sich zu diesem Zeitpunkt in Cajamarca im heutigen Peru. Er sah die sich nähernden Spanier keineswegs als Bedrohung und ließ sie daher in der Absicht weitermarschieren, sie persönlich gefangen zu nehmen, sobald sie in seiner Nähe seien. Deshalb konnten die Spanier ohne Gegenwehr bis Cajamarca vorrücken, wobei sie von Spähern der Inka beobachtet wurden. Sobald sie dort angekommen waren, schickte Pizarro Abgesandte zu Atahualpa mit der Einladung, zu ihm zu kommen und ihn zu treffen. Atahualpa stimmte einer für den nächsten Tag vorgesehenen Unterredung zu,[13] zu der er einige Tausend seiner Männer mitbrachte. Er selbst war unbewaffnet, viele seiner Männer trugen den Berichten zufolge kleine Kriegsäxte und Steine unter ihren Kleidern. Das Treffen verlief in feindlicher Atmosphäre und eskalierte rasch, woraufhin die Spanier zum Angriff übergingen und Atahualpa gefangen nehmen konnten. Pizarro kam vor allem der Überraschungseffekt zugute. Zum einen waren die Inka durch die ihnen unbekannten Feuerwaffen und auch durch den Anblick von Soldaten auf Pferden verwirrt, zum anderen verblieb ein großer Teil der Inka nach der Gefangennahme von Atahualpa führerlos und irritiert. Auf diese Weise konnten die Spanier den Sieg erringen.[14]

Das Ende des Inka-Imperiums

Sobald der König der Inka erkannte, dass die Spanier auf der Suche nach Gold waren, versuchte er über seine Freilassung zu verhandeln. Er versprach, dass er den Raum, in dem er gefangen gehalten wurde, einmal mit Gold und zweimal mit Silber als Lösegeld füllen würde. Und er hielt seinen Teil des Versprechens: In den folgenden Monaten wurden rund 13.420 Pfund Gold (Feingehalt 916/1000) sowie 26.000 Pfund pures Silber geliefert. Die Spanier hingegen hielten ihren Teil der Abmachung nicht ein und verurteilten Atahualpa zum Tode. Im August 1533 wurde er als letzter König der Inka in Cajamarca mit der Garotte erdrosselt.[15] Was folgte, war die völlige Auflösung des Königreichs der Inka und von dessen Strukturen. Die Spanier raubten an Gold und Silber, was sie finden konnten. Die Edelmetalle wurden eingeschmolzen und dann in Barrenform gebracht, sodass sie einfacher nach Spanien transportiert werden

konnten. Zwischen 1500 und 1540 n. Chr. kamen pro Jahr durchschnittlich fast 1.500 Kilogramm Gold aus der Neuen Welt nach Spanien.[16]

Heute kaum bekannt – damals eine Stadt so groß wie London

Eine der größten Silberminen der Welt wurde im Jahr 1545 n. Chr. in Potosí im heutigen Bolivien gefunden. Potosí liegt ca. 4.067 bis 4.090 Meter über dem Meeresspiegel und ist bis heute eine der höchstgelegenen Städte der Welt. Angesichts dieser Höhe benötigte es einige Zeit, bis die Spanier dorthin vorgestoßen waren. Doch dann wurde dieser „Berg aus Silber" schließlich entdeckt – durch einen Zufall. Ein Spanier soll dort oben auf der Suche nach einem entlaufenen Lama gestolpert sein und sich haltsuchend an einem Strauch festgehalten haben. Er riss den Strauch aus dem Boden – und unter der dünnen Erdschicht kam Silbererz zum Vorschein. Die so entdeckte Ader war „neunzig Meter lang, vier Meter breit und neunzig Meter tief".[17] Bis zum heutigen Tag ist dies der größte Silberfund der Geschichte. Wenn Silber abgebaut wird, enthält das Erz üblicherweise einige wenige Prozent Silber. In der entdeckten Ader lag der Anteil bei 50 %. Aufgrund dieser massiven Silbervorkommen entwickelte sich die daraufhin dort von den Spaniern gegründete Stadt Potosí rasant. Schnell wurde sie zur Reichsstadt (Villa Imperial), in der Tausende Silberbarren hergestellt wurden. Dank der spanischen Verwaltung war der gesamte Ablaufprozess vom ersten bis zum letzten Schritt perfekt organisiert und durchgeplant. Jeder Barren hatte einen Silbergehalt von 99 %, ein Gewicht von knapp 40 Kilogramm und einen aufgeprägten Stempel mit Seriennummer, Reinheitsbestätigung und Steuerbescheinigung. Allein für den Transport waren rund 2.000 Lamas notwendig.

Potosí wurde zur Hauptbezugsquelle von Silber für die Spanier. Und nicht nur für die Spanier: *Damals sollen rund 80 % der Weltproduktion an Silber aus den spanischen Kolonien in Südamerika gekommen sein.* Und wer weiß heutzutage noch, dass diese Stadt im Jahr 1611 geschätzte 160.000 Einwohner hatte und damit so groß war wie London. Potosí war aber nicht nur eine der größten, sondern vor allem auch die reichste Stadt der Welt. Gleichzeitig waren die Arbeitsbedingungen für die in den Bergwerken Arbeitenden katastrophal. Ein katholischer Priester beschwerte sich in einem Brief an den spanischen Königshof darüber, dass von 20 gesunden Indianern, die zu Wochenbeginn in die Minen geschickt würden, zum folgenden Wochenende die Hälfte als Krüppel zurückkäme. Wie christliche Herrscher solch ein Unrecht dulden könnten?

5.000 Silberpesos für einen einzigen Fisch

Wer in Potosí Silber hatte, gab es oft genug freigebig aus, was immer mehr Menschen dorthin lockte. An einem Marktstand sollen sich zwei Männer einen Bieterkrieg um einen Fisch geleistet haben, bei dem dessen Preis auf die Höhe mehrerer Jahreseinkommen eines Spaniers der Mittelschicht getrieben wurde: was man eben so macht, wenn man zu viel Geld hat. Den Verkäufer wird es jedenfalls gefreut haben. Die spanische Verwaltung sorgte dafür, dass das Silber mithilfe von giftigem Quecksilber vom Erz getrennt wurde und danach weitertransportiert werden konnte. Aus Potosí wurden auf diese Weise zwischen 1556 und 1783 fast 45.000 Tonnen Silber geliefert.[18] Der größte Teil dieses Silbers wurde ins spanische Sevilla verschifft, wo sich die Münzanstalt des Landes befand. In den besten Jahren trafen dort jährlich etwa 300 Tonnen Silber aus den spanischen Besitzungen in Südamerika ein.[19] In Europa soll sich die Silbermenge innerhalb von Jahrzehnten verdoppelt haben.

Was daraufhin passierte, erinnert an die Entwicklung, die es zuvor im Römischen Reich gab. Sobald Gold und Silber in großen Mengen in Spanien eintrafen, wurden die Spanier(innen) geübt darin, es auszugeben, anstatt selber produktive Aktivitäten zu verfolgen und die Mittel dafür zu investieren. Das „leichte Geld" hatte sie verwöhnt – und sie produzierten nur einen geringen Teil ihres Konsums selbst. Ein großer Teil ließ sich doch einfach mit dem Gold und Silber im Ausland einkaufen; warum sich also selber mit der Produktion abmühen? Ihre Autoren sehen gewisse Parallelen zur heutigen „Politik des leichten Geldes" einiger großer Notenbanken. Und anstatt den Konsum mit frischem Gold zu finanzieren, können die USA heutzutage sogar mit selbst gedruckten Dollarnoten bezahlen. Auch eine Form von „leichtem Geld" – ganz ähnlich wie damals in Spanien mit dem Potosí-Silber.

Wer mehr ausgibt, als er einnimmt ...

Als immer mehr Silber aus Südamerika nach Spanien geliefert wurde, stiegen auch die Importe von sonstigen Gütern nach Spanien stark an. Mit ihrem Silber gingen die Spanier gerne europaweit auf Einkaufstour. Die Niederländer lieferten Waffen, die Briten Wollwaren, Glasware kam aus Italien und so weiter.[20] Schließlich kauften die Spanier auch Güter, die sie gar nicht benötigten oder selber herstellen konnten, im Ausland. Armreife, billige Glaswaren, Spielkarten – das wurde aus dem Ausland bezogen, einfach aus Freude am Konsum. In gewisser Weise gab es bereits damals eine einheitliche europäische Währung: den spanischen Silberpeso. Mit diesem konnte problemlos in zahlreichen Staaten von Portugal bis zu deutschen Kleinstaaten bezahlt werden. Problematisch wurde es dann aber spätestens, als die Silberlieferungen nach Spanien um das Jahr 1600 n. Chr. herum den Zenit erreicht hatten und dann zu fallen begannen. Wie Ihre Autoren aus eigener Beobachtung bestätigen können, gewöhnen sich Menschen (Ihre Autoren durchaus eingeschlossen) üblicherweise recht schnell an einen gewissen Lebensstandard. Wenn dann die Einnahmen sinken und eigentlich der Lebensstandard gesenkt werden müsste, greifen einige Menschen lieber aufs Schuldenmachen zurück, um den Lebensstandard unverändert zu lassen. Das geht dann im Normalfall eine Zeit lang gut – doch zu einem späteren Zeitpunkt trifft der Schlag dann umso härter.

... bekommt ein Problem

Das gilt sowohl für einzelne Individuen als auch für Staaten. Und so war es auch im Fall von Spanien. Auch der spanische Staat hatte sich zu stark darauf verlassen, dass die Silberlieferungen immer weiter in gewünschter Höhe eintreffen würden. Als dies nicht mehr der Fall war, bekam Spanien gewaltige Probleme. Anstatt die Importe zurückzufahren, wurden im Ausland Kredite aufgenommen, um weiter fleißig importieren zu können. Das führte letztlich dazu, dass der Staat mehrfach die Zahlungsunfähigkeit erklären musste.

Jahre, in denen die spanische Regierung ihre Zahlungsunfähigkeit erklärte:

- 1557
- 1575
- 1607
- 1627
- 1647

Trotz der gewaltigen Silbermengen, die Spanien aus Südamerika erhielt, kam es also in den 100 Jahren nach der Entwicklung von Potosí zu fünf Staatspleiten.[21]

Ein anderer Aspekt ist die durch die Mengen an Gold und Silber ausgelöste Inflation. Denn da so viele Edelmetalle aus Südamerika nach Europa strömten und damit Güter eingekauft wurden, konnten deren Preise nicht unverändert bleiben. Je mehr Gold und Silber die Menschen hatten, desto mehr Güter wollten sie damit kaufen. Da die Produktion nicht in gleichem Umfang stieg, führte das erwartungsgemäß zu höheren Preisen. Die Preise stiegen in Spanien im 16. Jahrhundert um 400 %.[22] Nun ist das gemessen an heutigen Maßstäben gar nicht besonders viel, aber zur damaligen Zeit wirkte sich dieser Anstieg des Preisniveaus auf die Bevölkerung verheerend aus. Es kam zu Unruhen und Rebellionen in den einfachen Bevölkerungsschichten. Aber auch zahlreiche Wohlhabende litten unter der Inflation.

Staatlich geförderte Piraten

Während das Gold und Silber aus Südamerika letztlich also Probleme in Spanien schuf, war es für Länder wie England eine Wohltat. Dort gab es eine spürbare Knappheit an Edelmetallen, die zu Münzen geprägt werden konnten. Doch nachdem die Spanier auf einmal

Gold und Silber in Massen hatten und damit bereitwillig in Europa einkauften, konnten die Engländer und andere Länder ihre Güter verstärkt nach Spanien exportieren. Und Spanien zahlte in Gold und Silber. Dies beflügelte wiederum die Produktion in den Exportländern und schuf dort Arbeitsplätze. Das reichte jedoch nicht allen Staaten: So ermutigte zum Beispiel England zwischenzeitlich auch Piraten, die mit Edelmetallen beladenen spanischen Galeonen auf dem Weg von Südamerika nach Spanien zu kapern. Einer der bekanntesten englischen Freibeuter war Sir Francis Drake. Er plünderte spanische Schiffe, behielt einen Teil des geraubten Goldes für sich und lieferte den Rest an die englische Krone ab.[23]

Als Spanien im Jahr 1588 England angriff, war Sir Francis Drake Vizeadmiral in der englischen Marine. Der englische Oberbefehlshaber hatte mehreren englischen „Staatspiraten" das Kommando über Geschwader anvertraut. Der spanische König hatte gegen England eine gewaltige Kriegsflotte ausgerüstet, die unter dem Namen „Spanische Armada" bekannt wurde. Rund 130 Schiffe mit ca. 2.400 Kanonen und 27.000 Mann an Bord sollten eine Invasion Englands durchführen. Doch eine beabsichtigte Zusammenführung mit militärischen Kräften in den damaligen spanischen Niederlanden wurde durch die Engländer verhindert. Die entscheidende Seeschlacht wurde von der englischen Flotte gewonnen, woraufhin die Reste der „Spanischen Armada" über Schottland herum nach Spanien zurückkehren wollten. Das Unglück für Spanien wurde vervollständigt, als dort am 18. September 1588 ein schwerer Sturm aufkam und einen Großteil der bereits durch die Seeschlacht beschädigten Flotte versenkte. Das bedeutete das Ende der nur scheinbar unüberwindlichen Spanischen Armada.[24] Dabei sollen auch viele Schiffbrüchige, die es an die Küsten geschafft hatten, von Strandräubern oder englischen Soldaten ermordet worden sein. In Irland jedoch konnten einige schiffbrüchige Spanier bei der dortigen katholischen und tendenziell englandfeindlichen Bevölkerung unterkommen. Und wer weiß: Vielleicht ist das der Grund dafür, dass die Schauspielerin und Halb-Irin/Halb-Waliserin Catherine Zeta-Jones vom Aussehen her einen durchaus „spanischen Eindruck" vermittelt.

Der Frieden von Madrid 1630 und seine Auswirkungen

Nach dem Verlust der Spanischen Armada im Jahr 1588 hatte das spanische Imperium seinen Zenit überschritten. Spanien baute zwar eine neue Flotte auf und zog auch durchaus seine Lehren aus der Niederlage. So wurden nun wendigere Schiffe mit besserer Artillerie gebaut und der Krieg gegen England ging weiter. Doch es wurde schwieriger für Spanien. In der Karibik und in Nordamerika traten Konkurrenten auf den Plan, in den spanischen Niederlanden gab es eine für Spanien aufreibende Unabhängigkeitsbewegung, die Staatsfinanzen waren zerrüttet. Ein weiterer spanisch-englischer Krieg begann 1625 und wurde im November 1630 durch den „Frieden von Madrid" beendet. Darin setzte Sir Francis Cottington – der englische Verhandlungsführer und Botschafter in Spanien – unter anderem durch, dass die englische Münzprägeanstalt direkten Zugriff auf spanisches Silber aus Südamerika bekommen sollte. Das geschwächte

Spanien stimmte dem zu, da die Engländer im Gegenzug zusagten, die spanischen Konvois durch die britische Flotte vor Angriffen der niederländischen Flotte zu schützen.[25]

Auf diese Weise kam ein großer Teil des spanischen Silbers nach England, wo ungefähr die Hälfte davon genutzt wurde, um englische Münzen zu prägen.[26] Bei der britischen Münzprägeanstalt „Royal Mint" wurden zwischen 1630 und 1640 schätzungsweise sieben bis acht Millionen Pfund Sterling in Münzen geprägt. Das war fast doppelt so viel wie in den 45 Jahren der Herrschaft von Königin Elizabeth I. von 1558 bis 1603 n. Chr.[27] In England waren die Münzen vor den im Frieden von Madrid 1630 beschlossenen Maßnahmen in einem sehr schlechten Zustand. Sie waren schließlich im Laufe der Jahrzehnte abgegriffen und nicht durch neue Münzen ersetzt worden. Nach dem Vertrag mit Spanien konnten dann neue Münzen geprägt und in Umlauf gebracht werden. Wie wir in diesem Buch an mehreren Stellen zeigen, ist in so einem Fall Folgendes zu erwarten: Die Menschen horten die „guten" Münzen – und bezahlen mit den „schlechten". So war es auch hier: Die neuen Münzen verschwanden bald aus dem Umlauf. Dies umso mehr, als der Wert ihres Metalls höher war als der aufgedruckte Wert. Deshalb wurden diese Münzen eingeschmolzen und zum Wert des enthaltenen Edelmetalls verkauft.

In anderen Teilen Europas hatten sich bereits Banken entwickelt, bei denen Bürger(innen) ihre Ersparnisse deponieren konnten. In England war das bis Anfang des 17. Jahrhunderts nicht der Fall: größtenteils deshalb, weil die englischen Goldschmiede ihr Gold im Tower of London – einer Befestigungsanlage am nördlichen Ufer der Themse – deponierten. Da im Tower Gold gelagert werden konnte, entstand kein großer Bedarf für Einlagebanken. Das änderte sich, als Karl I. (englisch: Charles I.) im Jahr 1625 zum König gekrönt wurde. Denn als er zwischenzeitlich die im Tower hinterlegten Edelmetalle konfiszierte, wollten viele ihr Geld dann doch nicht mehr dort hinterlegen.

Mehr dazu später. Unter Karl I. wurde es außerdem gängige Praxis, für die Vergabe von Monopolen Geld zu verlangen, um so angeblich die nationale Wirtschaft zu fördern.

Die Gründung der Englischen Ostindien-Kompanie

Bereits am 31. Dezember 1600 hatte Elizabeth I. der Englischen Ostindien-Kompanie (englisch: English East India Company, ab 1707: British East India Company), welche in den letzten Jahren ihrer Herrschaft gegründet worden war, für 15 Jahre eine solche Lizenz erteilt. Diese verlieh der Gesellschaft das Monopol für den englischen Handel mit allen Ländern östlich des Kaps der guten Hoffnung in Südafrika und westlich der Magellanstraße an der Südspitze Südamerikas. Vasco da Gama, ein portugiesischer Entdecker, hatte 1498 n. Chr. den Seeweg nach Indien um Afrika herum entdeckt. Dies hatte seitdem den Handel Europas mit Indien und den umliegenden Gebieten stark erhöht. Die Franzosen, Niederländer, Spanier und Portugiesen waren bereits in diesem Handel aktiv und hatten teilweise eigene Ostindien-Kompanien.[28] 1616 gründete sogar das kleine Dänemark seine eigene Dänische Ostindien-Kompanie.

Übrigens hielten sich die deutschen Staaten zurück: Die 1722 vom römisch-deutschen Kaiser Karl VI. gegründete „Kaiserliche Ostindische Kompanie" wurde bereits 1731 wieder aufgelöst. Den Briten war die neue Konkurrenz ein Dorn im Auge. Sie boten an, die britische Annäherung an Frankreich abzubrechen und dafür ein Bündnis mit dem Kaiser zu schließen, sofern die Kompanie liquidiert werden würde. Zudem sollte die sogenannte „Pragmatische Sanktion" Habsburgs, welche die Erbfolge regelte und die Unteilbarkeit des Reiches festlegte, von Großbritannien anerkannt werden. Als Großbritannien dies im Vertrag von Wien 1731 verbindlich zusagte, löste Kaiser Karl VI. daraufhin die Kaiserliche Ostindische Kompanie auf. Ein leitender Angestellter der Kompanie wechselte zur Britischen

Ostindien-Kompanie, der er eigentlich Konkurrenz hätte machen sollen. Erst 1751 gründete Preußen die kurzlebige „Emder Ostasiatische Handelskompanie". Aufgrund des Siebenjährigen Krieges (1756–1763), der in diesem Buch noch eine Rolle spielen wird, hatte diese Neugründung aber kaum Erfolg. 1765 wurde sie aufgelöst. Die Investoren erhielten neben der Rückzahlung ihrer Einlage eine jährliche Dividende von zwei Prozent.

Eine der ersten Gesellschaften mit beschränkter Haftung

Interessanterweise war die Englische Ostindien-Kompanie, an der sogar Königin Elizabeth I. beteiligt war, eine der weltweit ersten bekannten Gesellschaften mit beschränkter Haftung. Die Verpflichtungen der Anteilseigner des Unternehmens waren auf ihren eingezahlten Anteil begrenzt. Wenn das Unternehmen scheitern sollte, dann würden dessen Zahlungsverpflichtungen nicht unter den Investoren aufgeteilt werden.[29] Im Jahr 1640 zwang der englische König Karl I. die Englische Ostindien-Kompanie, ihm für zwei Jahre das Vorkaufsrecht für Pfeffer zu verkaufen. Dieses Vorkaufsrecht verkaufte er dann umgehend zu höherem Preis weiter, um Bargeld zu erhalten.[30]

Die Ausgaben von Karl I. stiegen aber weiterhin. Deshalb bat er im Frühjahr 1640 sowohl den König von Spanien, den Papst als auch die City of London um einen Kredit von jeweils 400.000 Pfund. Der König von Spanien war nicht bereit, den gewünschten Kredit zu geben. Der Papst stimmte einem Kredit an Karl I. zu, unter einer Bedingung: Der englische König sollte zum Katholizismus konvertieren. Und die Londoner Stadtväter weigerten sich ebenfalls, dem König einen Kredit zu geben, woraufhin dieser Sir Francis Cottington mit einer Botschaft zu ihnen sandte. Er, der König, würde von einer Abwertung der Währung absehen, wenn ihm die Stadt 200.000 Pfund leihen würde. Das sei immerhin weniger als die ursprünglich geforderten 400.000 Pfund. Doch die Stadtväter blieben bei ihrem „No" und so beauftragte der König die staatliche Münzprägeanstalt, mit der Abwertung der eigenen Währung zu beginnen.

Die Pläne von Karl I.

Der Edelmetallgehalt der Münzen sollte verringert werden. Als dies bekannt wurde, stieg das Preisniveau in kurzer Zeit um zehn Prozent, nur aufgrund der Erwartung, dass das verschlechterte Geld bald in Umlauf gebracht werden würde.[31] Der Plan des Königs war es, neue Münzen mit aufgedrucktem Wert von 300.000 Pfund Sterling zu prägen, wobei der Silbergehalt aber lediglich 25 % betragen sollte. Dies bedeutete, dass der König leicht einen Gewinn von 225.000 Pfund machen konnte (300.000 minus 25 % von 300.000).[32] Doch da das Preisniveau so schnell anstieg, entschied sich Karl I. kurzfristig um. Er wollte die eigene Währung nicht abwerten, sondern stattdessen das im Tower of London deponierte Edelmetall beschlagnahmen. Dort lagerten in etwa 130.000 Pfund Sterling, deponiert von den Goldschmieden und Händlern der Stadt. So geschah es dann auch, was den Edelmetallhandel in London zum Stillstand brachte. Der König sagte zu, das Edelmetall zurückzugeben, wenn er einen Kredit über besagte 200.000 Pfund bekommen würde.[33] Ihre Autoren können sich das Seufzen der Londoner Stadtväter bei diesem „Angebot" vorstellen. Sie stimmten unter der Bedingung zu, dass die Rückzahlung des Kredits an zukünftige Steuereinnahmen der Regierung gekoppelt sein sollte. Bei so einem König wie Karl I. wollte man Sicherheiten.

Diese Aktion von Karl I. wirkte sich stark auf die Entwicklung von Papiergeld in England aus. Denn das Vertrauen der Londoner Händler in die Sicherheit des Tower of London als Lagerort für ihr Gold und Silber war schwer erschüttert.[34] Zwei Jahre später, 1642, brach ein Bürgerkrieg aus. Einige der von den Händlern angestellten Berufsschreiber rannten mit dem Geld der Händler, welches sie managten, davon. Manche von ihnen beteiligten sich an den Kampfhandlungen.

Die Berufsschreiber, die bei den Händlern blieben, hinterlegten das Geld, das sie für die Händler verwalteten, gegen eine kleine Gebühr bei den Goldschmieden. Denn die Händler waren der Ansicht, dass es für sie besser sei, ihr Gold und Silber bei den Goldschmieden zu lagern als in ihren Geschäfts- oder Wohnräumen. Aus offensichtlichen Gründen war der Tower of London als Lagerort für Edelmetalle nicht mehr sehr beliebt: So wurden die Londoner Goldschmiede zu Bankern.[35]

Quittungen werden wie Geld genutzt

Ähnlich wie es auch in vergleichbaren Fällen in Kontinentaleuropa oder China gewesen war, wurden von den Goldschmieden Quittungen über die Höhe der hinterlegten Edelmetalle ausgestellt. Diese Quittungen konnten dann später dem Goldschmied wieder vorgelegt und die darauf verzeichneten Mengen an Gold- und/oder Silbermünzen beziehungsweise -barren wieder abgehoben werden. Während des Bürgerkriegs hatte sich allerdings gezeigt, dass die von der staatlichen Münzprägeanstalt „Royal Mint" geprägten Münzen nicht identisch waren in Bezug auf ihr Gewicht. Dies und die Tatsache, dass die Menge an umlaufenden Münzen relativ gering war, führten dazu, dass die Händler sich untereinander mit den Quittungen der Goldschmiede bezahlten. Anstatt beispielsweise 20 Pfund Sterling zu bezahlen, konnte einfach eine Quittung übergeben werden, auf der die Hinterlegung von 20 Pfund Sterling bescheinigt war. Das war für die Kaufleute komfortabler als der tatsächliche Austausch des physischen Silbers. Die Quittung war schließlich Beleg dafür, dass diese Menge an Edelmetallen beim Goldschmied (= Bank) hinterlegt war. Auf diese Weise begannen die Quittungen der Goldschmiede in London wie Geld genutzt zu werden.

Fünf oder sechs Goldschmiede entwickelten im Laufe der Zeit den Ruf, besonders zuverlässig zu sein.[36] Die Goldschmiede begannen dann auch damit, die Gold- und/oder Silbermünzen beziehungsweise

-barren, die sie verwalteten, zu verleihen. Für die Goldschmiede war dies ein gutes Geschäft: Sie hatten die Edelmetalle oft zu null Prozent Zins erhalten. Manchmal bekamen sie sogar eine Gebühr für die Lagerung. Und wenn sie die Edelmetalle verliehen, erhielten sie Zinseinnahmen. Dieses Geschäft erwies sich als so profitabel, dass die Goldschmiede bald Konten mit Guthabenzinsen anboten, um mehr Edelmetalle als Einlagen zu erhalten. Das Geld, das hinterlegt wurde, sollte verzinst und jederzeit wieder abhebbar sein. Das Angebot richtete sich nicht nur an Kaufleute, sondern an jedermann.

Als das Geschäft zunahm, erkannten die Goldschmiede nach und nach, dass die Menge an Edelmetallen, die jeden Tag hereinkam, üblicherweise deutlich größer war als die Menge, die abgehoben wurde.[37] Die gelagerte Menge an Edelmetallen war also recht stabil und tendenziell wachsend. Dann fanden einige Goldschmiede heraus, dass sie jemandem, der sich bei ihnen Geld lieh, gar nicht die Edelmetalle aushändigen mussten. Dem Kunden konnte einfach ein gefälschter Beleg ausgehändigt werden, auf dem stand, dass er Anspruch auf eine bestimmte hinterlegte Menge an Edelmetallen hatte. Das „vereinfachte" die Sache für die Goldschmiede. Diese Belege sahen wie die Originalbelege aus, welche diejenigen erhielten, die Edelmetalle hinterlegt hatten. Die Kreditnehmer wiederum waren auch zufrieden, da sie mit dem Beleg bezahlen konnten und nicht schwere Münzen mit sich herumtragen mussten. Hartley Withers schrieb dazu sinngemäß übersetzt in „The Meaning of Money":

> *„Ursprünglich waren die Quittungen der Goldschmiede ein Beleg für hinterlegtes Edelmetall. Darauf vermerkt war ein Anspruch auf eine bestimmte Menge an hinterlegtem Edelmetall. Einige raffinierte Goldschmiede ersannen die Epoche machende Idee, Quittungen nicht nur an diejenigen auszugeben, die Metalle hinterlegt hatten, sondern auch an die, welche sich Metalle liehen. So wurde das moderne Bankwesen gegründet."*[38]

Dies führte zu einer Situation, in der ein Goldschmied mehr Gold und Silber verleihen konnte, als tatsächlich bei ihm hinterlegt war. Lassen Sie uns das anhand eines Beispiels aus „The Meaning of Money" näher betrachten:
Ein Großhändler namens Smith ging zu einem Goldschmied und hinterlegte dort 10.000 Pfund in Goldmünzen. Der Goldschmied wiederum verlieh dieses Geld an den Händler Jones. Die Aufstellung des Goldschmieds sah dann so aus:

Zahlungsverpflichtung		Aktiva	
An Smith zu zahlen:	10.000 Pfund	An Jones vergebener Kredit:	10.000 Pfund

Anstatt den Kredit an Jones in Form von Goldmünzen zu vergeben, überredete der Goldschmied Jones dazu, eine Quittung über die Höhe von 10.000 Pfund zu akzeptieren. Das sei doch schließlich praktikabler, als die kiloschweren Goldmünzen zu transportieren, und die anderen Großhändler würden das doch auch so machen ...
Die Aufstellung des Goldschmieds sah dann so aus:

Zahlungsverpflichtung		Aktiva	
An Smith zu zahlen:	10.000 Pfund	An Jones vergebener Kredit:	10.000 Pfund
Ausstehende Quittung:	10.000 Pfund	Gelagerte Edelmetalle:	10.000 Pfund
Gesamt:	20.000 Pfund		20.000 Pfund

Die ursprünglich vom Großhändler Smith in Gold eingezahlten 10.000 Pfund blieben beim Goldschmied, da dieser dem Händler Jones den Kredit in Form von Papier (= Quittung über hinterlegte 10.000 Pfund) gegeben hatte. Diese 10.000 Pfund in Gold waren zusammen mit der Forderung an Jones die Aktiva des Goldschmieds.
Der Goldschmied schuldete dem Großhändler Smith natürlich noch dessen 10.000 Pfund, sodass dies eine Zahlungsverpflichtung für

ihn war. Den Kredit, den Jones erhalten hatte, konnte dieser ausgeben. Nehmen wir einmal an, dass Jones für 10.000 Pfund etwas kaufte und mit der Quittung des Goldschmieds (über hinterlegte 10.000 Pfund) bezahlte. Derjenige, der dann die Quittung hatte, konnte damit an der Tür des Goldschmieds klopfen und die Herausgabe von 10.000 Pfund in Gold/Silber verlangen. Insofern war diese ausstehende Quittung für den Goldschmied auch eine Zahlungsverpflichtung.

Im Verlauf der Zeit erkannte der Goldschmied in unserem Beispiel, dass die ausstehenden Quittungen nicht so schnell und nicht alle gleichzeitig bei ihm vorgelegt wurden. Er vergab deshalb Kredite in Höhe von jeweils 10.000 Pfund an die Händler Brown, Robinson und Williams, und zwar durch die Ausgabe neuer Quittungen über jeweils 10.000 Pfund. Wenn wir diese 30.000 Pfund zu den 10.000 Pfund addieren, die der Goldschmied bereits dem Händler Jones geliehen hatte, dann ergibt das eine Summe von 40.000 Pfund. Diesen Betrag hatte der Goldschmied verliehen. Die Aufstellung des Goldschmieds würde nach diesen Transaktionen dann so ausgesehen haben:

Zahlungsverpflichtung		Aktiva	
An Smith zu zahlen:	10.000 Pfund	An Kunden vergebene Kredite:	40.000 Pfund
Ausstehende Quittungen:	40.000 Pfund	Gelagerte Edelmetalle:	10.000 Pfund
Gesamt:	**50.000 Pfund**		50.000 Pfund

Das Volumen dieser Aufstellung war fünfmal so groß wie die ursprüngliche Bilanz. Und das System funktionierte für den Goldschmied in unserem Beispiel sehr schön. Nehmen wir einmal an, er verlieh seinen Kunden das Geld zu einem Zinssatz von fünf Prozent pro Jahr. In diesem Fall nahm er pro Jahr 2.000 Pfund an Zinsen ein (fünf Prozent der verliehenen 40.000 Pfund). Und nehmen wir außerdem an, dass er dem Großhändler Smith, der 10.000 Pfund deponiert hatte, Zinsen von drei Prozent pro Jahr zahlte. Dies bedeutete, dass der

Goldschmied Zinsen von 300 Pfund (drei Prozent von 10.000 Pfund) zahlte, was ihm mit der gesamten Transaktion am Ende des Jahres einen Gewinn von 1.700 Pfund einbrachte (2.000 Pfund – 300 Pfund).

Zum Vergleich: Wie viel hätte der Goldschmied in der ursprünglichen Situation verdient, wenn er die Einlage von 10.000 Pfund vom Großhändler Smith genommen und nur diese verliehen hätte? Der Kreditnehmer Jones hätte ihm fünf Prozent Zinsen oder 500 Pfund gezahlt. Smith wiederum hätte vom Goldschmied drei Prozent Zinsen oder 300 Pfund erhalten. Dies würde einem Gewinn von 200 Pfund für den Goldschmied entsprechen.

Wie ein gerissener Goldschmied ein Problem bekommen kann

Wenn das Geld direkt verliehen wird – in Form von Münzen aus Edelmetall –, dann kann der Goldschmied in unserem Beispiel also einen Gewinn von 200 Pfund erzielen. Wenn das Geld jedoch in Form von Papier-Quittungen verliehen wird, dann kann der Goldschmied 1.700 Pfund Gewinn einstreichen, und zwar deshalb, weil Papiergeld anders als Goldmünzen immer und immer wieder weiter verliehen werden kann. Natürlich gibt es dabei einen Haken, denn der Goldschmied hat schließlich Quittungen ausgestellt, die nicht

gedeckt waren. Er hat Kredite über jeweils 10.000 Pfund vergeben, ohne diese besagten 10.000 Pfund überhaupt zu besitzen. Dabei kam dem Goldschmied zugute, dass seine Kunden ihm vertrauten und seine Quittungen in dem Glauben annahmen, dass sie jederzeit bei ihm gegen Gold und/oder Silber eingetauscht werden konnten.

In unserem Beispiel hatte der Goldschmied ausstehende Zahlungsverpflichtungen von 50.000 Pfund, aber nur 10.000 Pfund in Form von Edelmetallen in seinem Tresor. Gleichzeitig hatte er 40.000 Pfund an Krediten in Form von Quittungen vergeben. Die Kreditnehmer konnten mit diesen Quittungen Dinge kaufen, woraufhin diese in anderen Händen landen konnten. Und genau diese „anderen Hände" konnten beim Goldschmied klopfen, die Quittung vorlegen und die Auszahlung der darauf vermerkten Menge an Gold und Silber verlangen. Solange diese Nachfrage bei weniger als 10.000 Pfund lag, war alles in Ordnung. Aber wenn mehr als 10.000 Pfund in Edelmetallen gefordert wurden, dann hatte der Goldschmied ein Problem, da er nur 10.000 Pfund in Gold und Silber im Tresor hatte.

Und wenn der Großhändler Smith beim Goldschmied aufgetaucht wäre und gegen Abgabe seiner Quittung seine 10.000 Pfund in Goldmünzen zurückverlangt hätte, dann hätte der Goldschmied auch diesen Anspruch befriedigen müssen und seine Edelmetallvorräte wären komplett aufgebraucht gewesen. Er hätte keine weiteren Auszahlungswünsche mehr befriedigen können.

Frühes Scheitern von Bankern in England

Trotzdem war die geschilderte Vorgehensweise aufgrund der guten Gewinnmöglichkeiten gängige Praxis unter der Mehrheit der Goldschmiede. Die Händler hatten als Bezahlung für ihre Güter bereitwillig die von diesen Goldschmieden ausgestellten Quittungen akzeptiert, in der Annahme, diese seien so gut wie Gold und Silber. Doch später fanden dann einige Händler heraus, dass dies keineswegs der Fall war. Es kam mehrfach vor, dass Goldschmiede die Ansprüche derjenigen, welche mit solchen Quittungen Auszahlungen von Gold und/oder Silber verlangten, nicht befriedigen konnten. Dies führte dazu, dass einige der zu Bankern gewordenen Goldschmiede in den frühen Tagen des Bankwesens in England scheiterten.[39]

Eine schrecklich nette Familie

Karl II. (englisch: Charles II.), der Sohn von Karl I., bestieg im Jahr 1660 den englischen Thron. Wenn es um die Geldpolitik ging, dann war er ganz der Sohn seines Vaters. Der Apfel fällt ja bekanntlich nicht weit vom Stamm. Um es positiv zu formulieren: Karl II. suchte immer nach innovativen Wegen, um an Geld zu gelangen. So waren von seinem Vater bereits Kredite aufgenommen worden, welche durch zukünftige, genau bestimmte Steuereinnahmen abgesichert waren. Karl II. begann während seiner Regierungszeit, Kredite aufzunehmen, die nur mit allgemeinen Steuereinnahmen „gesichert" waren. Die Goldschmiede wurden Schritt für Schritt die Banker der englischen Krone. Karl II. konnte von den Goldschmieden zu Beginn seiner Regierungszeit Kredite zu acht Prozent Zinsen aufnehmen. Als aber nach einem weiteren Krieg der Geldbedarf des Königs stieg, verlangten die Goldschmiede höhere Zinsen. Aufzeichnungen aus dieser Zeit sprechen dafür, dass der König für solche Kredite zwischen zwölf und 30 % Zinsen pro Jahr zahlte. Als Sicherheit für diese Kredite wurden in immer fernerer Zukunft liegende Steuereinnahmen genommen.[40] Dieses Verhalten ist nicht überraschend: Da das Risiko eines Zahlungsausfalls des Königs stieg, wollten die Goldschmiede höhere Zinsen als Ausgleich für das gestiegene Risiko.

1672: „Stop of the Exchequer"-Order

Karl II. nahm in seiner Regierungszeit insgesamt Schulden in der Größenordnung von rund 2,25 Millionen Pfund auf.[41] Dieses Schuldenmachen konnte nicht ewig so weitergehen. Und in der Tat weigerten sich im Januar 1672, knapp zwölf Jahre nach der

Thronbesteigung Karls II., die Goldschmiede, weitere Kredite an den König auszugeben. Wie bereits sein Vater zeigte sich Karl II. in fragwürdigem Sinne kreativ und erließ die berüchtigte Maßnahme „Stop of the Exchequer". Diese sah vor, dass Zins- und Tilgungszahlungen der Krone eingefroren wurden.[42] Die unmittelbare Auswirkung dieses Zahlungsstopps der Krone war es, dass die Menschen zu den Goldschmieden stürmten und gegen Vorlage der Quittungen die Auszahlung ihrer Bestände an Gold und Silber verlangten. Nach der Lektüre dieses Kapitels wird es Sie wahrscheinlich nicht verwundern, dass dies für die Goldschmiede ein Problem darstellte. Denn das hinterlegte Gold und Silber war von den Goldschmieden dem König geliehen worden und konnte deswegen nicht sofort zurückgegeben werden.[43]

Zum Zeitpunkt der „Stop of the Exchequer"-Order schuldete der König beziehungsweise die Regierung den Goldschmieden rund 1,3 Millionen Pfund. Von dieser Summe wiederum entfiel der Löwenanteil von 416.724 Pfund auf den Goldschmied Sir Robert Vyner und weitere 295.994 Pfund auf Edward Blackwell.[44] Nicht überraschend gingen beide nach dem Zahlungsstopp des Königs bankrott.

Später wurden die Zinszahlungen der Krone wieder aufgenommen. Jedoch wurden nur sechs Prozent Zinsen pro Jahr auf den zum Zeitpunkt der „Stop of the Exchequer"-Order noch ausstehenden Betrag gezahlt. Doch auch diese Zinszahlungen wurden im Jahr 1683 noch zur Amtszeit von Karl II. beendet. Dazu eine Anekdote. An der Tür zu seinem Schlafzimmer soll König Karl II. diese Worte vorgefunden haben:

„*We have a pretty witty king,*
Whose word no man relies on;
He never said a foolish thing,
Nor ever did a wise one."

Sinngemäß übersetzt:

Unser König ist recht schlau,
Doch seinem Wort wohl kein Mann traut.
Niemals er etwas Dummes sagt'
Noch jemals etwas Weises tat.

Also lautet ein Beschluss, dass kein Zins gezahlt werden muss

Der König soll gelassen und durchaus die Worte bestätigend reagiert haben. 1703 wurde dann von seinem Nachfolger beschlossen, dass auf die „Stop of the Exchequer"-Schulden jährlich drei Prozent Zinsen gezahlt werden sollten. Die Zinszahlungen sollten im Jahr 1705 beginnen. Zudem sollte mit jeder Zinszahlung auch ein Teil der Schulden getilgt werden. Nach Rückzahlung der Hälfte des Schuldenbergs von rund 1,3 Millionen Pfund sollten keine weiteren Zinszahlungen von drei Prozent mehr erfolgen.[45] Diese „Stop of the Exchequer"-Maßnahme erinnerte die Menschen daran, dass die Gold- und Silbermünzen im Tower of London einmal beschlagnahmt worden waren.[46] Wer könnte schon sicher sein, dass so etwas nicht nochmals vorkommen würde? Die Zweifel in der Bevölkerung beschädigten wiederum die Fähigkeit der Regierung, neue Schulden aufzunehmen. Und nach „Stop of the Exchequer" war die Zahl der Goldschmiede in London dramatisch gesunken. Manche waren schlicht und einfach zahlungsunfähig geworden. Im Jahr 1677 hatte es in London 44 Goldschmiede gegeben. 1695 war ihre Zahl auf zwölf oder 14 gesunken. Zwischenzeitlich hatte es in Zeiten der Krise immer wieder gleichzeitige Versuche der Kunden der Goldschmiede gegeben, ihre Edelmetalle abzuheben. Solchen zeitgleich vorgetragenen Abhebungswünschen konnten einige Goldschmiede naturgemäß nicht nachkommen.[47]

Ein besser funktionierendes System konnten die Londoner Händler in den inzwischen von Spanien unabhängigen Niederlanden mit der Amsterdamer Wechselbank (niederländisch: Amsterdamsche Wisselbank) beobachten. Diese hatte Papiergeld ausgegeben, das wie Münzen aus Edelmetall funktionierte.[48] Die Existenz dieser Bank hatte auch dafür gesorgt, dass die Höhe der Zinsen, die niederländische Kreditnehmer, Händler und Landbesitzer zahlen mussten, gesunken war. Daraufhin wünschten sich die Londoner Händler nachvollziehbarerweise eine Institution, welche ähnlich funktionierte und folgende Kriterien erfüllen sollte:

Drei Wünsche auf einmal:

1. Die Hinterlegung von Vermögen (Edelmetalle wie Papiergeld) sollte sicher sein, möglichst mit geringen Zugriffsmöglichkeiten des Königs.
2. Es sollte möglich sein, sich zu angemessenen Zinsen Geld zu leihen.
3. Diese Finanzinstitution sollte eigenes Papiergeld ausgeben, das stabil und zuverlässig sein musste.[49]

Vorschläge für ein solches Finanzinstitut waren bereits gemacht worden. So hatte der Londoner Händler Samuel Lambe eine solche Institution bereits 1658 vorgeschlagen und 1683 wollte man mit der „National Bank of Credit" eine entsprechende Bank gründen.[50] Aber dieser Versuch scheiterte. Die „Bank of England" wurde schließlich 1694 gegründet. Sie sollte nun die oben genannten Wünsche erfüllen. Aber warum sollte es jetzt funktionieren? Was war 1694 anders als zuvor? Einiges. Britischer König war nicht mehr Karl II., sondern Wilhelm III. (englisch: William III.). Er war gebürtiger Niederländer und verstand sehr gut, welche wichtige Rolle die Amsterdamer Wechselbank in der niederländischen Volkswirtschaft spielte. Eine ähnliche Bank in England würde seiner Meinung nach Wunder bewirken. Besonders da sich England zu jener Zeit mit Frankreich im Krieg befand. England benötigte für die Kriegsführung Geld und

Wilhelm war der Meinung, dass die Gründung einer Nationalbank helfen könnte, dieses Geld zu beschaffen.[51]

Was zur Gründung der Bank of England führte

Als Wilhelm III. im Jahr 1688 den englischen Thron bestieg, lag die Höhe der jährlichen Steuereinnahmen im Bereich von 1,6 bis 1,7 Millionen Pfund. Davon wurden fast 70 % für die militärischen Ausgaben verwendet, was aber immer noch nicht ausreichte, sodass die Regierung mehr Geld benötigte.[52] Deshalb machte ein Londoner Händler namens William Patterson 1691 den Vorschlag, ein Unternehmen zu gründen, das sowohl Papiergeld ausgeben als auch der Regierung eine Million Pfund zum Zinssatz von sechs Prozent leihen könnte.[53] Wir können uns bildlich vorstellen, wie daraufhin die Analogie zu Dollarzeichen in den Augen des Monarchen auftauchte. Es dauerte dann noch einige Zeit, bis William Patterson 1694 vom britischen Schatzkanzler Charles Montagu ermutigt wurde, konkrete Vorschläge einzureichen. Die Vorschläge sahen vor, dass die neue Bank der Regierung 1,2 Millionen Pfund zu einem Zinssatz von acht Prozent pro Jahr leihen würde. Dies hätte Zinsausgaben für den Staat von 96.000 Pfund pro Jahr entsprochen. Hinzu sollten 4.000 Pfund pro Jahr kommen, als Bezahlung für die frischgebackenen Bankiers und um die Ausgaben der Bank decken zu können. Insgesamt demnach jährlich runde 100.000 Pfund Ausgaben für den Staat – der dafür einen Kredit von 1,2 Millionen Pfund erhalten würde.

Dieser Vorschlag wurde durch den sogenannten „Ways and Means Act" im Juni 1694 akzeptiert und damit wurde die Bank of England gegründet. Die Bank hatte zunächst eine Lizenz für zwölf Jahre. Demnach konnte die Regierung die Bank of England nach elf Jahren mit einer Kündigungsfrist von einem Jahr auflösen. Am 21. Juni 1694 begann die Bank mit der Suche nach Investoren (Aktionären). Bis zum 1. Juli 1694 konnte kein einzelner Investor mehr als 10.000 Pfund investieren. Danach wurde diese Grenze auf 20.000 Pfund erhöht.

Bereits am ersten Tag wurden 300.000 Pfund zugesagt. Und innerhalb von drei Tagen waren es 600.000 Pfund. Es war ein solcher Erfolg, dass bereits am 2. Juli 1694 – in weniger als zwei Wochen – die benötigten 1,2 Millionen Pfund zusammengekommen waren.[54] Dieser Börsengang war ein voller Erfolg.

Die so eingesammelten 1,2 Millionen Pfund wurden direkt an die Regierung weitergeleitet. Rund die Hälfte davon wurde für den Wiederaufbau der englischen Flotte genutzt. Dies war aus Sicht des Monarchen gut investiertes Geld, denn die englische Flotte sollte im Folgenden für rund 200 Jahre die internationalen Meere dominieren.[55] Doch was für Geschäfte sollte die Bank nun tätigen, angesichts der Tatsache, dass sie ihr gesamtes Eigenkapital an den König und die Regierung verliehen hatte? Die Bank hatte das Recht, Papiergeld auszugeben. Und zwar maximal so viel, wie sie der Regierung geliehen hatte (= 1,2 Millionen Pfund). Mit diesem Papiergeld konnte die Bank Wechsel diskontieren und damit Geld verdienen. Wer dieses Papiergeld besaß, konnte damit zur Bank of England gehen und es in Edelmetalle eintauschen lassen. Nach wie vor waren Edelmetalle damals das „reale Geld".

Papiergeld wird bereitwillig akzeptiert

Doch woher sollten diese Edelmetalle kommen? Die Bank of England sollte als Einlagebank fungieren. Die Menschen konnten zur Bank gehen und dort ihre Gold- und/oder Silbermünzen oder -barren hinterlegen. Die Bank verdiente wie gesagt im Wesentlichen auf zwei Arten Geld. Zum einen durch die Zinseinnahmen von der Regierung. Und zum anderen durch das Diskontieren von Wechseln. Händler kamen zu ihr mit Wechseln anderer Händler. Diese Wechsel kaufte die Bank of England den Händlern ab, wobei sie die bis zur Fälligkeit des Wechsels anfallenden Zinsen vom Kaufpreis abzog. Sie kaufte die Wechsel also diskontiert. Wenn die Bank dann bei Fälligkeit den Wechsel vollständig bezahlt bekam, hatte sie einen Gewinn gemacht. Gleichzeitig hatte sie Papiergeld in Umlauf gebracht. Die Goldschmied-Banker hatten diese Vorgehensweise im Grunde bereits vorweggenommen, da sie Quittungen anderer Goldschmied-Bankiers akzeptiert hatten.[56] Deshalb war es für die Londoner Geschäftsleute nichts Neues, Papiergeld zu sehen, und sie akzeptierten es auch bereitwillig. Die Bank of England gab in den ersten sechs Jahren ihrer Existenz fünf unterschiedliche Arten von Banknoten aus. Zu Beginn wurden hauptsächlich Geldscheine über 100 Pfund ausgegeben. Und bis 1759 lag der niedrigste aufgedruckte Wert einer Banknote bei 20 Pfund. Erst 1759 wurden dann auch Geldscheine zu 15 und zu zehn Pfund ausgegeben. Und erst mehr als ein Jahrhundert nach ihrer Gründung gab die Bank of England zwischen 1797 und 1821 auch Geldscheine zu einem und zu zwei Pfund aus.[57]

Doch die Gründung der Bank of England traf auch auf Widerstand. Ein Teil des Parlaments war dagegen; hauptsächlich deshalb, weil es der Ansicht war, dass der König auf diese Weise zu leicht an Geld gelangen konnte. Wegen dieser Opposition wurde als Teil der Lizenz der Bank of England festgelegt, dass vor der Vergabe von Krediten an König und Regierung die Zustimmung des Parlaments erfolgen sollte.[58] Der Bank war es im Gegensatz zu anderen europäischen Banken auch nicht erlaubt, mit Waren und Rohstoffen zu handeln.[59] Die Regierung und das Parlament versuchten auch, einen Wettbewerber für die Bank zu schaffen. Im britischen Unterhaus wurde 1693 der Vorschlag zur Gründung einer „Land Bank" eingebracht und 1696 verabschiedet. In der Folge brach der Aktienkurs der Bank of England von 107 Pfund am 1. Februar 1696 auf 83 Pfund am 14. Februar 1696 ein.[60]

7.100 statt 2,5 Millionen Pfund

Diese Land Bank war die Idee von Dr. Hugh Chamberlain, der als männliche Hebamme arbeitete. Chamberlain war der Ansicht, dass die Land Bank fast doppelt so viel Kapital wie die Bank of England einsammeln könnte, wenn sie Ländereien als Sicherheit bieten würde. Sie würde dann weniger Zinsen als die Bank of England zahlen müssen und würde das erhaltene Kapital ebenfalls dem König und der Regierung leihen können.[61] So weit die Theorie. Doch tatsächlich fanden sich nur Investoren, die anstatt der gewünschten 2,5 Millionen Pfund insgesamt lediglich 7.100 Pfund einzahlten. Von dieser Summe stammten auch noch 5.000 Pfund vom König.

Es gab ein fundamentales Problem beim Konzept der Land Bank. Im Fall der Bank of England hatte die Bank von ihren Aktionären 1,2 Millionen Pfund eingesammelt und diese an den König weitergereicht. Die Bank hatte auch damit begonnen, ihr eigenes Papiergeld zu drucken und damit Wechsel zu diskontieren. Wer dieses Papiergeld besaß, hatte das Recht, damit zur Bank of England zu gehen und den Tausch in Edelmetalle zu verlangen. Auch die Land Bank sollte Papiergeld ausgeben können. Aber die Frage war, gegen was dieses Papiergeld dann eingetauscht werden konnte. Wenn jemand eine Banknote der Land Bank gegen ein kleines Stück Land eintauschen wollte, dann war das nicht besonders praktikabel. Angesichts dieser fundamentalen Schwäche kam die Land Bank nicht auf die Beine und die Bank of England überlebte ohne ernsthafte unmittelbare Konkurrenz.

PAPIERGELD IN ZEITEN DES UMBRUCHS

„Nach Golde drängt, am Golde hängt
doch alles. Ach, wir Armen!"

– Faust. Der Tragödie erster Teil.

Von Johann Wolfgang von Goethe (1749–1832)

Wer kann schon behaupten, dass nach ihm ein ganzer Kontinent benannt wurde? Die Antwort lautet: Amerigo Vespucci. Nach dem Vornamen dieses Italieners, der von 1451 bis 1512 lebte, wurde „Amerika" benannt. Er stammte ursprünglich aus dem schönen Florenz und wurde von der Familie Medici, für die er arbeitete, nach Sevilla in ihr dortiges Kontor geschickt. Unter anderem war er dort auch an der Ausrüstung der Schiffe von Christoph Kolumbus beteiligt. Wenige Jahre später zog es ihn selber auf Entdeckungsreise in die „Neue Welt" und er unternahm diverse Reisen dorthin. Insbesondere in Südamerika erforschte er weite Gebiete – so entdeckte er zum Beispiel die Mündung des Amazonas. Anders als Christoph Kolumbus war er davon überzeugt, dass es sich bei den Neuentdeckungen um einen eigenständigen Kontinent handelte. Seine lateinische Reisebeschreibung unter dem Titel „Mundus Novus" wurde in Florenz und Paris gedruckt, und es kursierten auch diverse Briefe Vespuccis.

Namensfindung für einen Kontinent

Wenig später erstellte ein Kartograf aus dem Breisgau namens Martin Waldseemüller die erste (bekannte) Weltkarte, auf welcher die von Christoph Kolumbus und anderen Forschern wie eben Amerigo Vespucci entdeckten Landmassen als eigenständiger Kontinent abgebildet waren. Der Dichter Matthias Ringmann verfasste die Begleitschrift zu dieser Karte. Die beiden Männer standen nun vor der Frage, welchen Namen sie für den dargestellten neuen Kontinent verwenden sollten. Matthias Ringmann entschied sich für „America". Seine Begründung dafür lautete:

> *„Ich sehe nicht ein, warum nicht (dieser Erdteil) nach dem Entdecker Amerigo, einem Mann von klugem Geist, ‚Amerige', also das Land des Americus, oder ‚America' genannt werden soll: Denn sowohl Europa als auch Asia sind Namen, die sich von Frauen ableiten."*[1]

Von Indern und Indianern

Wahrscheinlich hielt Matthias Ringmann fälschlicherweise Amerigo Vespucci und nicht Christoph Kolumbus für den Entdecker der „Neuen Welt". Doch der Name war in der Welt und setzte sich bei europäischen Gelehrten innerhalb weniger Jahre durch.[2] Bemühungen anderer Kartografen, den Kontinent nach Kolumbus zu benennen, waren nicht erfolgreich – allerdings verdankt das heutige Land Kolumbien diesen Bemühungen seinen Namen. Ihre Autoren finden es interessant, dass sich hingegen die falsche Bezeichnung „Indianer" für die Ureinwohner des Kontinents bis heute gehalten hat. Falsch deswegen, weil Christoph Kolumbus der Ansicht war, er habe keinen neuen Kontinent entdeckt, sondern einen Teil Asiens. Folglich mussten die Bewohner Asiaten beziehungsweise „Inder/Indianer" sein.

Die Entdeckungsreisen von Kolumbus und Vespucci hatten sich übrigens auf Mittel- und Südamerika konzentriert. Die Entdeckung eines großen Teils Nordamerikas hingegen kann keinem von beiden zugeschrieben werden, sondern einem Italiener namens Giovanni Caboto – besser bekannt als „John Cabot".[3] Caboto soll 1497 auf der heute kanadischen Insel Neufundland gelandet sein. Es dauerte danach noch über ein Jahrhundert, bis die erste britische Siedlung auf dem Gebiet der heutigen Vereinigten Staaten von Amerika gegründet wurde: Jamestown in Virginia, gegründet 1607.

Diese Siedlung und ihre weitere Entwicklung möchten wir genauer unter die Lupe nehmen. Bei den ersten Siedlern in Virginia war das Geld knapp. Wie bei vielen neu gegründeten Siedlungen musste mehr importiert werden, als exportiert werden konnte. Ein Großteil der Importe wie Werkzeuge und Baumaterialien kam aus Großbritannien. Die dortigen Händler mussten in Gold und Silber bezahlt werden. Angesichts dessen waren die beiden Edelmetalle in der neuen Kolonie Virginia dauernd knapp. Und wegen dieser Knappheit wurden dort im Verlauf der Jahrhunderte andere Rohstoffe als Geld genutzt.

„Ich möchte meine Schulden zurückzahlen – mit Reis!"

In Massachusetts wurden Pferde, Vieh und Schafe als Zahlungsmittel für Steuerzahlungen an die Regierung akzeptiert. Schulden konnten auch mit Mais zurückbezahlt werden. Und wer einer Vorladung zu einem Gerichtstermin nicht nachkam, musste als Strafe einige Scheffel Malz bezahlen.[4] In South Carolina war Reis gesetzliches Zahlungsmittel bei der Rückzahlung von Schulden.[5]

Das Problem mit Getreide als Zahlungsmittel war, dass es sehr schnell an Wert verlieren konnte. Der Steuerzahler konnte seine Steuern durch das Abliefern von Getreide in bestimmten Regierungsgebäuden begleichen. Aber bis die Behörde es zum Beispiel nach Europa exportiert hatte, um dafür Edelmetalle zu erhalten, bestand die Möglichkeit, dass der Zustand des Getreides schlechter geworden war. Sowohl der Preis als auch die Qualität konnten im Laufe der Zeit abnehmen.[6]

Was ein Wampumgürtel war

Wenn es um den Handel der aus Europa stammenden Neusiedler mit den „Eingeborenen" – den Indianern – ging, dann wurden

Biberpelze und Gürtel aus Schnecken und Muscheln – sogenannte Wampumgürtel – als Zahlungsmittel genutzt. Besondere Muster in diesen Gürteln dienten den Indianern auch zur Nachrichtenübermittlung. Dabei hatten die Muscheln die Farben Schwarz und Weiß – die schwarzen hatten üblicherweise den doppelten Wert der weißen Muscheln.[7] Es dauerte natürlich nicht lange, bis Betrüger auf die Idee kamen, die weißen Muscheln schwarz zu färben. Auf diese Weise gelangte eine Menge „Falschgeld" auf den Markt und Wampumgürtel wurden folglich bald nicht mehr als Zahlungsmittel verwendet. Lediglich als Kleingeld befanden sie sich noch einige Zeit in Umlauf.[8]

Rauchen schädlich für das Gehirn?

Der Rohstoff, der sich in den englischen Kolonien an der Ostküste Nordamerikas als „Geld" durchsetzte, war Tabak. Das erste Mal wurde Tabak in Virginia einige Jahre nach der Gründung der ersten Siedlung Jamestown im Jahr 1607 als Geld verwendet. 1642 wurde Tabak dort zum gesetzlichen Zahlungsmittel erklärt, mit dem sowohl Steuern als auch Schulden bezahlt werden konnten. Zunächst hatte der englische König Jakob I. das Rauchen heftig kritisiert und überlegt, es zu verbieten. Rauchen sei „abscheulich für Auge und Nase" und „schädlich für das Gehirn". Als Jakob I. allerdings entdeckte, dass sich Tabak besteuern ließ, änderte er seine Meinung.[9] Was für Tabak sprach: Er war das Hauptprodukt von Virginia und nahezu jeder dort war damit vertraut. Und das Angebot an Tabak konnte nicht künstlich erhöht werden. Tabak musste gepflanzt, gepflegt und geerntet werden. Dabei ließen sich übrigens gewaltige Gewinnspannen erzielen. Tabakpflanzer zahlten Hilfskräften einen Jahreslohn von rund zwei Pfund – in dieser Zeit konnten diese Tabak im Verkaufswert von mindestens 100 Pfund anbauen. Angesichts dieser Gewinnspannen war es nicht verwunderlich, dass trotz widriger Lebensumstände Hunderte Neusiedler in Jamestown eintrafen. Die Tabakproduktion von Jamestown explodierte von knapp 25.000 Kilogramm im Jahr 1620 auf rund 13 Millionen Kilogramm im Jahr 1709. Der Gouverneur sah sich gezwungen, auch den Anbau von Nahrungspflanzen anzuordnen, da zeitweise Hungersnöte herrschten. Die meisten Farmer setzten dennoch auf Tabak und ließen sich von einlaufenden Schiffen Branntwein bringen. Wer braucht schon Lebensmittel? Damals sollen Feste, die in völliger Trunkenheit der Teilnehmer endeten, an der Tagesordnung gewesen sein. Die gute alte Zeit eben. Bald wurde Rauchen sowohl bei den nordamerikanischen Siedlern als auch im „Alten Europa" äußerst beliebt. Und nicht nur dort: In der Mandschurei verkauften Soldaten ihre Waffen, um dafür Tabak kaufen zu können. In Europa gab es Priester, die während der Messe Zigarren rauchten. Papst Urban VIII. sah sich veranlasst, dies explizit zu verbieten. Mit anderen Worten: Rauchen war weltweit „in" – und das wiederum brachte den Tabakpflanzern in Virginia große Nachfrage nach ihrem Produkt und satte Gewinne.

Zurück nach Virginia und in dessen Zentrum Jamestown. Bald wurde in Verträgen das Gewicht von Tabak und nicht sein Preis in Gold und Silber angegeben, wenn ein Preis genannt wurde. Dies war ein Vorteil für diejenigen Tabakpflanzer, die sich verschuldeten, denn auf diese Weise konnte die Höhe ihrer Schulden nicht schwanken. Wenn ein Farmer 100 Pfund Tabak zahlen musste, dann blieben diese 100 Pfund konstant bei 100 Pfund und schwankten nicht, wie es der Preis von Tabak in Gold und Silber tat. Außerdem gab es unterschiedliche Arten von Tabak, die angepflanzt wurden. Und da die Zahlungen nach Gewicht bemessen wurden, ließ sich auch mit Tabak niedrigster Qualität bezahlen.

Das Gresham'sche Gesetz

Hier zeigte sich das, was in den Wirtschaftswissenschaften *Gresham'sches Gesetz* genannt wird. Der Engländer Thomas Gresham (1519–1579) stellte diesen wirtschaftlichen Grundsatz auf:

„Wenn eine Regierung eine Geldsorte gegenüber einer anderen Geldsorte gesetzlich unterbewertet, wird die unterbewertete Geldsorte das Land verlassen oder durch Hortung aus dem Umlauf verschwinden; die überbewertete Geldsorte hingegen wird den Geldumlauf dominieren."[10]

In der Praxis bedeutete dies: Da es nur auf das Gewicht ankam, horteten die Menschen den Tabak guter Qualität und nutzten den Tabak schlechter Qualität, um damit zu bezahlen. Der Tabak schlechter Qualität verdrängte bei Geschäften den Tabak guter Qualität. Um gegen dieses Problem anzugehen, wurden Lagerhäuser errichtet, in denen der Tabak nicht nur gewogen, sondern auch nach Qualität bewertet und dann gelagert wurde. Der Besitzer des Tabaks erhielt einen entsprechenden Beleg, auf dem Gewicht und Qualität des hinterlegten Tabaks festgehalten waren. Diese Belege wurden dann als Geld verwendet – und das über einen langen Zeitraum: 1727 wurden sie in Virginia sogar gesetzliches Zahlungsmittel. Insgesamt betrachtet war auf dem Gebiet der heutigen USA Tabak über einen längeren Zeitraum Zahlungsmittel als Gold. So wie in Virginia Tabak gesetzliches Zahlungsmittel war, war es in Connecticut Weizen. Und in Massachusetts war es Mais.[11] Papiergeld kam als Erstes in China auf und wurde in Europa weiterentwickelt. Aber wo es wirklich florierte und umfassend verwendet wurde, das war Amerika. Hauptgrund dafür war wohl die große Knappheit an Münzen, denn Großbritannien hatte zu jener Zeit sowohl den Export englischer Münzen als auch die Errichtung von Münzprägeanstalten in den Kolonien verboten.[12] Insofern war es keineswegs verwunderlich, dass Münzen in Amerika äußerst knapp waren und die Menschen deshalb nach anderen Möglichkeiten für das Geschäftsleben suchten.

Stockfische gegen Silbermünzen

In den frühen Jahren der britischen Kolonien an der amerikanischen Ostküste wurden dort also keine Münzen geprägt. Die vorhandenen Goldmünzen wurden entweder von den ersten Siedlern aus ihrer alten Heimat in Europa mitgebracht oder sie kamen durch den Handel mit Ländern wie den Niederlanden, Spanien, Frankreich oder auch mit Kaufleuten aus dem britischen Mutterland ins Land.[13] Auf den karibischen Inseln gab es reichlich Münzen aus Gold oder Silber, da Spanien große Silberminen in Mexiko und Peru besaß. Die Amerikaner verkauften deshalb Stockfisch, Lebertran und mariniertes Fleisch an die karibischen Inseln und erhielten im Gegenzug Silberoder auch Goldmünzen.[14]

Spanischer Silberdollar:
Über Jahrhunderte eine stabile Währung

Unter den Münzen, die daraufhin in Amerika in Umlauf waren, befanden sich französische und portugiesische Münzen sowie spanische Dublonen aus Gold. Es gab auch spanische Silbermünzen, den Silberpeso, der in Amerika spanischer Silberdollar genannt wurde und die populärste Münze im Land war. Sie wog ungefähr 25 Gramm und kam fast nur durch den Handel mit den spanischen Kolonien nach Nordamerika. *Der spanische Silberdollar war vom 16. bis zum 19. Jahrhundert die am wenigsten abgewertete Münze in der westlichen Welt.*[15]

„Dollar" kommt von „Taler"

Interessanterweise hat das Wort „Dollar" seine eigene Geschichte. Der Name stammt von dem deutschen Wort „Taler" ab. Das Wort „Taler" wiederum leitet sich von einer Silbermünze ab: dem böhmischen „Joachimsthaler Guldengroschen". Die lokalen Grafen von Schlick aus dem böhmischen Sankt Joachimsthal ließen aus nahen Silbervorkommen ab 1519 Silbermünzen prägen. Die Bezeichnung dieser Münzen wurde zunächst zu „Joachimstaler" und dann weiter zu „Taler" verkürzt.[16] Dieser Name fand dann seinen Weg in andere Sprachen:

Tschechisch:	Dolary
Polnisch:	Talar
Italienisch:	Tallero
Englisch:	Dollar[17]

Taler, Taler, du musst wandern ...

Die Nutzung der Joachimstaler verbreitete sich rasch, und bald wurden von zahlreichen Gemeinden und Staaten innerhalb des Heiligen Römischen Reiches eigene Taler geprägt. Im 16. Jahrhundert sollen fast 1.500 unterschiedliche Taler in Umlauf gewesen sein.[18] Unter Kaiser Karl V. tauchte dann der Begriff „Dolaro" beziehungsweise „Dolares" auf. Der spanische König Philipp II. ließ ab 1575 im Gebiet des heutigen Bolivien Dolaros prägen. Durch englische Freibeuter, welche spanische Schiffe mit diesen Dolaros an Bord kaperten, und auch durch den Handel der englischen Kolonien an der Ostküste Nordamerikas mit den Inseln der Karibik kamen diese Dolaros auch nach Virginia, Massachusetts und Co. Die englischsprachigen Siedler bezeichneten diese Münzen als „Dollar".[19] Spätestens als die britische Königin Elizabeth I. für die East India Company offiziell Dollar prägen ließ, hatte es dieser Begriff auch in den englischen Sprachgebrauch geschafft.

Ein Großteil der spanischen Silberdollars, welche ins englische Nordamerika kamen, wurde dafür genutzt, die Importe von Gütern zu bezahlen. Deshalb war die Knappheit an Münzen keineswegs beseitigt. Zu diesem Zeitpunkt waren nirgendwo im englischen Nordamerika Vorkommen von Silber oder Gold gefunden worden, weshalb vor Ort auch keine Gold- oder Silbermünzen geprägt werden konnten – was die Kolonialmacht Großbritannien ja ohnehin verboten hätte.[20]

Die Knappheit an Münzen führte zu der Ansicht, dass die Preise für lokale Güter nur wegen eben dieser Knappheit so niedrig seien. Eine Lösung wurde deshalb in einer Erhöhung der umlaufenden Geldmenge gesehen[21] – eine Sichtweise, die der einiger Zentralbanken der Gegenwart nicht ganz unähnlich ist.

Eine frühe „Politik des leichten Geldes"

Um diese Knappheit an Münzen zu beseitigen, versuchten die englischen Kolonien in Nordamerika etwas, was heutzutage wohl „Politik des leichten Geldes" genannt würde. Da die meisten Neusiedler ursprünglich aus England kamen, rechneten sie bei ihren Geschäften im englischen Shilling. Aber die Münze, die am häufigsten in Umlauf war, war der spanische Silberdollar. Ein spanischer Silberdollar enthielt umgerechnet 387 Grain reines Silber. Ein Grain entspricht 0,06479891 Gramm. Ein englischer Silber-Shilling hingegen enthielt 86 Grain reines Silber. Dies bedeutete, dass ein spanischer Silberdollar 4,5 Shilling wert war (387 geteilt durch 86). Aber 1642 erklärte

Massachusetts willkürlich, dass ein spanischer Silberdollar von nun an fünf Silber-Shilling wert sei. Dadurch wollte man den spanischen Silberdollar gegenüber dem Silber-Shilling aufwerten, um so mehr spanische Münzen in die Kolonie zu locken. Der Shilling hingegen wurde dementsprechend natürlich abgewertet.[22]

Er sollte die Exporte von Massachusetts beflügeln, wodurch wiederum mehr Münzen ins Land kommen sollten. Die Abwertung der eigenen Währung zur Ankurbelung der eigenen Exporte ist auch in der Gegenwart wieder ein Thema. Wie genau soll das aber funktionieren? Schauen wir uns dies am Beispiel der Vorgehensweise in Massachusetts an:

Beispiel: Eine Währung wird abgewertet

Angenommen, eine bestimmte Ware ist dort 450 Shilling wert. Wenn 4,5 Shilling einen (spanischen) Silberdollar ergeben, dann kostet diese Ware umgerechnet 100 Silberdollar. Aber wenn ein Silberdollar nun fünf Shilling wert sein soll, dann wird dieselbe Ware nur noch 90 Silberdollar kosten. Die Ware wird in Silberdollar gerechnet also für potenzielle Käufer günstiger und damit attraktiver. Folglich kommt es tendenziell zu mehr Verkäufen und die Menge an Silberdollar im Land steigt.

So weit die Theorie. Doch wie sah die Realität aus?
Es kam zwar in der Tat mehr Geld ins Land – aber die Menge der Güter und Dienstleistungen blieb gleich. Die Folge: Inflation! Die steigenden Preise wiederum brachten ein schnelles Ende für die zeitweise Stimulierung des Exports.[23]

Also lautet ein Beschluss ...

Wenn Massachusetts abwerten konnte – dann konnten das auch andere britische Kolonien. Es kam zu einem regelrechten Abwertungswettlauf, weil die Kolonien ihre eigenen Waren attraktiver machen wollten. Dies führte dazu, dass für einen Silberdollar in manchen Kolonien 7,5 Shilling gezahlt wurden. Schließlich sah sich im Jahr 1707 das englische Mutterland zu einer Proklamation veranlasst. Dieser zufolge war die maximal mögliche Abwertung sechs Shilling für einen Silberdollar. Eine stärkere Abwertung wurde nicht mehr erlaubt.[24]

Eine erfolglose Aggression

Wie in Europa waren es auch in Amerika die Händler, die als Erstes Papiergeld nutzten. Es gibt Hinweise darauf, dass in Massachusetts ab 1646 Papiergeld verwendet wurde, das von Kaufleuten erster Bonität ausgegeben und zur Begleichung von Zahlungsverpflichtungen genutzt wurde. Dieses Papiergeld half den Händlern, ihre Transaktionen durchzuführen.[25]

Die Behörden von Massachusetts begannen 1690 damit, Papiergeld auszugeben, nachdem eine kriegerische Expedition gegen die Stadt Québec (damals die Hauptstadt von Französisch-Nordamerika) fehlgeschlagen war: Über 30 Menschen starben in den Kämpfen – mehr als 200 an den Pocken.[26]

Die Kosten der Expedition sollten den Plänen zufolge durch die Beute aus dem Kriegszug gedeckt werden. Aber da die Expedition in einem Desaster endete, kamen die überlebenden Truppen ohne Beute zurück und mussten von der Regierung der Kolonie bezahlt werden. Dabei gab es ein gewisses Problem, denn die Kolonie Massachusetts hatte kein Geld. Sie versuchte, sich 3.000 bis 4.000 Britische Pfund von Kaufleuten in Boston zu leihen. Aber diese lehnten ab, da die Finanzlage des Staates Massachusetts keineswegs vertrauenerweckend aussah.

Deshalb entschloss sich die Regierung, Papiergeld im Volumen von 7.000 Britischen Pfund einfach selber zu drucken, um damit die Soldaten bezahlen zu können. Die Soldaten waren skeptisch, sodass die Regierung zwei Versprechen abgeben musste:

Zwei Versprechen der Regierung

Erstens, dass sie das Papiergeld in ein paar Jahren gegen Gold und Silber eintauschen würde. Dieses Gold und Silber würde durch Steuereinnahmen hereinkommen.

Zweitens, dass diese Ausgabe von Papiergeld eine einmalige Sache sei und dass es in Zukunft keinen Druck von Papiergeld mehr geben würde.[27]

Und an dieser Stelle bitten wir Sie, kurz innezuhalten, sich das zweite Versprechen der Regierung noch einmal durchzulesen und sich zusammen mit Ihren Autoren an der Absurdität dieser Aussage zu erfreuen. Wir haben allerdings den Vorteil der Retrospektive: Wir wissen, wie es mit der Geschichte des Papiergeldes weiterging. Die Soldaten damals wussten es nicht.

In diesem und in den meisten vergleichbaren Fällen im englischen kolonialen Nordamerika war die Idee beim Druck von Papiergeld folgende: Das selbst gedruckte Papiergeld sollte im Laufe von einigen Jahren wieder aus dem Umlauf verschwinden, da es den Bürgerinnen und Bürgern erlaubt wurde, ihre Steuern mit diesem Papiergeld zu zahlen. Und falls die Steuern mit Gold oder Silber bezahlt würden, dann würde die Regierung diese Edelmetalle nehmen, um sie gegen das Papiergeld austauschen zu können.[28]

„In Zukunft nie mehr" – und ein Jahr später ...

Nach allem, was Sie bis jetzt gelesen haben, wird es Sie wahrscheinlich nicht wundern, dass diese Planung nicht aufging. Behörden ziehen Papiergeld nur extrem selten wieder ein, um es gegen Edelmetalle einzutauschen. So war es auch in Massachusetts. Nach der einmaligen Sache, welche der Druck von Papiergeld gewesen sein sollte, wurde schon am 3. Februar 1691 die nächste Runde Papiergeld gedruckt – und damit nur ein Jahr nachdem die Regierung versprochen hatte, dass es in Zukunft keinen Druck von Papiergeld mehr geben würde. So viel zum Thema glaubwürdige Regierung. Zum Glück sind solche unglaubwürdigen Politiker ein Phänomen der Vergangenheit. (Ihre Autoren halten bestimmt nichts von pauschaler Politikerschelte, doch diese ironische Spitze nehmen Sie uns hoffentlich nicht übel.) Und stellen Sie sich vor, Sie könnten kaufen, was Sie möchten, wenn Sie Zahlen auf Papierstücke drucken und damit bezahlen – und das akzeptiert wird. Wäre es nicht eine durchaus existierende Versuchung, reichlich von diesem bedruckten Papier zu drucken, um alles zu kaufen, was man haben möchte? Mit dieser durchaus verblüffenden Erkenntnis sah sich die Regierung von Massachusetts – genauso wie spätere Regierungen – konfrontiert.

Bleiben wir im Jahr 1691. Da ging es Schlag auf Schlag: Nach der „Runde" vom 3. Februar 1691 wurde im Mai desselben Jahres der Druck von 40.000 Pfund angeordnet. Diese sollten dazu verwendet werden, alle ausstehenden Schulden der Regierung von Massachusetts zu bezahlen. Und wie zuvor sagte die Regierung zu, dass dies „das letzte Mal" sein würde.[29] Irgendjemand glaubte das wahrscheinlich damals tatsächlich.

Papiergeld: Beliebt bei der Regierung von Massachusetts

Die Soldaten der kriegerischen Expedition nach Québec, welche die erste Charge Papiergeld als Sold erhalten hatten, fanden heraus, dass dieses von der Regierung herausgegebene Papiergeld nicht die aufgedruckte Kaufkraft hatte. Ein Britisches Pfund war damals in 20 Shilling unterteilt. Ein Pfund in Form von Silber hatte deshalb natürlich auch die Kaufkraft von 20 Shilling. Papiergeld mit dem aufgedruckten Wert „1 Pfund" hingegen hatte nur eine Kaufkraft von zwölf bis 14 Shilling, also von 60 % bis 70 % des aufgedruckten Wertes.[30] Dies bedeutete, dass niemand davon ausging, dass die Regierung das Papiergeld zum vollen Wert in Gold und Silber umtauschen würde. Und in der Tat – das Papiergeld blieb weitere fast 40 Jahre uneingelöst.[31]

Um das Papiergeld interessant genug für die Bürger(innen) zu machen, kam die Regierung auf eine neue Idee. Steuerzahlungen und sonstige Zahlungen an die Regierung, welche mit Papiergeld geleistet wurden, sollten einen Vorteil haben. Auf den mit Papiergeld gezahlten Betrag sollte ein Bonus von fünf Prozent hinzugerechnet werden, um den Gebrauch von Papiergeld anzukurbeln.[32] Wegen dieser Maßnahme stieg die Nachfrage nach Papiergeld in der Tat – wenn Steuertermine nahten.

Das Gresham'sche Gesetz in Aktion

Und auch hier griff wieder das Gresham'sche Gesetz, welches wir Ihnen zu Beginn dieses Kapitels vorgestellt haben. Wir zitieren noch einmal das Prinzip dieses wirtschaftlichen Grundsatzes:

„Wenn eine Regierung eine Geldsorte gegenüber einer anderen Geldsorte gesetzlich unterbewertet, wird die unterbewertete Geldsorte das Land verlassen oder durch Hortung aus dem Umlauf verschwinden; die überbewertete Geldsorte hingegen wird den Geldumlauf dominieren."[33]

Im Fall der Kolonien hieß das also: Wer Gold oder Silber als Bezahlung erhielt, behielt dieses für sich – und nutzte das Papiergeld für den Zahlungsverkehr. Gold und Silber verschwanden so Schritt für

Schritt aus dem Umlauf. In der Tat wurde so verstärkt Papiergeld verwendet. Die Regierung konnte sich freuen, da genau dies in ihrer Absicht lag. Bis 1702 hatte die Regierung von Massachusetts rund 110.000 Pfund in Papiergeld gedruckt. 1702 folgte eine weitere Runde und 10.000 Pfund Papiergeld wurden in Umlauf gebracht. 1706 kamen dann weitere 10.000 Pfund Papiergeld hinzu, und dann ging es im Jahrestakt weiter:

1707: weitere 22.000 Pfund
1708: weitere 10.000 Pfund
1709: weitere 60.000 Pfund
1710: weitere 40.000 Pfund
1711: satte 65.000 Pfund frisches Papiergeld

Die 65.000 Pfund Papiergeld aus dem Jahr 1711 sollten übrigens erneut für die Finanzierung einer gescheiterten kriegerischen Expedition nach Québec verwendet werden – wie schon knapp 20 Jahre zuvor.[34] Damit hatte man ja inzwischen Erfahrung. Sie erinnern sich an das „Versprechen" der Regierung beim ersten Druck von Papiergeld, dass dies eine einmalige Ausnahme sei?

Die Einlösung des Versprechens wird vertagt

Während die Regierung beim Druck neuen Papiergeldes eifrig bei der Sache war, war sie in Bezug auf den versprochenen Eintausch desselben in Edelmetalle jedoch keineswegs so motiviert. Dieser wurde auf das Jahr 1747 verschoben. Die Fantasie Ihrer Autoren kann sich die Diskussionen innerhalb der politischen Elite der englischen Kolonie lebhaft vorstellen. Überlegungen der Art „sollen sich unsere Nachfolger doch mit diesem Problem herumschlagen" mögen für den späten Zeitpunkt 1747 verantwortlich gewesen sein. 1712 wurde das selbst gedruckte Papiergeld auch offiziell zum gesetzlichen Zahlungsmittel in Massachusetts erklärt.[35] Aber diese Maßnahmen halfen nicht, den Wert des Papiergeldes auf den aufgedruckten Wert zu heben. Ein Geldschein mit dem aufgedruckten Wert „1 Pfund" hatte weiterhin eine niedrigere Kaufkraft als eine Silbermünze mit dem aufgedruckten Wert „1 Pfund".

Das in Massachusetts gedruckte Papiergeld hieß wenig originell „Massachusetts-Pfund" (*Massachusetts pound*) und fiel von sieben auf neun Shilling für eine Feinunze Silber – eine Abwertung von rund 30 %. Die Regierung versuchte gegenzuhalten: Ab sofort war es illegal, Papiergeld zu weniger als dem aufgedruckten Wert zu akzeptieren. Wer Papiergeld nicht annahm, sollte eine Strafe zahlen, gegebenenfalls sollte sogar das Vermögen eingezogen werden.[36]

Selbst gedrucktes Papiergeld wird bei Regierungen populär

Um es einmal so auszudrücken: Papiergeld mag für die Bürger(innen) nicht besonders gut gewesen sein – aber unter Regierungen wurde es immens populär. Massachusetts blieb keine Ausnahme. Am 8. Mai 1703 genehmigte South Carolina den Druck von Papiergeld mit aufgedrucktem Wert von 6.000 Pfund, um eine weitere gescheiterte Expedition zu finanzieren. Dieses Papiergeld sollte sowohl für an die Regierung fällige Zahlungen als auch für die Tilgung von privaten Schulden verwendet werden können. Bis März 1710 waren in South Carolina 25.000 Pfund Papiergeld gedruckt worden. Interessanterweise wurde bei diesem Papiergeld auf dem freien Markt nur die Hälfte des aufgedruckten Wertes akzeptiert – und das vom ersten Tag an. Im Jahr 1712 wurde die Druckerpresse erneut angeworfen und es kamen weitere 52.000 Pfund auf den Markt, was die Preise sofort steigen ließ. 1716 wurde diese Menge auf 58.000 Pfund erhöht.[37]

Die Regierung versuchte einige Zeit, dieses Papiergeld wieder gegen Edelmetalle einzutauschen – dabei sollte eine Steuer auf Land und Sklaven helfen. Bis 1722 gelang das zum Teil, wenn auch 8.000 Pfund der im Jahr 1712 gedruckten 52.000 Pfund nicht eingetauscht wurden. Es gab allerdings das „kleine Problem", dass Papiergeld mit aufgedrucktem Wert von fast 72.000 Pfund gedruckt worden war. Zudem war der Druck von weiteren 40.000 Pfund bereits autorisiert worden. Ende 1722 wurde dann sogar der Druck von zusätzlichem Papiergeld in Höhe von 120.000 Pfund genehmigt. Als die entsprechende Vorlage diskutiert wurde, waren 28 Staatsbedienstete dagegen. Ihre Begründung: Ein großer Teil des bereits gedruckten Papiergeldes müsse erst noch gegen Edelmetalle eingetauscht werden. Diese Ansicht, welche das Offensichtliche aussprach, war bei den lokalen Entscheidungsträgern keineswegs beliebt. Die 28 Opponenten wurden verhaftet, und der Beschluss, mehr Papiergeld zu drucken, wurde verabschiedet. Ein Happy End?

Das Mutterland sagt „No" zur Politik des leichten Geldes

Da South Carolina zu diesem Zeitpunkt noch britische Kolonie war, hatte das Mutterland noch ein Wörtchen mitzureden. Es kam zu einer interessanten Intervention: Aus London kam das Veto für diesen Beschluss zum massiven Druck von Papiergeld. Der Gouverneur von South Carolina namens Nicholson erhielt entsprechende Anweisungen. Schon damals ließ sich jedoch eine gewisse Aufsässigkeit gegenüber der britischen Kolonialmacht feststellen, denn auf den Gouverneur wurde großer Druck ausgeübt, die Anweisungen aus London einfach zu missachten. Aber das tat er nicht. Stattdessen machte er Reis – ein Hauptprodukt der Region – zum gesetzlichen Zahlungsmittel in South Carolina.[38]

Was den Druck von Papiergeld anging, waren Massachusetts weitere britische Kolonien an der amerikanischen Ostküste gefolgt. Im Jahr 1711 druckten sowohl Connecticut als auch Rhode Island Papiergeld.[39] Pennsylvania folgte im Jahr 1723 mit dem Druck von Papiergeld mit aufgedrucktem Wert von 15.000 Pfund.[40] Interessanterweise sollten 11.000 Pfund davon durch Land und Immobilien abgesichert sein. Aus Sicherheitsgründen sollte der Wert des Landes mindestens doppelt so hoch sein wie die Menge an Papiergeld, die mit dieser Sicherheit gedruckt wurde. Bei Immobilien sollte dieses Verhältnis bei 3:1 liegen. Das Papiergeld konnte auch dazu genutzt werden, die Steuern zu bezahlen. Es war gesetzliches Zahlungsmittel und es wurden Strafen eingeführt, wenn jemand eine Ware zu einem in Gold und Silber niedrigeren Preis als in Papiergeld anbot. Es folgte die bereits in anderen Regionen übliche Vorgehensweise:

Auch in Pennsylvania wird fleißig Geld gedruckt

1723 wurde der Druck von weiteren 30.000 Pfund Papiergeld autorisiert.

1726 wurden weitere 10.000 Pfund Papiergeld genehmigt.

1729 kamen weitere 30.000 Pfund an Papiergeld dazu.

1730 wurden dann satte 40.000 Pfund autorisiert.

1739 war mit Papiergeld mit aufgedrucktem Wert in Höhe von 80.000 Pfund ein vorläufiger Höhepunkt erreicht. Die Schleusentore waren weit geöffnet worden.[41]

Der spätere amerikanische Held Benjamin Franklin war ein Bewohner von Philadelphia in Pennsylvania sowie ein Unterstützer von Papiergeld. Franklin traf 1723 in Philadelphia ein – dem ersten Jahr, in dem dort Papiergeld gedruckt wurde. Die Gültigkeit des im Jahr 1723 in Philadelphia gedruckten Papiergeldes sollte im Jahr 1731, also acht Jahre später, auslaufen.

Wenn Anfang 20-Jährige die Welt verbessern wollen

Franklin glaubte an Papiergeld und schrieb im Jahr 1729 im vergleichsweise jungen Alter von 23 Jahren ein Pamphlet, welches Gründe für die Notwendigkeit von Papiergeld anführte. Was damals 23-Jährige eben so trieben. Dieses Pamphlet wurde von einer Druckerpresse vervielfältigt, die ihm selbst gehörte,[42] und danach verteilt – der Autor sollte anonym bleiben. Es half mit, dass der Druck von Papiergeld in Pennsylvania signifikante Unterstützung fand. Wir finden diesen Nebenaspekt interessant: Die 40.000 Pfund Papiergeld, die im Jahr 1730 gedruckt wurden, wurden mit besagter Druckerpresse von Benjamin Franklin gedruckt. Dafür erhielt er eine Zahlung von 100 Pfund. Er konnte also praktisch einige der gedruckten Geldscheine behalten. Von 1731 bis 1764 druckte er weiteres Papiergeld für Pennsylvania. Und er diversifizierte: Auch New Jersey und Delaware wurden von Franklin mit Geld versorgt.[43]

Ein großer Teil des Papiergeldes, welches in Pennsylvania gedruckt wurde, wurde an dessen Bürger verliehen. Diese mussten dafür als Sicherheit Land und/oder ihre Häuser bieten. Franklin war der Ansicht, dass Land ein beständigerer Wertgegenstand sei als Gold oder Silber.[44] Er war auch der Ansicht, dass sozusagen mit Land gedecktes Papiergeld das Volk vor einem übermäßigen Druck an Papiergeld schützen könnte. Seine Logik war diese: Wenn zu viel Papiergeld gedruckt würde, dann würde es an Wert verlieren. Die Bürger(innen) könnten dann dieses abgewertete Papiergeld nutzen, um damit die Darlehen zurückzuzahlen, die sie bei der Regierung aufgenommen hatten (mit ihrem Land beziehungsweise ihren Immobilien als Sicherheit). Dann könnte das unbelastete Land beziehungsweise die unbelastete Immobilie verkauft werden, um den realen Wert in der abgewerteten Währung zu erhalten. Dies zeigt, dass Benjamin Franklin durchaus an Fairness interessiert war.[45]

Massiver Kaufkraftverlust des neuen Papiergeldes

Massachusetts – wo alles begonnen hatte – stand da nicht zurück. Zwischen 1744 und 1748 erhöhte sich die Menge an Papiergeld, welches sich dort in Umlauf befand, von 300.000 Pfund auf 2,5 Millionen Pfund. Müssen wir betonen, dass dieses Papiergeld im gleichen Zeitraum rapide an Wert verlor? Dieser Wertverlust konnte auch in anderen britischen Kolonien wie Connecticut, Carolina und Rhode Island beobachtet werden. Am „fleißigsten" wurde in Rhode Island

Papiergeld gedruckt. Dort hatte ein Stück Papiergeld, auf dem als Wert ein Pfund aufgedruckt war, auf dem freien Markt nur ¹/₂₃ des Wertes einer Silbermünze mit demselben aufgedruckten Wert. In Connecticut lag der Vergleichswert bei ¹/₉ und in Carolina bei ¹/₁₀. Selbst in Pennsylvania, wo man noch relativ zurückhaltend in Bezug auf den Druck von Papiergeld gewesen war (im Vergleich zu den Nachbarstaaten!), verlor das Papiergeld rund 80 % seines Wertes.[46]

Der Siebenjährige Krieg – bereits ein Weltkrieg?

Trotz des massiven Kaufkraftverlustes des Papiergeldes druckte fast jede nordamerikanische britische Kolonie Geld. 1755 stieg Virginia als letzte Kolonie ein, als der Druck von 20.000 Pfund Papiergeld autorisiert wurde. Zuvor hatte man sich dort mit Tabak als Zahlungsmittel begnügt. Zu dieser Zeit aber war ein Krieg zwischen Frankreich und Großbritannien ausgebrochen – es ging um nichts weniger als um die Kontrolle von Nordamerika. Der Krieg in Nordamerika entwickelte sich zu einem Teilkrieg des wenig später ausbrechenden Siebenjährigen Krieges in Europa, der von 1756 bis 1763 geführt wurde. Kriegsteilnehmer waren die europäischen Großmächte Frankreich, Großbritannien, Österreich, Preußen und Russland sowie diverse Klein- und Mittelstaaten.

Friedrich der Große versus Maria Theresia = Tausende Tote

Bei deutschsprachigen Lesern dürfte der Siebenjährige Krieg Assoziationen wie Friedrich der Große oder Maria Theresia wecken. Der preußische König hatte in einem Angriffskrieg das zuvor österreichische Schlesien besetzt und sah sich danach mit einer mächtigen gegnerischen Koalition konfrontiert. Es folgten für beide Seiten verlustreiche und wechselvolle Kämpfe. Weite Landstriche insbesondere Mitteleuropas wurden verheert und der Staat Preußen musste zwischenzeitlich um seine Existenz bangen. Am Ende des Siebenjährigen Krieges hatte Preußen zwar den Besitz von Schlesien behauptet, doch

Hunderttausende waren tot auf den Schlachtfeldern geblieben – eine für die damalige Zeit unerhört hohe Zahl an Toten. Sie mögen in Frieden ruhen. Was in Europa aber weniger bekannt ist: Der Siebenjährige Krieg war im Grunde bereits ein „Weltkrieg", denn es wurde nicht nur in Mitteleuropa gekämpft. Kampfhandlungen gab es auch in Indien, auf den Philippinen, in Afrika und eben in Nordamerika. Die Wichtigkeit dieses Krieges für die weitere Entwicklung in Nordamerika ist kaum zu unterschätzen. Denn erst durch diesen Krieg wurden die Franzosen durch die Briten aus weiten Gebieten Nordamerikas verdrängt. Wer weiß, wie die Weltgeschichte verlaufen wäre, wenn es den Siebenjährigen Krieg nicht gegeben hätte!

Unser Thema ist das „Geld" – und Papiergeld wurde ab 1755 auch in Virginia eine Menge gedruckt. Die Franzosen waren entlang des Flusses Ohio auf dem Vormarsch und interessanterweise zahlte es sich zunächst aus, dass sie die einheimischen Indianer oft besser behandelt hatten, als dies von britischer Seite geschehen war. Deshalb konnten die Franzosen zum Beispiel mit den Chippewa- und Ottawa-Indianern Bündnisse schließen, woraufhin deren Krieger aufseiten Frankreichs gegen die Briten kämpften.

Virginia mobilisiert gegen die Franzosen
Die Franzosen waren also den Ohio entlang vorgerückt und kamen damit Virginia näher. Um die Kriegsanstrengungen Virginias zu finanzieren, entschloss man sich deshalb auch dort dazu, den relativ einfachen Weg zu gehen und Papiergeld zu drucken. Die dortigen Entscheidungsträger zeigten aber auch in dieser Situation mehr Verantwortungsbewusstsein als die Nachbarstaaten. Es wurde darauf geachtet, dass das Papiergeld nach Kriegsende möglichst wieder eingetauscht wurde. Und konsequenterweise wurde mit dem Kriegsende im Jahr 1763 der Druck von Papiergeld sofort eingestellt. Dies ging gut bis 1769 – als es dann doch eine „Ausnahme" gab und 10.000 Pfund

Papiergeld gedruckt wurden. 1771 kamen weitere 30.000 Pfund Papiergeld hinzu, um den Opfern einer Überschwemmungskatastrophe zu helfen. Wer wollte dazu schon Nein sagen? Aber Fakt ist, dass Virginia eine der wenigen Kolonien war, die tatsächlich das selbst gedruckte Papiergeld auch wieder gegen Gold und Silber eintauschten. 1771 konnte die Höhe des ausstehenden Papiergeldes genau beziffert werden: 54.191 Pfund.[47] Mit diesem zumindest teilweise durchgeführten Plan, in Notzeiten gedrucktes Papiergeld später wieder gegen Gold und Silber einzutauschen, ist Virginia im internationalen und historischen Vergleich durchaus eine Ausnahme geblieben.

Großbritannien wird es zu viel mit der Flut an Papiergeld

Großbritannien wiederum wollte den Druck von Papiergeld in seinen nordamerikanischen Kolonien unter Kontrolle halten und erließ deshalb im Jahr 1751 den sogenannten „Currency Act". Dieser begrenzte die mögliche Emission von Papiergeld und hatte für die britischen Kolonien Massachusetts, Connecticut, Rhode Island und New Hampshire Gültigkeit. Wie wir gesehen haben, konnte das Gesetz die Flut an neuem Papiergeld in den genannten Staaten jedoch nicht eindämmen. Großbritannien legte deshalb mit dem „Currency Act of 1764" nach. Dieser galt für alle britischen Kolonien und setzte fest, dass von Kolonien selbst gedrucktes Geld kein gesetzliches Zahlungsmittel mehr sein dürfe.[48] Folglich durfte das Papiergeld ab diesem Zeitpunkt in den nordamerikanischen Kolonien nicht mehr zur Bezahlung von Steuern und Gebühren an die dortigen Behörden verwendet werden. Auch die Rückzahlung von privaten Schulden mit diesem Papiergeld wurde dadurch untersagt.

Je mehr, desto besser?

Diese britische Vorgabe kam wenig überraschend bei den britischen Kolonien in Nordamerika – den 13 Staaten der Ostküste – überhaupt nicht gut an. Mit dem selbst gedruckten Papiergeld konnten die Kolonien schließlich bequem einen Teil ihrer Ausgaben finanzieren. Ein bedeutender Teil des Papiergeldes war auch nicht ungedeckt, sondern wurde den Bürgerinnen und Bürgern nur als Hypothek auf ihr Land oder auf Immobilien gegeben. Diese Hypotheken wiederum förderten die landwirtschaftliche Expansion in den Kolonien. In einigen Kolonien wie Maryland diente das Papiergeld Geschäftsleuten auch als Kapitalquelle. Mit anderen Worten: Inzwischen gab es eine ganze Reihe von Bürgern, die vom Papiergeld profitierten.[49] Es gab im kolonialen Amerika zu dieser Zeit sogar die Ansicht, dass wirtschaftlicher Wohlstand von der Höhe des im Umlauf befindlichen Geldes abhängig sei. Je mehr Geld (auch Papiergeld) im Umlauf, desto besser – das dachten damals nicht wenige. Und diese Ansicht hat sich offensichtlich bis auf den heutigen Tag hartnäckig gehalten.

Die Umgehung der Zwischenhändler

Was den dominierenden Händlern im kolonialen Nordamerika nicht gefiel, waren die Versuche britischer Firmen, sie zu umgehen und Waren direkt an Ladenbesitzer in städtischen Zentren zu liefern oder sie direkt von den Produzenten zu kaufen.[50] In Virginia zum Beispiel, wo Tabak der wichtigste Wirtschaftszweig war, gab es Versuche von britischen (in erster Linie schottischen) Tabakhäusern, direkt mit kleinen Tabakpflanzern zu verhandeln und von diesen zu kaufen. Das kam bei den größeren Tabakpflanzern und bei den Zwischenhändlern gar nicht gut an.[51]

Was die Spannungen weiter verstärkte, war die Ansicht der Briten, dass ihre amerikanischen Kolonien einen angemessenen Beitrag zu den Unterhaltskosten des britischen Imperiums leisten sollten. Deshalb versuchten sie, Zölle auf Zucker einzuführen, der aus den amerikanischen Kolonien eingeführt wurde.[52] Dies alles führte dazu, dass das koloniale Nordamerika bereit war, für seine wirtschaftliche Souveränität zu kämpfen. Die Situation eskalierte, als die British East India Company versuchte, Tee direkt zu verkaufen, unter Umgehung der etablierten Zwischenhändler. Die kolonialen Händler in Nordamerika hätten dies einfach als Möglichkeit sehen können, günstiger an Tee zu gelangen. Doch stattdessen sahen sie es als weiteren Versuch eines großen britischen Unternehmens, die eigenen Umsätze zu erhöhen.[53]

Die Gründung der Vereinigten Staaten von Amerika

Das war der Auftakt zur Amerikanischen Revolution. 1776 proklamierten die 13 nordamerikanischen Kolonien Großbritanniens ihre Unabhängigkeit. Da die Briten dies nicht akzeptierten, folgte ein jahrelanger Krieg. Rund sieben Jahre später, anno 1783, war die Unabhängigkeit auch formal erreicht: Die Briten unterschrieben einen Friedensvertrag mit den frisch gegründeten Vereinigten Staaten.

In diesen Krieg wurde unfreiwillig auch der deutsche Schriftsteller Johann Gottfried Seume verwickelt – übrigens ein Vorfahre Ihres Autors Michael Vaupel. Aus diesem Grund ist ihm dessen interessante Lebensgeschichte als Teil der eigenen Familiengeschichte geläufig.

Ein abenteuerliches Leben: Johann Gottfried Seume

Johann Gottfried Seume wurde gewaltsam von Soldatenwerbern in die Armee des Landgrafen von Hessen-Kassel gepresst. Der englische König mietete von besagtem Landgraf einen Teil von dessen Truppen, um sie gegen die Unabhängigkeitsbewegung in Nordamerika ins Feld führen zu können. Besser das Blut von hessischen Söldnern als das eigener Soldaten vergießen, mag die Überlegung des englischen Königs gewesen sein. Aus diesem Grund kämpften auch Hessen in Nordamerika – zwangsweise. Dabei spielte es keine Rolle, dass Johann Gottfried Seume eigentlich Sachse war. Seume hatte das Glück, nicht für die aus seiner Sicht falsche Seite kämpfen zu müssen, da er nach monatelanger Überfahrt (22 Wochen, „geschichtet und gepökelt wie die Heringe") erst nach dem Ende der Kampfhandlungen in Nordamerika eintraf. Der Transport landete in Kanada, wo Johann

Gottfried Seume bei seinen Streifzügen durchs Land auch mit Indianern Bekanntschaft machte. Seine Erlebnisse schrieb er in dem Buch „Mein Leben" nieder, welches 1813 postum erschien und inzwischen auch als E-Book verfügbar ist. Aus diesem sind die Zitate dieses Abschnitts entnommen. Offensichtlich war Seume weniger von den englischen Siedlern als vielmehr von der natürlichen Ungezwungenheit der Indianer („durchaus nur freundliche Leute") angetan. Dadurch inspiriert verfasste er damals das Gedicht „Der Wilde", welches im Folgenden in Europa oft zitiert wurde. Auch wenn es in einem mittlerweile über 200 Jahre alten Sprachstil geschrieben ist, möchten wir es als Exkurs an dieser Stelle wiedergeben.

Der Wilde

Ein Kanadier, der noch Europens
Übertünchte Höflichkeit nicht kannte,
Und ein Herz, wie Gott es ihm gegeben,
Von Kultur noch frei, im Busen fühlte,
Brachte, was er mit des Bogens Sehne
Fern in Quebecs übereis'ten Wäldern
Auf der Jagd erbeutet, zum Verkaufe.
Als er, ohne schlaue Rednerkünste,
So wie man ihm bot, die Felsenvögel
Um ein kleines hingegeben hatte,
Eilt' er froh mit dem geringen Lohne,
Heim zu seinen tiefverdeckten Horden,
In die Arme seiner braunen Gattin.
Aber ferne noch von seiner Hütte
Überfiel ihn unter freiem Himmel
Schnell der schrecklichste der Donnerstürme.
Aus dem langen, rabenschwarzen Haare
Troff der Guß herab auf seinen Gürtel,
Und das grobe Haartuch seines Kleides

Klebte rund an seinem hagern Leibe.
Schaurig zitternd unter kaltem Regen
Eilete der gute, wack're Wilde
In ein Haus, das er von fern erblickte.
„Herr, ach laßt mich, bis der Sturm sich leget,"
Bat er mit der herzlichsten Gebärde
Den gesittet seinen Eigentümer,
„Obdach hier in eurem Hause finden!"
„Willst du, mißgestalt'tes Ungeheuer,"
Schrie ergrimmt der Pflanzer ihm entgegen,
„Willst du, Diebsgesicht, mir aus dem Hause!"
Und ergriff den schweren Stock im Winkel.

Traurig schritt der ehrliche Hurone
Fort von dieser unwirtbaren Schwelle,
Bis durch Sturm und Guß der späte Abend
Ihn in seine friedliche Behausung
Und zu seiner braunen Gattin brachte.
Naß und müde setzt' er bei dem Feuer
Sich zu seinen nackten Kleinen nieder,
Und erzählte von den bunten Städtern,
Und den Kriegern, die den Donner tragen,
Und dem Regensturm, der ihn ereilte,
Und der Grausamkeit des weißen Mannes.
Schmeichelnd hingen sie an seinen Knien,
Schlossen schmeichelnd sich um seinen Nacken,
Trockneten die langen schwarzen Haare,
Und durchsuchten seine Waidmannstasche,
Bis sie die versproch'nen Schätze fanden. –

Kurze Zeit darauf hat unser Pflanzer
Auf der Jagd im Walde sich verirret.

Über Stock und Stein, durch Tal und Bäche
Stieg er schwer auf manchen jähen Felsen,
Um sich umzusehen nach dem Pfade,
Der ihn tief in diese Wildnis brachte.
Doch sein Späh'n und Rufen war vergebens;
Nichts vernahm er, als das hohle Echo
Längs den hohen, schwarzen Felsenwänden.
Ängstlich ging er bis zur zwölften Stunde,
Wo er an dem Fuß des nächsten Berges
Noch ein kleines, schwaches Licht erblickte.
Furcht und Freude schlug in seinem Herzen,
Und er faßte Mut und nahte leise.
„Wer ist draußen?" brach mit Schreckenstone
Eine Stimme tief her aus der Höhle,
Und ein Mann trat aus der kleinen Wohnung.
„Freund, im Walde hab' ich mich verirret,"
Sprach der Europäer furchtsam schmeichelnd;
„Gönnet mir, die Nacht hier zuzubringen,
Und zeigt nach der Stadt, ich werd' euch danken,
Morgen früh mir die gewissen Wege!"

„Kommt herein!" versetzt der Unbekannte,
„Wärmt euch! Noch ist Feuer in der Hütte."
Und er führt ihn auf das Winterlager,
Schreitet finster-trotzig in den Winkel,
Holt den Rest von seinem Abendmahle,
Hummer, Lachs und frischen Bärenschinken,
Um den späten Fremdling zu bewirten.
Mit dem Hunger eines Waidmanns speiste,
Festlich, wie bei einem Klosterschmause,
Neben seinem Wirt der Europäer.
Fest und ernsthaft schaute der Hurone

Seinem Gaste spähend auf die Stirne,
Der mit tiefen Schnitt den Schinken trennte,
Und mit Wollust trank vom Honigtranke,
Den in einer großen Muschelschale
Er ihm freundlich zu dem Mahle reichte.
Eine Bärenhaut auf weichem Moose
War des Pflanzers gute Lagerstätte,
Und er schlief bis in die hohe Sonne.

Wie der wild'sten Zone wild'ster Krieger
Schrecklich, stand mit Bogen, Pfeil und Köcher
Der Hurone jetzt vor seinem Gaste,
Und erweckt' ihn, und der Europäer
Griff bestürzt nach seinem Jagdgewehre;
Und der Wilde gab ihm eine Schale,
Angefüllt mit süßem Morgentranke,
Als er lächelnd seinen Gast gelabet,
Bracht' er ihn durch manche lange Windung,
Über Stock und Stein, durch Tal und Bäche,
Durch das Dickicht auf die rechte Straße.
Höflich dankte fein der Europäer;
Finsterblickend blieb der Wilde stehen,

Sahe starr dem Pflanzer in die Augen,
Sprach mit voller, fester ernster Stimme:
„Haben wir vielleicht uns schon gesehen?"
Wie vom Blitz getroffen stand der Jäger,
Und erkannte nun in seinem Wirte
Jenen Mann, den er vor wenig Wochen
In dem Sturmwind aus dem Hause jagte;
Stammelte verwirrt Entschuldigungen.
Ruhig lächelnd sagte der Hurone:
„Seht, ihr fremden klugen weißen Leute,
Seht, wir Wilden sind doch bess're Menschen!"
Und er schlug sich seitwärts in die Büsche.

JOHANN GOTTFRIED SEUME

Eine Freiheitsbewegung, die neue Steuern einführt?

Zurück zum Unabhängigkeitskrieg der nordamerikanischen Kolonien. Im Mai 1775 traf sich in Philadelphia der sogenannte zweite Kontinentalkongress. Auf diesem beschlossen Delegierte der 13 Kolonien, zur Erreichung der Unabhängigkeit eine eigene Armee (Kontinentalarmee) und eine eigene Währung (Kontinental-Dollar) einzuführen. Eine der großen Fragen dabei war natürlich, wie der Kontinentalkongress die eigene Armee und die Kriegsführung gegen die Briten finanzieren konnte. Die Einführung neuer Steuern wurde kritisch gesehen – schließlich war die Besteuerung durch die Briten ein wichtiger Grund für die Revolte der Kolonien gewesen. Eine Freiheitsbewegung, die keine Steuern mehr an die Kolonialmacht zahlen wollte, konnte schwerlich als einen der ersten Schritte neue Steuern einführen.

Die Unabhängigkeitsbewegung braucht Geld

Selbst wenn der Kontinentalkongress Steuern erheben wollte, so existierte außerhalb der kolonialen Bürokratie der Briten keine administrative Möglichkeit dazu. Auf Ebene der Kolonien gab es Steuereinnahmen, doch diese wurden von den Kolonien selbst benötigt. Dazu später mehr. Auf der höheren Ebene der angedachten Vereinigten Staaten hingegen gab es eine entsprechende Verwaltung einfach noch nicht. Und es war keine Zeit, diese erst aufzubauen: Der Freiheitskampf gegen die Briten machte sofort Geld und Soldaten notwendig. Einige europäische Staaten wie Spanien oder Frankreich ließen dem Kontinentalkongress finanzielle Mittel zukommen. Diese Staaten waren damals Gegner von Großbritannien und handelten wahrscheinlich unter der Prämisse: „Der Feind meines Feindes ist mein Freund." Weitere Mittel erhielt der Kongress durch Schuldenaufnahme. Aber dies war alles nicht genug für den Kauf von Waffen und die Bezahlung von Truppen, die im Kampf gegen die Briten benötigt wurden.[54]

Wenn Sie dieses Kapitel aufmerksam gelesen haben, wird es Sie wahrscheinlich genauso wenig wie Ihre Autoren wundern, was für eine Lösung gefunden wurde. Zur Finanzierung der Kriegsanstrengungen wurde Papiergeld gedruckt – der neu eingeführte Kontinental-Dollar. Und das nicht zu knapp: Die Schätzungen über die gedruckte Menge an Kontinental-Dollar reichen von rund 200 Millionen bis 387,5 Millionen, wobei eine aktuelle Schätzung bei 199,99 Millionen liegt.[55] Dabei beziehen wir uns auf den Zeitraum 1775 bis 1779. Um das in Relation zu setzen: 1775 gab es in den 13 Kolonien eine existierende Menge an Papiergeld von umgerechnet rund zwölf Millionen Kontinental-Dollar.[56] Ähnlich wie in den vorigen Fällen sollte auch diesmal ungedecktes Papiergeld nur für eine begrenzte Zeit verwendet werden. Nach siegreichem Unabhängigkeitskampf sollten die Amerikaner(innen) das Papiergeld durch Steuerzahlungen Schritt für Schritt wieder an die neue Regierung zurückgeben können.

Eine neue Flut an Papiergeld

Da allerdings der Kontinentalkongress wie oben beschrieben selbst keine Steuern einzog, wurde angeordnet, dass die lokalen Regierungen der 13 neu gegründeten Bundesstaaten bei der Bezahlung von lokalen Steuern diese Kontinental-Dollar akzeptieren sollten. Ein Teil davon sollte dann an den Kontinentalkongress weitergeleitet werden. Die Bundesstaaten begannen aber erst ab 1780 damit, die frisch gedruckten Kontinental-Dollar zu akzeptieren, denn der Kontinentalkongress wiederum hatte den Eintausch der Kontinental-Dollar erst für einen relativ späten Zeitpunkt anvisiert. Die Bundesstaaten hatten deshalb keine Eile, Kontinental-Dollar als Steuerzahlungen zu akzeptieren und einen Teil davon weiterzuleiten, wenn die Gegenleistung erst deutlich später kommen sollte.[57] Was auch nicht half, war die Tatsache, dass die Staaten weiterhin massiv ihr „eigenes" Papiergeld druckten. So kam zu den frisch gedruckten Kontinental-Dollar von 1775 bis 1779 weiteres Papiergeld der Bundesstaaten im Volumen von umgerechnet 210 Millionen Kontinental-Dollar hinzu. Die Jahre des Unabhängigkeitskampfes der Vereinigten Staaten von Amerika sahen so eine wahre Flut an neuem Papiergeld.[58]

Schöne Planung – und harter Boden der Realität

Der Kontinentalkongress hätte mit dem weitergeleiteten Geld die Truppen bezahlen sowie Kriegsgüter kaufen können. In der Theorie hätte deshalb kein weiteres Papiergeld gedruckt werden müssen, das die Inflation anfachen konnte. *So weit die schöne Theorie.* Doch wieder einmal sah es in der Praxis durchaus anders aus. Der Druck von Papiergeld ging Jahr für Jahr weiter. Zunächst wurden in den Jahren von 1775 bis 1778 zwischen zehn und 20 Millionen Kontinental-Dollar pro Jahr neu gedruckt. Danach wurde der Druck beschleunigt. Am 28. Juni 1781 schätzte Charles Thomson vom Kontinentalkongress, dass sich rund 195 Millionen Kontinental-Dollar in Umlauf befanden.[59]

Tierquälerei mit Teer und Papiergeld

Wie nicht anders zu erwarten, verlor der Kontinental-Dollar zunächst schrittweise und dann rapide an Kaufkraft. Die Großhandelspreise verdoppelten sich auf Basis des Kontinental-Dollar jeweils in den Jahren 1776, 1777 und 1778. Diese Inflation verstärkte sich 1779 und 1780 noch. In diesem 2-Jahres-Zeitraum stiegen die Preise um mehr als 1.000 %.[60] Von den Bundesstaaten eingeführte Preiskontrollen halfen kaum. Als die Bevölkerung zu Recht skeptisch gegenüber dem neuen Geld wurde, gab es Drohungen des Kontinentalkongresses. Jeder, der das neue Papiergeld verweigerte, konnte demnach als Staatsfeind behandelt werden. Es war verboten, größere Mengen an Lebensmitteln zu horten, um sie nicht zum festgesetzten Preis in Papiergeld verkaufen zu müssen. Dies wiederum hatte zur Folge, dass einige Farmer nur noch so viele Lebensmittel anbauten, wie sie für die Ernährung ihrer Familie benötigten – und nicht mehr. Es war wenig motivierend, seine Ernte gegen Papiergeld eintauschen zu müssen, welches rasch an Kaufkraft verlor.[61]

Die Kontinental-Dollar, die zur Finanzierung des Unabhängigkeitskampfes gedruckt worden waren, wurden letztlich wertlos. So wie es im Deutschen den Ausdruck „keinen Pfifferling wert sein" gibt, machte in Nordamerika die Phrase „not worth a continental" (sinngemäß: „keinen Kontinental-Dollar wert") die Runde. Schätzungen von Historikern zufolge wurde spätestens ab Mai 1781 die Verwendung des Kontinental-Dollar eingestellt. Bis zu diesem Zeitpunkt hatte der Kontinental-Dollar massiv abgewertet. Für einen einzigen Silberdollar gab es Kontinental-Dollar mit einem aufgedruckten Wert von 500. Die Bürger dekorierten sich selbst mit diesem Papiergeld und in den Straßen von Philadelphia kam es zu einer Parade, bei der ein geteerter und mit Kontinental-Dollar bedeckter Hund gezeigt wurde.[62] So trug das Papiergeld zur Geburt einer Nation bei. Und wieder einmal zeigte sich: Sobald eine Regierung damit beginnt, Papiergeld zur Finanzierung ihrer Ausgaben zu drucken, endet das damit, dass unweigerlich zu viel Papiergeld gedruckt wird. Die Franzosen würden dem Beispiel der Amerikaner bald folgen.

Ein Schweizer als Finanzminister in Frankreich

Als Ludwig (Louis) XVI. im Jahr 1774 König von Frankreich wurde, befand sich das Land in einer angespannten finanziellen Lage[63] – genauer gesagt: Das Land stand vor dem finanziellen Ruin. Die Lage verbessern sollte der Schweizer Jacques Necker, der vom König im Oktober 1776 zum Finanzminister Frankreichs ernannt wurde.[64] Necker erkannte, dass Frankreich ein *regressives Steuersystem* hatte. Heutzutage ist das Steuersystem oft progressiv: Die prozentuale Steuerbelastung steigt mit höherem Einkommen. Damals war es genau umgekehrt: Diejenigen, die wenig verdienten, zahlten einen höheren Anteil ihres Einkommens an Steuern als Adel und Klerus.[65] Necker war der Ansicht, dass die Ausnahmen für die Elite gestrichen oder zumindest verringert werden sollten – gewissermaßen die Beseitigung von Steuerschlupflöchern. Es überrascht wiederum nicht, dass diese Pläne bei Adel und Klerus nicht gut ankamen. Sympathiepunkte bei Ihren Autoren gewann Necker dadurch, dass er erfolgreich für die Abschaffung der Folter in Frankreich eintrat. Wegen seiner aus Sicht der Elite radikalen Ansichten wurde Jaques Necker 1781 vom König entlassen.

Steuern zahlen: Ja, Mitbestimmung: Nein

Die wirtschaftliche Lage Frankreichs verbesserte sich dadurch nicht – im Gegenteil. Hinzu kam, dass 1788/1789 Unwetter einen bedeutenden Teil der Ernte zerstörten. Da Frankreich zu diesem Zeitpunkt immer noch primär eine Agrarnation war, machte dies das Eintreiben von Steuern sehr schwierig. In diesem Umfeld erinnerte sich der König wieder an Necker und dessen „radikale" Ansichten. Um den Staatsbankrott abzuwenden, erhielt Necker eine zweite Chance und wurde im September 1788 erneut zum Finanzminister Frankreichs ernannt. Necker organisierte die Einberufung der Generalstände, welche neue Steuern bewilligen sollten. Es handelte sich dabei um eine Ständeversammlung, die sich aus Klerus, Adel und dem sogenannten „Dritten Stand" zusammensetzte. Formal sollte die Einberufung der Generalstände dazu beitragen, dass sich diese am politischen Entscheidungsprozess beteiligen sollten. Es ging Necker zwar in erster Linie darum, dass die Generalstände neuen Steuern zustimmten und damit die Staatseinnahmen Frankreichs erhöhten. Die Einberufung einer Ständeversammlung war aber im bis dahin vom König absolutistisch regierten Frankreich durchaus auch ein Signal für eine gewisse „Mitbestimmung". Dies wiederum – und insbesondere die Verdopplung der Stimmenzahl des „Dritten Standes" – ging dem König dann doch zu weit. Als Necker auch noch zuließ, dass die Stände gemeinsam beraten und abstimmen durften, wurde er von Ludwig XVI. am 11. Juli 1789 erneut entlassen. Was dann folgte, veränderte die Welt.

Die Psychologie der Massen

Die Entlassung Neckers kam bei zahlreichen Franzosen nicht gut an. Diese sahen seine Entlassung zu Recht als Zeichen dafür an, dass die begrenzte politische Mitbestimmung der Stände dem König bereits zu weitreichend war. Da zudem immer noch eine anhaltende Nahrungsmittelknappheit aufgrund der Missernte herrschte, kochte die Stimmung hoch. Ludwig XVI. verzichtete darauf, die weitgehende steuerliche Freistellung von Adel und Klerus zu beseitigen, was zusätzlich Öl ins Feuer goss. In Paris griffen Unruhen um sich. Die Entlassung von Jaques Necker war da vielleicht der Tropfen, der das Fass zum Überlaufen brachte. Am 14. Juli 1789 jedenfalls versammelten sich in den Straßen von Paris Menschenmassen und zogen zur Bastille, einem befestigten Gefängnis im Osten von Paris, um die dortigen Gefangenen zu befreien. Beim ersten Angriff auf die Bastille ließ deren Kommandant in die Menge der Angreifer feuern. Als die Angreifer erneut mit besserer Bewaffnung aufmarschierten, kapitulierte die Wachmannschaft. Die sieben (!) Gefangenen wurden befreit und die Wachmannschaft trotz Zusage freien Geleits vom Mob massakriert.

Dieses Ereignis ging als „Sturm auf die Bastille" in die Geschichtsbücher ein. Und so nahm die Französische Revolution ihren Lauf.[66]

Ein Plan zur Senkung der Staatsverschuldung

Nichtsdestotrotz blieb ein grundlegendes fiskalisches Problem der Regierung Frankreichs bestehen: Wie sollte sie den Zahlungsverpflichtungen nachkommen? Dieser Frage musste sich auch eine revolutionäre Regierung stellen. Und ähnlich wie im amerikanischen Unabhängigkeitskrieg konnten die Revolutionäre schlecht als eine der ersten Maßnahmen neue Steuern einführen. Das Thema Steuern beziehungsweise deren ungerechte Verteilung war schließlich ein Grund für das Aufkommen der Revolution gewesen. Während der Verfassungsberatungen der Nationalversammlung wurde auch dieses Problem angegangen. Zunächst einmal wurde am 2. November 1789 mit 568 zu 346 Stimmen beschlossen, dass sämtliche Kirchengüter verstaatlicht und in Nationalgut (*bien national*) umgewandelt werden sollten. Da der Kirche damals bis zu zehn Prozent der gesamten Ländereien Frankreichs gehörten, wechselten auf diese Weise gewaltige Besitztümer den Eigentümer. Durch einen schrittweisen Verkauf der auf diese Weise geschaffenen Nationalgüter sollte die Staatsverschuldung Frankreichs gesenkt werden.[67]

Es wurde berechnet, dass die vom Klerus und aus dem Besitz des Königs verstaatlichten Ländereien einen Wert von zwei bis 3,5 Milliarden Livre haben sollten. Der Livre war zu dieser Zeit die Währung Frankreichs und wurde 1795 durch den Franc ersetzt. Interessanterweise betrug die Höhe der Staatsverschuldung Frankreichs weniger als diese Summe. Es dauerte deshalb nicht lange, bis die Nationalversammlung auf die Idee kam, dass das von König und Klerus beschlagnahmte Land verkauft werden könnte, um damit die gesamte Schuldenlast Frankreichs zu tilgen.[68] Zumindest in der Theorie funktionierte das. Doch in der Praxis war es – wieder einmal – nicht so einfach. Denn wenn umgehend zehn Prozent der Ländereien eines

Staates verkauft werden sollen, dann setzt das den Preis wahrscheinlich massiv unter Druck und vielleicht wird durch die Verkäufe nur ein Teil des sonst erzielbaren Wertes realisiert.

Wieder einmal soll Papiergeld „nur vorübergehend" verwendet werden

Die neue französische Regierung sah dieses Problem und entschied sich dazu, die Ländereien nicht schlagartig zu verkaufen. Stattdessen sollte Papiergeld gedruckt werden, mit dem die Zins- und Tilgungszahlungen für die Staatsschulden geleistet werden sollten. Dieses Papiergeld sollte dann dazu eingesetzt werden können, Land von der Regierung zu kaufen. Alternativ war der Eintausch des Papiergeldes gegen Edelmetalle geplant. Der Plan war, dass das neue Papiergeld auf diese Weise nicht lange in Umlauf bleiben würde, da es bald zurück zur Regierung kommen würde.[69] Gleichzeitig wäre es der Regierung so möglich gewesen, ihr Land schrittweise zu verkaufen – zu einem besseren Preis, als es bei einem sofortigen Verkauf aller Ländereien der Fall gewesen wäre.

Dieses Papiergeld wurde Assignaten genannt. Der Begriff Assignate stammt vom französischen Wort *assignation* = Zuweisung. Das sollte zum Ausdruck bringen, dass sich bestimmte Assignaten auf bestimmte Ländereien bezogen. Sobald diese spezifischen Ländereien verkauft worden wären, sollten die dazugehörigen Assignaten zerstört werden.[70] In der Theorie war das Papiergeld also vollständig durch Landbesitz gedeckt und wurde deshalb vom Volk durchaus wohlwollend aufgenommen. Der Plan war es, Grundbesitz im Wert von 400 Millionen Livre an Paris und andere Kommunen zu verkaufen, welche diesen dann wiederum an Individuen weiterverkaufen würden. Der Verkaufspreis, den die einzelnen Bürger letztlich zahlen sollten, sollte durch Experten festgelegt werden.[71] Noch im Jahr 1789 wurde die erste Tranche von Assignaten gedruckt. Das Volumen wurde auf die genannten 400 Millionen Livre beschränkt.[72] Aber die Verkäufe der Ländereien gingen nur sehr schleppend voran, und die damit erzielten Einnahmen reichten nicht aus, um das laufende Defizit der Regierung ausgleichen zu können.

Assignaten oder vom Untergang einer Papierwährung

Am 17. April 1790 wurden die Assignaten dann zum gesetzlichen Zahlungsmittel erklärt. Zu diesem Zeitpunkt hatten sie bereits fünf Prozent ihres Nominalwerts verloren. Mit anderen Worten: Assignaten mit aufgedrucktem Wert von 100 Livre hatten nur eine Kaufkraft von 95 Livre.[73] Danach liefen die Druckerpressen regelrecht heiß. Im September 1790 betrug die gesamte Menge der Assignaten im Umlauf rund 1,2 Milliarden. Im Juni 1791 wurden dann weitere 600 Millionen Assignaten gedruckt. Die Regierung sah sich dazu veranlasst, weil die Staatsausgaben zwischen dem 1. Mai 1789 und dem 1. Juli 1791 bei rund 1,72 Milliarden Livre lagen. Die Steuereinnahmen hingegen erreichten im selben Zeitraum lediglich 470 Millionen Livre, was einem Defizit von 1,25 Milliarden Livre entsprach.[74] Die „Lösung" dieses Problems: mehr Assignaten drucken! Der exzessive Druck von neuen Assignaten führte dazu, dass die Kaufkraft der Assignaten auf 82 % ihres Nominalwerts fiel – und der Tiefpunkt war noch nicht erreicht. Im Juni 1792 lag die Kaufkraft der Assignaten bei 57 % ihres Nominalwerts. Das Vertrauen in die Währung wurde auch nicht dadurch gestärkt, dass Ludwig XVI. am 21. Januar 1793 hingerichtet wurde und ein neuer Krieg mit England begann. Die Kaufkraft der Assignaten fiel und fiel: Im Juni 1793 lag sie bei nur noch 36 % und im August 1793 bei lediglich noch 22 % des Nominalwerts.

Todesstrafe für den, der Goldmünzen bevorzugt

Wie in solchen Fällen üblich, versuchte die Regierung zu intervenieren und die Kaufkraft des Papiergeldes zu schützen. Im August 1793 wurde es verboten, zwischen Assignaten und Gold- oder Silbermünzen zu unterscheiden. Wer Assignaten verschmähte und stattdessen auf Bezahlung in Gold- oder Silbermünzen bestand, der konnte beim ersten „Vergehen" für sechs Monate inhaftiert werden. Beim zweiten Mal konnte eine Gefängnisstrafe von bis zu 20 Jahren verhängt werden. Und wer dreimal dabei erwischt wurde, auf den konnte die Todesstrafe warten.[75] Dies wurde durch ein Dekret vom 8. September 1793 ermöglicht.[76] Und es handelte sich keineswegs um eine leere Drohung: Im Jahr 1794 wurden zwölf Männer unter die Guillotine geschickt, weil sie Edelmetalle gehortet hatten.[77] Diese harten Maßnahmen waren jedoch letztlich nicht erfolgreich in dem Sinne, dass die Kaufkraft der Assignaten geschützt wurde. Der wahre Grund für den Kaufkraftverlust war schließlich der massive Druck des Papiergeldes gewesen.

Barzahlung in Gold bevorzugt

Während die Preise für alle möglichen Güter wie Getreide, Stoffe, Leder, Holz und so weiter stiegen, kletterte auch der Preis der Ländereien, welche zuvor der Kirche gehört hatten und mit deren Verkaufserlösen die Assignaten wieder eingelöst werden sollten. Diese Ländereien stiegen auf das Fünf- bis Zehnfache, manchmal auch auf das Zwanzigfache des ursprünglich geschätzten Wertes – allerdings in Assignaten.[78] In ähnlichem Maße, in dem die Kaufkraft der Assignaten abnahm, stiegen die Preise der Güter und der Ländereien. Es kam zu einem verheerenden Kreislauf: Da die Kaufkraft der Assignaten sank, druckte die Regierung immer mehr davon – was wiederum deren Kaufkraft noch weiter fallen ließ. *Man kann zwar die Realität ignorieren, aber nicht die Folgen des Ignorierens der Realität.* Die französische Regierung zeigte damals durchaus hilflos zu nennenden Aktionismus: Um die Inflation zu begrenzen, wurden Maßnahmen wie zum Beispiel ein Getreidegesetz erlassen. Demzufolge sollten Bauern nur an bestimmten Tagen ihr Getreide verkaufen dürfen. Die Menge des zu verkaufenden Getreides sollte als fester Anteil ihrer gesamten Erntemenge bemessen werden. Wir müssen nicht extra betonen, dass dieses Gesetz nicht durchsetzbar war. Was stattdessen geschah, war dies: Die Bauern verkauften nach der Ernte ihr Getreide schnell an diejenigen, die in Gold und/oder Silber zahlten.[79] Die Regierung versuchte auch, durch die Festsetzung von Preisobergrenzen die Preisanstiege zu stoppen. Diejenigen, die mehr als den festgesetzten Maximalpreis verlangten, konnten dafür die Todesstrafe erhalten. Aber selbst diese drakonische Maßnahme half nicht viel. Anstatt zum festgesetzten Höchstpreis zu verkaufen, wurden einige Güter stattdessen von Händlern gehortet.[80] Da diese Güter dann am freien Markt fehlten, erwies sich dieser Weg als wirtschaftliche Sackgasse. Folgerichtig hob die Regierung an Heiligabend 1794 die Preisobergrenzen auf, was zu einem sofortigen starken Anstieg der Preise für diverse Güter führte. Dieser Preisanstieg wurde noch dadurch verstärkt, dass Händler, die zuvor ihre Waren zum Maximalpreis verkauft hatten, die dadurch erhaltenen Assignaten nun möglichst schnell in Güter eintauschen wollten. Der Besitz von Papiergeld war für sie in Zeiten hoher Inflation nicht besonders attraktiv. Deshalb kauften sie lieber Waren. Zu Zeiten der Preisobergrenzen konnten sie jedoch nicht in gewünschtem Umfang kaufen, da die Verkäufer ihre Güter zurückhielten. Aber nun traf das gehortete Geld auf gehortete Güter – und die Preise stiegen.[81]

Ein wirtschaftliches Desaster mit Ansage

1795 hatten die Assignaten praktisch aufgehört, ein Zahlungsmittel zu sein. Ihre Kaufkraft war auf nur noch 0,8 % bis 1,0 % des aufgedruckten Nennwerts gefallen.[82] Die Ladenbesitzer in Paris weigerten sich, Assignaten als Bezahlung zu akzeptieren. Ihr einleuchtendes Argument war, dass die Bauern auch keine Assignaten als Bezahlung für ihre Produkte entgegennahmen. Die Regierung hatte auch zunehmend Probleme, Steuern einzuziehen, da der auf den Assignaten aufgedruckte Wert so massiv von deren Kaufkraft abwich.[83] Schätzungen zufolge wurden bis 1795 Assignaten mit einem aufgedruckten

Wert (Nominalwert) von fast 4,5 Milliarden Livre gedruckt. Von diesen waren Assignaten im Nominalwert von 600 Millionen Livre wieder eingezogen und verbrannt worden.[84] Wir erinnern uns: Der ursprüngliche Plan war es gewesen, mit Land gedeckte Assignaten zu drucken und damit die Staatsausgaben zu decken. Diese Assignaten sollten dann Stück für Stück gegen Land eingetauscht werden. Dadurch würden am Ende das Land von Kirche und König bei den Bürgern und die Assignaten bei der Regierung sein. Letztlich hätten so alle Assignaten verbrannt werden können und alle wären glücklich gewesen. Stattdessen endete der Plan im geschilderten wirtschaftlichen Desaster.

Von Assignaten zu Mandaten

Um aus dieser Sackgasse zu entkommen, entschloss sich die französische Regierung zur Einführung einer völlig neuen Währung. Dabei sollte es sich wieder um Papiergeld handeln – aber natürlich mit einem anderen Namen. Deshalb wurden die neuen Geldscheine, die im März 1796 ausgegeben wurden, Territorialmandate (*mandats*

territoriaux) oder kurz Mandate genannt. Die Regierung legte vorab eine Geldmenge von 2,4 Milliarden Livre fest. Es sollten so viele Geldscheine gedruckt werden, bis diese Grenze erreicht war. Das neue Geld hieß anders – aber es hatte den Geist der Assignaten. Die französischen Bürger(innen) waren jedoch nach den Erfahrungen, die sie mit den Assignaten gemacht hatten, sehr skeptisch und blieben dem neuen Papiergeld weitgehend fern. Und in der Tat: Bereits im April 1796 – nur wenige Tage nach Einführung – lag die Kaufkraft

der Mandate bei nur 20 % des aufgedruckten Nominalwerts. Bis Ende Mai 1796 war sie sogar auf nur noch fünf Prozent des aufgedruckten Wertes gefallen. Schneller ist wohl kaum jemals eine neue Währung gescheitert.[85]

Land: Als „Geld" nicht geeignet

Für die Mandate war das Spiel damit bereits aus, bevor es richtig begonnen hatte. Gemeinhin hat sich gezeigt, dass mit Land gedecktes Geld generell keinen Erfolg hat. Land ist zwar grundsätzlich ein „realer Wert" – auch weil es sich naturgemäß nicht beliebig vermehren lässt. Allerdings ist es ein Fehler anzunehmen, dass alles, was Wert hat, auch als Geld genutzt werden kann. Dies bringt uns zum Beginn dieses Buches zurück. Damit irgendetwas Geld sein kann, ist es sehr wichtig, dass es leicht teilbar ist sowie leicht transportiert werden kann. Land ist nicht leicht teilbar, und es kann auch nicht transportiert werden, wenn auch seine Menge größtenteils konstant bleibt.

> *„Wir lernen aus Erfahrung, dass die Menschen nichts aus Erfahrung lernen."*
> – GEORGE BERNHARD SHAW (1856–1950)

Ursprünglich war vorgesehen, dass die im Jahr 1694 gegründete Bank of England nach elf Jahren mit einer Kündigungsfrist von einem Jahr aufgelöst werden konnte – die Regierung hätte dann den Kredit von 1,2 Millionen Britischen Pfund, welchen sie von der Bank erhalten hatte, zurückzahlen müssen. Aus diesem Grund ist es zumindest für Ihre Autoren nicht verwunderlich, dass die Bank of England damals nicht aufgelöst wurde. Doch für einen langen Zeitraum blieb sie auf dem Papier eine temporäre Institution. Zwischen der Gründung der Bank of England im Jahr 1694 und dem Jahr 1844 stand alle paar Jahre oder Jahrzehnte eine Verlängerung ihrer vorgesehenen Lebensdauer an. Für einen Zeitraum von 150 Jahren wäre es also möglich gewesen, dass die Bank of England geschlossen worden wäre, wenn die jeweils aktuelle Regierung das so gewollt hätte.

Eine komfortable Möglichkeit, an Geld zu gelangen

Das passierte nicht – und warum auch? Die Bank of England bot für die britischen Monarchen beziehungsweise Regierungen eine relativ komfortable Möglichkeit, an Geld zu kommen. Sie finanzierte Kriegsanstrengungen und ihr Erhalt lag deshalb im militärischen Interesse des britischen Imperiums.[1] Die Bank verlangte und erhielt diverse Zugeständnisse von den jeweiligen Regierungen. Diese

Zugeständnisse hatten große Auswirkungen auf die Art und Weise, wie sich die Bank und das britische Finanzsystem im Laufe der Jahre entwickelten. 1708 tobe der Spanische Erbfolgekrieg. Die britische Regierung benötigte Geld. Die Bank of England war bereit, ihr das zu leihen. Im Gegenzug erhielt sie ein Zugeständnis dieser Art: Das Parlament erließ ein Verbot, demzufolge jeder Vereinigung von mehr als sechs Individuen in Großbritannien die Aufnahme von Bankgeschäften untersagt war. Die Bank of England erhielt auch – mit Ausnahmen – das Monopol auf den Druck von Papiergeld. Ihre einzigen Wettbewerber waren für einen langen Zeitraum nur kleinere Banken mit sechs oder weniger Partnern.[2]

Vom Kneipenwirt zum Bankier

Solche kleineren Banken – in der Regel Provinzbanken – wurden üblicherweise von Bürgern in die Welt gerufen, die zum Zeitpunkt der Gründung andere Berufe hatten. So fanden sich unter den Gründern Anwälte, Landbesitzer, Goldschmiede, Juweliere, Geldverleiher, Schiffsbesitzer und diverse Arten von Kaufleuten wie Tuchhändler, Holzhändler, Teehändler und so weiter. Aber auch Metzger, Braumeister, Kneipenbesitzer, Hutmacher, Schuhmacher, Schnupftabakdosenhersteller (Ihre Autoren lieben dieses Wort) sowie Waffenschmiede und Weber wurden im Bankgeschäft aktiv.[3] Im Grunde konnte jeder, der etwas Geld übrig hatte, eine Bank gründen.

Im Jahr 1742 stand wieder einmal die Erneuerung der Lizenz der Bank of England an. Die Regierung verlängerte diese bis 1764 und erweiterte das Monopol der Bank zum Druck von Papiergeld. Was diese Entscheidung sicherlich erleichterte, war die Tatsache, dass die Bank der Regierung ein Geschenk von 110.000 Britischen Pfund und einen Kredit zum Zinssatz von drei Prozent gab. Kleine Geschenke erhalten die Freundschaft. Im Jahr 1781 – und damit fünf Jahre vor dem eigentlichen Ablauf der laufenden Lizenz – wurde die Lizenz der Bank of England erneut verlängert, dieses Mal bis zum Jahr 1812. Der damalige Premierminister Lord North stellte sicher, dass die Regierung als Gegenleistung für die Genehmigung der neuen Lizenz von der Bank of England einen Kredit über zwei Millionen Britische Pfund zum Zinssatz von drei Prozent erhalten würde. Zu dieser Zeit bekämpfte die britische Regierung die nordamerikanischen Freiheitskämpfer, welche ihre Unabhängigkeit erklärt hatten. Der neue Kredit der Bank of England half der Regierung, einen Teil der für die Marine aufgenommenen Schulden zurückzahlen zu können, welche hoch verzinst werden mussten.[4]

Diese gemütliche Beziehung zwischen dem politischen Establishment Großbritanniens und der Bank of England stellte zwei Dinge sicher:

1. Die Regierung erhielt genügend Geld, um ihren Zahlungsverpflichtungen nachkommen zu können.
2. Die Bank of England erhielt im Gegenzug mehr oder weniger das Monopol zum Druck von Papiergeld, wobei die Konkurrenz auf kleine Provinzbanken beschränkt blieb.

Da die Regierung nur noch einen Ansprechpartner für ihre Finanzgeschäfte benötigte – eben die Bank of England –, ersparte sie sich Probleme und Transaktionskosten, welche entstanden wären, wenn sie stattdessen Anleihen öffentlich platziert hätte.

Am 10. Mai 1774 beschloss das britische Unterhaus, dass Silbermünzen nur noch dann gesetzliches Zahlungsmittel seien, wenn es um zu zahlende Beträge von maximal 25 Pfund gehen würde.[5] Das war ein Schritt, der den Gebrauch von Papiergeld und Goldmünzen förderte und den von Silbermünzen tendenziell einschränkte. Der 24-jährige William Pitt wurde 1783 der jüngste Premierminister Großbritanniens. Viele dachten, dass dies nur ein Notbehelf sei. In Spottversen machte man sich darüber lustig, dass das Königreich von einem „Schuljungen" regiert werde.[6]

Krieg mit Frankreich!

Bemerkenswerterweise blieb William Pitt von 1783 bis 1801 Premierminister. 1804 wurde er nochmals gewählt und blieb dann bis zu seinem Tod im Jahre 1806 auf diesem Posten. Er starb im jungen Alter von 47 Jahren. Außerdem war Pitt während seiner gesamten Amtszeit als Premierminister gleichzeitig auch britischer Schatzkanzler (das britische Äquivalent zum Begriff „Finanzminister"). Als er 1783 Premierminister wurde, hatte Großbritannien Staatsschulden in Höhe von rund 243 Millionen Pfund. Das Land hatte zahlreiche Kriege geführt, um sein Weltreich aufzubauen und zu verteidigen, was Schuldenmachen erforderlich gemacht hatte.[7] 1786 entschied sich Pitt dazu, die Schuldenlast durch die Schaffung eines Sonderfonds zu verringern. Seine Idee war es, durch Steuererhöhungen jedes Jahr eine Million Pfund diesem Sonderfonds zuzuführen. Schritt für Schritt sollte dieser dann helfen, einen Teil der Staatsschulden zu tilgen.[8] Das funktionierte in den sieben Friedensjahren bis 1793 auch recht gut. Haushaltsüberschüsse der Regierung wurden dazu genutzt, die Schuldenlast zu verringern.[9] Doch in die Amtszeit von William Pitt fiel die Zeit der Französischen Revolution. Am 21. Januar 1793 wurde Ludwig XVI. der erste und einzige französische König, der exekutiert wurde. Dies kam bei der britischen Öffentlichkeit nicht gut an. Die Kutsche des britischen Königs Georg III. (englisch: George III.) – der übrigens aus dem Haus Hannover stammte – wurde von einer wütenden Menschenmenge umzingelt, die „Krieg mit Frankreich" forderte.[10]

Großbritannien forderte den französischen Botschafter dazu auf, binnen acht Tagen das Land zu verlassen. Am 1. Februar 1793 antwortete Frankreich darauf mit einer Kriegserklärung. Großbritannien stärkte seine Position in Europa gegen Frankreich auch dadurch, dass es Verbündeten Hilfszahlungen zukommen ließ. So hatte das Land bereits im Siebenjährigen Krieg von 1756 bis 1763 die Kämpfe eigener Truppen reduziert, indem es stattdessen Preußen als eine Art „Festlandsdegen" gegen Frankreich nutzte und diesem dafür Zahlungen zukommen ließ. Im Jargon der Zeit wurden diese Zahlungen „Subsidien" genannt. 1794 griff Großbritannien wieder auf dieses Mittel zurück und zahlte 2,5 Millionen Pfund an den König von Preußen. Weitere Subsidien wurden an andere Gegner Frankreichs ausgezahlt: Hannover, Hessen-Kassel, Sardinien, Österreich, Russland, Portugal, Sardinien-Piemont, Marokko und weitere.[11]

Insgesamt zahlte Großbritannien bis zum endgültigen Sieg über Frankreich in der Schlacht von Waterloo 1815 Subsidien von rund 50 Millionen Pfund an seine sogenannten Verbündeten.[12] Aber das funktionierte nicht immer wie gewünscht. Die meisten der genannten Staaten schlossen während der Napoleonischen Kriege früher oder später Frieden mit Frankreich, sodass Großbritannien zwischenzeitlich weitgehend allein gegen Frankreich und seine Verbündeten kämpfte.

Krieg: Ein Unglück für Menschen und Staatshaushalt

Im ersten Kriegsjahr waren die Auswirkungen der Kriegsanstrengungen auf den britischen Staatshaushalt noch überschaubar. Die britische Regierung nahm lediglich eine geringe Menge an Schulden auf. Im nächsten Jahr – 1794 – erhöhte sich die Neuverschuldung auf neun Millionen Pfund. Das war eine relativ hohe Summe in einem Land mit einem Volkseinkommen von 200 bis 300 Millionen Pfund zu diesem Zeitpunkt. Doch die Neuverschuldung schoss weiter nach oben, da sich die britischen Kriegsanstrengungen gegen Frankreich intensivierten. 1795 und 1796 betrugen die Ausgaben des britischen Staates 51,75 Millionen und 57,75 Millionen Pfund. Zum Vergleich: Die Höhe der Steuereinnahmen lag in diesen Jahren bei 20 Millionen und 21,5 Millionen Pfund.[13]

Fragwürdige flexible Auslegungen von Bestimmungen

Der Premierminister William Pitt wollte die junge britische Industrie nicht mit höheren Steuern belasten. Doch es gab ja noch die Bank of

England. Dieser war es zwar nicht erlaubt, ohne Zustimmung des Parlaments der Regierung einen Kredit zukommen zu lassen. Aber diese Regel war bereits während des amerikanischen Unabhängigkeitskriegs sehr flexibel ausgelegt worden, als die Bank of England der Regierung mit 150.000 Pfund geholfen hatte. In dieser Situation wurde an eine Gesetzesvorlage gedacht, welche anstelle einer Zustimmungspflicht des Parlaments eine Obergrenze für Kredite der Bank of England an die Regierung festlegen sollte. Diese Gesetzesvorlage sah auch vor, dass die vorigen am Gesetz vorbei ausgeführten Zahlungen der Bank of England an die Regierung nachträglich legalisiert werden sollten. Premierminister William Pitt sah dies als großartige Gelegenheit und jagte die Gesetzesvorlage zur Verabschiedung durch das Parlament. Dabei schaffte er es, dass der Teil mit der Obergrenze aus der Gesetzesvorlage gestrichen wurde. Die Abgeordneten waren vielleicht zu stark mit dem Krieg gegen Frankreich beschäftigt, sodass diese „Kleinigkeit" übersehen wurde. Denn dank des nun verabschiedeten Gesetzes konnte die Regierung sich so viel Geld von der Bank of England leihen, wie sie wollte – ohne auf die Zustimmung des Parlaments angewiesen zu sein. William Pitt hatte sein Ziel erreicht.

Und er nutzte das in den kommenden Jahren auch exzessiv aus. Von 1794 an finanzierte die Bank of England einen bedeutenden Teil der britischen Kriegsanstrengungen.[14] Wer weiß, ob die Weltgeschichte sonst anders verlaufen wäre? Die Bank of England hatte keine Wahl, als den Kreditwünschen der Regierung nachzukommen. In Kriegszeiten hätte sie es sich nicht leisten können, sich gegen die Regierung zu stellen. Das kennt man schließlich: Auch wer berechtigte Kritik anbringt, kann in Kriegszeiten schnell als „unpatriotisch" niedergebrüllt werden. Im Juli 1796 forderte die britische Regierung unter William Pitt von der Bank of England einen Kredit über 800.000 Pfund. Die Bank zahlte, wenn auch unter starkem Protest.[15] Was nicht half, war die Tatsache, dass die Ernte in diesem Jahr schlecht ausgefallen war, sodass Nahrungsmittel importiert werden mussten. Zudem kämpften inzwischen auch britische Truppen gegen Frankreich, was die Militärausgaben nochmals steigen ließ.

Erschwerend kam außerdem hinzu, dass außerhalb Großbritanniens das britische Papiergeld nicht als Geld akzeptiert wurde. Deshalb musste zur Finanzierung der Kriegsanstrengungen Gold nach Kontinentaleuropa transferiert werden. Und Gold war auch notwendig, um die Nahrungsmittelimporte zu bezahlen. Nach der Revolution war ein Teil des französischen Goldes von Geschäftsleuten nach Großbritannien verlegt und bei der Bank of England eingezahlt worden. Dem französischen Papiergeld der Revolutionsjahre traute man nicht. Zu Recht, wie Ihre Autoren an anderer Stelle in diesem Buch darlegen. Doch ein Teil dieses Goldes war trotz des Krieges mit Frankreich wieder in das Land zurückgebracht worden. Offensichtlich ließen sich damals manche Waren- und Geldströme nicht übermäßig von der politischen Lage beeindrucken. Die Goldreserven der Bank of England gerieten jedenfalls unter schweren Druck.

Wenig Gold im Keller

Ende Februar 1794 hatte die Bank of England in ihren Tresoren nur noch Goldmünzen und Goldbarren im Wert von sieben Millionen Pfund. Ihre Verpflichtungen hingegen standen bei rund 18,75 Millionen Pfund, darunter Papiergeld im Umfang von 10,75 Millionen Pfund, welches auf Nachfrage in Gold eingetauscht werden musste. Bis Ende August 1796 war der Bestand an Gold in den Tresoren der Bank auf nur noch 400.000 Pfund gefallen. Ihre Verpflichtungen standen zu dem Zeitpunkt bei rund 16 Millionen Pfund.[16] Da sie kaum noch Goldvorräte hatte, musste die Bank vorsichtig sein, was den Druck von weiterem Papiergeld betraf. Schließlich hatte sie garantiert, dass sie das Papiergeld gegen Edelmetalle eintauschen würde. Und was wäre, wenn die Leute ihr Papiergeld tatsächlich eintauschen würden?

Wie brachte die Bank of England überhaupt Papiergeld in Umlauf? Wir erinnern uns: Entweder sie diskontierte Wechsel oder sie vergab Kredite in Form von Papiergeld an die Regierung. In diesen schwierigen Kriegszeiten konnte die Bank schwerlich weitere Kredite an die Regierung verweigern. Was sie aber versuchte, war eine Begrenzung der Emission von Papiergeld, die durch die Diskontierung von Wechseln entstand.[17]

Panikstimmung: Franzosen landen in Wales!

Anfang 1797 hatte sich die Situation ein wenig verbessert. Die Bank of England hatte es geschafft, über die Runden zu kommen, ohne dass ihre Goldvorräte komplett aufgebraucht worden wären. Diese waren sogar wieder etwas gestiegen. Doch dann landeten ein paar französische Truppen in Großbritannien. Am 22. Februar 1797 setzten vier französische Kriegsschiffe rund 1.400 Soldaten in einem kleinen Fischerdorf in Wales ab. Es handelte sich keineswegs um eine groß angelegte Invasion und der angerichtete Schaden war auch gering. Den Quellen zufolge sollen sich die französischen Soldaten so ausgiebig an erbeutetem Alkohol gelabt haben, dass sie kampfunfähig wurden. Einige Wochen zuvor soll ein portugiesisches Schiff in der Gegend gekentert sein – der geborgene Weinvorrat wurde nun zur Beute der Franzosen. Die französischen Soldaten sollen am nächsten Morgen „krank und betrunken" in den Häusern gelegen haben. Daraufhin konnte der Großteil von ihnen von einigen Hundert anrückenden britischen Soldaten und Milizionären gefangen genommen werden. So endete diese bis heute letzte feindliche Invasion auf der britischen Hauptinsel bereits drei Tage nach ihrem Beginn gar nicht so kriegerisch. Dieser Invasionsversuch ist im Nachhinein kaum mehr als eine wenig bekannte historische Fußnote geblieben. Aber das schreiben wir mit dem Kenntnisstand der Nachgeborenen, die wissen, wie die Geschichte ausging. Auf die britische Bevölkerung der damaligen Zeit hatte die Nachricht von einer Invasion hingegen durchaus starke Auswirkungen. Franzosen in Wales gelandet! In Newcastle gab es daraufhin eine regelrechte Panik, und die Bevölkerung rannte zu den lokalen Banken, um ihre Spareinlagen von dort abzuziehen. Von Newscastle aus verbreitete sich diese Panikstimmung in andere Regionen Großbritanniens.

Bei den zu Beginn dieses Kapitels erwähnten regionalen Banken standen die Menschen daraufhin Schlange, um ihr Papiergeld gegen Gold eintauschen zu lassen. Diese kleinen Banken wiederum wendeten sich umgehend an London und verlangten von der Bank of England Hilfe. Diese hatte eigenes Papiergeld im Volumen von 8,64 Millionen Pfund in Umlauf und gleichzeitig Edelmetalle im Wert von 1,2 Millionen Pfund in ihren Tresoren. Als die Panikstimmung wuchs, sandten die Direktoren der Bank of England einen Brief an Premierminister William Pitt. In diesem Schreiben argumentierten sie, dass eine Aussetzung der Eintauschverpflichtung ihres Papiergeldes in Gold unausweichlich sei. Entsprechend wurde dann am 27. Februar 1797 diese Eintauschverpflichtung tatsächlich suspendiert,[18] weil die unmittelbare Gefahr (aus Sicht der Bank) bestand, dass zu viele Menschen zeitnah für ihr Papiergeld Gold haben wollten (was ihr gutes Recht gewesen wäre).

Sobald die Verpflichtung, Papiergeld in Gold zu tauschen, suspendiert war, gab es – natürlich – Befürchtungen, dass die britische

Währung nun den Weg der französischen Assignaten gehen würde. Aber im Fall Großbritanniens war es anders. An dem Tag, als die Aussetzung der Eintauschverpflichtung beschlossen wurde, trafen sich 3.000 Londoner Händler, die entschieden, im Interesse eines funktionierenden Finanzwesens auch weiterhin das Papiergeld der Bank of England zu akzeptieren – und zwar in Höhe des aufgedruckten Wertes.

Warum das Papiergeld Großbritanniens relativ stabil blieb

Obwohl die Bank of England die umlaufende Menge an Papiergeld erhöhte, da sie immer weitere Kredite an die Regierung vergab, gab es nie eine massive „Gelddruck-Manie", wie es zuvor bei den Franzosen oder den Amerikanern der Fall gewesen war. Dafür gab es einige Gründe. Großbritannien befand sich zu diesem Zeitpunkt bereits inmitten der industriellen Revolution, welche die Einkommen eines Teils seiner Bevölkerung dramatisch erhöht hatte. Deshalb konnte sich die Regierung auch mehr Geld leihen, um den Krieg zu finanzieren. Die Wirtschaftskraft des Landes war schließlich gewachsen. Bis zum Ende des Krieges mit Frankreich im Jahr 1815 war die Schuldenlast des britischen Staates auf 792 Millionen Pfund gestiegen. Das entsprach 250 % des damaligen Nationaleinkommens.[19] Zum Vergleich: Beim Amtsantritt von William Pitt im Jahr 1783 hatte die Schuldenlast Großbritanniens bei 243 Millionen Pfund gelegen.

William Pitt war es auch, der während seiner Amtszeit 1799 die Einkommensteuer einführte. Schnell wurde sie zu einer der ertragreichsten Steuern des Staates. Zusammen mit der Grundsteuer machte sie zu Kriegsende rund 20 % der gesamten Steuereinnahmen des Staates aus.[20]

Anleihen werden mit selbst gedrucktem Geld „gekauft"

Aber eine der größten Finanzierungsquellen für die britische Regierung blieb das Papiergeld, das von der Bank of England gedruckt wurde. Nachdem die Eintauschverpflichtung (Papiergeld gegen Gold) ausgesetzt worden war, konnte die Regierung einen großen Teil ihrer ausstehenden Schulden bei Dritten an die Bank of England weiterleiten, welche diese mit Papiergeld ablöste. Danach war die Regierung zwar umso stärker bei der Bank of England verschuldet, doch die Schuldenlast bei Dritten hatte sich entsprechend verringert. Der Anteil ungedeckter Kredite der Regierung bei der Bank of England stieg von 19,3 % auf ein Hoch von 76 % im Jahr 1808. Und auch neu emittierte Schuldverschreibungen der Regierung wurden von der Bank of England gekauft – indem sie Geld druckte.[21] Dieses Vorgehen ist gar nicht so unähnlich zu den Anleihe-Kaufprogrammen einiger Zentralbanken, wie wir sie 2015 und 2016 gesehen haben.

Angesichts der Notwendigkeit, die bis 1815 laufenden Kriegsanstrengungen zu finanzieren, erhöhte sich die Ausgabe von Papiergeld durch die Bank of England im Laufe der Jahre. Insbesondere erhöhte sich die Differenz zwischen der von der Bank ausgegebenen Menge an Papiergeld und der Menge an Gold und Silber, die sie in ihren Tresoren hatte. Diese Differenz (= effektive Emission) war in jenen Jahren immer positiv: Die Bank of England druckte also mehr Geld, als sie Gold zu dessen Deckung hatte. Von 1793 bis 1799 lag die Differenz bei schätzungsweise sechs bis zehn Millionen Pfund. Dann erhöhte sich die effektive Emission auf 13 bis 16 Millionen Pfund zwischen den Jahren 1800 und 1808; der Durchschnittswert lag bei ca. 14,5 Millionen Pfund. Die effektive Emission war somit beträchtlich gestiegen. Von da an bis zum Ende des Krieges im Jahr 1815 stieg die effektive Emission dann weiter, auf 17 bis 27 Millionen Pfund mit einem Durchschnittswert von etwa 23,5 Millionen Pfund.[22]

Wie wir gesehen haben, gab es zwei Möglichkeiten, wie die Bank of England Papiergeld in Umlauf bringen konnte: durch die Diskontierung von Wechseln oder durch Kreditvergabe an die Regierung.

Die Regierung nahm das Papiergeld, das sie auf diese Weise erhalten hatte, und kam damit ihren diversen Zahlungsverpflichtungen nach. Dieses Geld gelangte dann oft genug wieder zu privaten regionalen Banken, welche damit auch Wechsel diskontieren konnten. Auf diese Weise konnte die Zahl der Händler, die Wechsel bei der Bank of England diskontieren ließen, abnehmen.

Wenn die privaten, regionalen Banken allerdings nicht genug Geld hatten, dann ließen die Händler Wechsel lieber von der Bank of England diskontieren. Und das bedeutete wiederum, dass mehr Papiergeld in Umlauf kam. Dieses frische Papiergeld wiederum fand auch seinen Weg zu den regionalen Banken, welche dann wieder Wechsel diskontieren konnten. Dann gingen wiederum tendenziell weniger Händler mit Wechseln zur Bank of England. Hier kam also ein mäßigendes Prinzip ins Spiel, wenn es um die umlaufende Geldmenge ging.[23] Das war völlig anders als die vorigen Erfahrungen in Frankreich und den Vereinigten Staaten, wo sehr massiv immer mehr Papiergeld gedruckt worden war, welches daraufhin rapide an Wert verloren hatte.

David Ricardo

Doch mäßigendes Prinzip hin oder her – es war nicht abzustreiten, dass es mehr Papiergeld im System gab, als durch Gold gedeckt war. Das zeigte sich auch daran, dass der Goldpreis (gemessen in Papiergeld) gestiegen war. Je höher die effektive Emission von Papiergeld durch die Bank of England war, desto höher stieg auch der Marktpreis von Gold. Dies wurde von David Ricardo bemerkt, einem Börsenmakler. Nachdem er das Buch „The Wealth of Nations" von Adam Smith gelesen hatte, begann er sich für die Ökonomie zu interessieren. Ricardo schrieb eine Abhandlung mit dem Titel „The High Price of Bullion". Darin vertrat er die These, dass der Goldpreis hauptsächlich deshalb so hoch sei, weil die Bank of England zu viel Papiergeld ausgegeben habe. In seiner Abhandlung argumentierte Ricardo, dass die übermäßige Emission von Papiergeld hauptsächlich deshalb möglich gewesen sei, weil dieses Geld nicht mehr auf Verlangen des Besitzers in Gold eingetauscht werden musste. David Ricardo schrieb in besagter Abhandlung sinngemäß:

„*Die Notwendigkeit, der sich die Bank verpflichtet sah, die Sicherheit ihrer eigenen Existenz zu gewährleisten, verhinderte deswegen (...) eine zu freigebige Emission von Papiergeld (...) Aber da jetzt alle Einschränkungen gegen übermäßige Emissionen der Bank durch einen Akt des Parlaments entfernt worden sind (...), wird sie nicht länger zurückgehalten durch die Furcht vor der Sicherheit ihrer eigenen Existenz.*"[24]

Im Zweifel wird ein Ausschuss gegründet

Kurz danach setzte das Parlament einen Ausschuss ein, welcher den Grund für den hohen Goldpreis herausfinden sollte. Im Bericht dieses Komitees wurde betont, dass der Goldpreis am Markt zwischen 1806 und 1808 bei rund vier Pfund in Papiergeld gelegen habe. Dieser Wert erhöhte sich bis 1809 auf vier Pfund und zwölf Shilling (wobei 20 Shilling ein Pfund waren). Bei der staatlichen Münzprägeanstalt lag der Goldpreis allerdings nur bei drei Pfund, 17 Shilling und 20 Pence (zwölf Pence waren ein Shilling). Dem Ausschuss fiel auf diese Weise auf, dass der Goldpreis am freien Markt demnach rund 15,5 % höher als bei der Münzprägeanstalt war.[25] Ihren Autoren wiederum fiel auf, dass das britische Währungssystem vor der Umstellung auf das Dezimalsystem – die erst 1971 erfolgte – durchaus gewöhnungsbedürftig war (um es einmal so auszudrücken).

Der Ausschuss war der Ansicht, dass für diesen Anstieg des Marktpreises von Gold in erster Linie die überschüssige Geldmenge verantwortlich war, für die keine Tauschverpflichtung in Gold mehr bestand. Wenn diese Tauschverpflichtung noch bestanden hätte, dann wären die Menschen sofort zur Bank of England gegangen und hätten Gold für ihr Papiergeld haben wollen, wenn am Markt der Goldpreis über den aufgedruckten Wert auf den Geldscheinen gestiegen wäre. Schließlich hätte dieses Gold dann zum höheren Marktpreis verkauft werden können. Wenn das der Fall gewesen wäre, dann hätten sich die Goldbestände der Bank of England so schnell verringert, dass sie sehr bald ihre Emission von Papiergeld drastisch eingeschränkt hätte. Das Problem hätte sich dann sozusagen von selbst gelöst. Das war natürlich nicht möglich, wenn die Eintauschverpflichtung „Papiergeld gegen Gold" für die Bank of England ausgesetzt blieb.

Allerdings schlussfolgerte der Ausschuss ebenfalls, dass die Bank of England nicht der einzige Schuldige an der Misere war. Als die Eintauschverpflichtung des Papiergeldes suspendiert worden war, hatten sich auch die regionalen Banken an der „Party" (= Druck von ungedecktem Papiergeld) beteiligt und circa vier bis fünf Millionen Pfund Papiergeld in Umlauf gebracht. Der Ausschuss sah als einzige Möglichkeit, diese Emission von Papiergeld erneut unter Kontrolle zu bringen, die Wiederherstellung der Verpflichtung zum Eintausch des Papiergeldes in Gold innerhalb von zwei Jahren. Der Bericht des Ausschusses zu den Gründen des hohen Goldpreises wurde vom Parlament allerdings ohne viel Federlesen verworfen. Die Regierung schaltete auf „Abstreiten-Modus" und behauptete einfach, die umlaufende Geldmenge würde den Goldpreis *nicht* beeinflussen.

Napoleon: Vom General zum Ersten Konsul zum Kaiser

Wie bei vielen Kriegen dachte man auch vom britischen Krieg gegen Frankreich zu Beginn nicht, dass er so lange dauern würde. 1799 gab es in Frankreich einen Staatsstreich und der populäre französische General Napoleon Bonaparte ließ sich zum Ersten Konsul der Republik berufen. Fünf Jahre später wollte Napoleon von „Republik" nichts mehr wissen: Nach einer Volksabstimmung trug ihm der Senat die Kaiserwürde zu. Napoleon kürte sich daraufhin am 2. Dezember

1804 in der Kathedrale „Notre Dame de Paris" selber zum Kaiser von Frankreich. Eine seiner ersten Leidenschaften war es, ein französisches Kolonialsystem aufzubauen, das sich an der britischen Vorgabe orientieren sollte.[26] Napoleon hatte sogar Pläne, Indien, das Kronjuwel des britischen Königreichs, anzugreifen. Er hatte sich bereits mit dem russischen Zar Paul I. (russisch: Pawel Petrowitsch) geeinigt, über russisches Territorium gegen Indien vorzurücken. Entsprechende Pläne sollten ausgearbeitet werden. 1801 fiel Paul I. dann jedoch einer Verschwörung russischer Adliger zum Opfer und wurde ermordet. Mit ihm starben auch die Pläne Napoleons zum Angriff auf die britischen Besitzungen in Indien über russisches Gebiet.[27] Napoleon wollte Frankreich außerdem in eine Nation von Geschäftsinhabern verwandeln, so wie er die Briten sah. Aber er verstand auch, dass das Wirtschaftssystem eines Kolonialreichs in Frankreich nur dann richtig funktionieren könnte, wenn ...

1. Frankreich Häfen und Fabriken hätte,
2. Kolonien, deren Rohstoffe ausgebeutet werden könnten,
3. diese Rohstoffe dann nach Frankreich gebracht und in den dortigen Fabriken zu Fertigprodukten verarbeitet werden könnten und
4. diese Fertigprodukte dann verkauft und gegen andere Güter eingetauscht werden könnten.

Die Realität sah anders aus: Selbst in Kriegszeiten war der französische Markt von den Lieferungen britischer Händler abhängig.[28] Wenn Napoleon ein Kolonialreich in Afrika, Asien oder Amerika aufbauen wollte, dann benötigte er dazu eine bedeutende Seemacht. Und er hätte sich mit der britischen Flotte anlegen müssen – zur damaligen Zeit die größte und beste der Welt. Angesichts dessen entschloss sich Napoleon dazu, das Thema Kolonien zurückzustellen und zuerst die europäischen Nachbarstaaten zu erobern. Dafür war schließlich keine Kriegsflotte notwendig.

Napoleons Armee schaffte es in der Tat, Großmächte wie Österreich und Preußen zu überrennen, von Klein- und Mittelstaaten ganz zu schweigen. Dann wurden die eroberten Länder eine wichtige Finanzierungsquelle für die weiteren Kriegsanstrengungen Napoleons. 1805 zahlte Frankreich 75 Millionen Franc und 1809 dann 164 Millionen Franc für seine Kriege. Preußen wiederum zahlte zwischen 1806 und 1812 als Kriegsverlierer zwischen 470 und 514 Millionen Franc in die französische Kriegskasse ein.[29]

Als Napoleon in Frankreich die Herrschaft übernahm, hatte das Land gerade ein gefährliches Experiment mit Papiergeld hinter sich. Sie erinnern sich – Thema Assignaten zur Zeit der Französischen Revolution. Napoleon erkannte, dass das Volk nicht einfach eine weitere Runde von übermäßigem Druck von Papiergeld wünschte. Stattdessen versuchte er, die Einnahmen Frankreichs zu erhöhen. Neben den erwähnten Zahlungen besiegter Staaten ließ Napoleon das Eintreiben von Steuern verbessern. Er führte auch indirekte Steuern wieder ein, die im Rahmen der Französischen Revolution abgeschafft worden waren. Zudem ließ er einen Fonds gründen, der Schritt für Schritt die staatliche Schuldenlast tilgen sollte, und er gründete im Jahr 1800 die „Banque de France" als Zentralbank Frankreichs. Die Regierung lieh sich zudem bei ihren Bürgern Geld, um die Kriegsanstrengungen zu finanzieren. Die Kreditwürdigkeit Frankreichs war allerdings so schlecht, dass auf diesem Weg nur begrenzte Mittel eingesammelt werden konnten. Im Jahr 1805 waren es 80 Millionen Franc, was rund zehn Prozent der Ausgaben ausmachte.[30]

Ein Angebot, das man nicht ablehnen kann

Napoleon war so verzweifelt auf der Suche nach Geld, dass er sogar bereit war, die gesamten französischen Besitzungen in Nordamerika an die Vereinigten Staaten zu verkaufen.[31]

1801 hatte der US-amerikanische Präsident Thomas Jefferson zwei Gesandte nach Paris geschickt, die über den Kauf der Stadt New Orleans von Frankreich verhandeln sollten. Die Vereinigten Staaten wollten auf diese Weise den Zugang zum Mississippi kontrollieren – und damals konnte man eben noch ganze Städte kaufen. Man kann sich vorstellen, wie den amerikanischen Gesandten buchstäblich die Kinnlade herunterklappte, als die französische Seite anbot: nicht nur New Orleans – die US-Amerikaner könnten alle französischen Besitzungen auf dem nordamerikanischen Festland kaufen, das gesamte Louisiana-Territorium für 15 Millionen US-Dollar. Wir werden dieses Thema später im Buch nochmals ausführlicher aufgreifen, an dieser Stelle dazu nur so viel: Selbstverständlich nutzten die Vereinigten Staaten diese historisch einmalige Chance. Da die US-Regierung aber zu dem Zeitpunkt keine 15 Millionen US-Dollar in „Cash" parat hatte, sprangen zwei Banken ein: die Londoner „Francis Baring and Company" und „Hope and Company" aus Amsterdam. Diese beiden Bankhäuser bezahlten den kompletten Kaufpreis an Napoleon und erhielten dafür Staatsanleihen der US-Regierung.[32] Das war eine der ersten Transaktionen zwischen einem Staat und zwei Institutionen, die wir heute „Investmentbanken" nennen würden.

Napoleon verhängt eine Blockade über Großbritannien

Nach dem Verkauf des Louisiana-Territoriums im Jahr 1803 konnte Napoleon zunächst einige militärische Erfolge feiern. 1806 verhängte er eine Wirtschaftsblockade über die britischen Inseln. Diese als „Kontinentalsperre" in die Geschichtsbücher eingegangene Maßnahme Napoleons sollte Großbritannien in die Knie zwingen. Wie wir wissen, ist daraus nichts geworden. Russland trat der Kontinentalsperre gegen Großbritannien im Jahr 1807 und Schweden im Jahr 1809 bei. Dies führte zu einer Situation, in welcher der britische Handel mit Festlandeuropa fast zum Erliegen kam. In

Großbritannien stiegen die Preise aller Handelsgüter, die aus Kontinentaleuropa importiert wurden, deshalb deutlich an. Die Preise von Flachs, Bauholz, spanischer Wolle, Seide und so weiter erhöhten sich um den Faktor zwei bis drei. Auch der Preis für amerikanische Baumwolle, die zu einem großen Teil von der Textilindustrie in Lancashire verwendet wurde, stieg drastisch.[33]

1812 begann Napoleon dann seinen berüchtigten Angriffskrieg gegen Russland – der sich als Desaster erwies. Laut Schätzungen starben von den 550.000 bis 600.000 Soldaten, mit denen diese Invasion begann – darunter viele aus den verbündeten Rheinbund-Staaten –, fast 400.000 Soldaten.[34] Die Berufsarmee, die Napoleon im Laufe von rund einem Jahrzehnt aufgebaut hatte, war damit zu einem großen Teil zerstört. Von da an ging es für Napoleon militärisch steil bergab, bis zur letzten Schlacht bei Waterloo im heutigen Belgien am 18. Juni 1815. Der Ökonom Milton Friedman nannte die damalige französische Finanzierung des Krieges ein Rätsel.[35] Die Finanzlage Frankreichs sei im Vergleich zu der von Großbritannien schlechter gewesen – dennoch war es Großbritannien und nicht Frankreich, welches sich dazu entschloss, Papiergeld zur Finanzierung des Krieges zu drucken.

Doch nur Papiergeld zu drucken reichte für Großbritannien nicht aus. Der Krieg wurde schließlich größtenteils auf dem Festland Europas geführt, und britisches Papiergeld wurde dort schlicht und einfach nicht akzeptiert. Dafür war Gold notwendig. Die Herausforderung für Großbritannien war es, Gold dahin zu transportieren, wo es aus seiner Sicht benötigt wurde. Hier kam Nathan Mayer Rothschild (geboren 1777 in Frankfurt am Main) ins Spiel. Dieser war von seiner deutschen Familie in den 1790ern nach Großbritannien geschickt worden, um dort Geschäfte mit der boomenden Baumwollindustrie zu machen.[36] 1806 erhielt er durch eine Heirat eine ansehnliche Mitgift und gründete 1808, also zur Zeit der Kontinentalsperre, eine Bank. Rothschild fand im Laufe der Jahre heraus, wie sich unter Umgehung der Blockade Gold nach Festlandeuropa schmuggeln ließ. Und er hatte offensichtlich Kontakte. Die britische Regierung wandte sich in der Stunde der Not an ihn. Er beziehungsweise seine Bank sollte für den Transport von Gold- und Silbermünzen im Wert von rund 600.000 Pfund sorgen. Mit dem Geld sollte der Duke of Wellington, der die britischen Kriegsbemühungen gegen Frankreich in Mitteleuropa leitete, unterstützt werden.[37]

Hier sehen wir eine weitere enge Verbindung zwischen einer Regierung und einer Institution, die wir heute „Investmentbank" nennen würden. Es gibt dazu eine interessante Legende, derzufolge eine Brieftaube die Nachricht der Niederlage Napoleons bei Waterloo zuerst an Rothschild überbrachte, noch bevor es die britische Regierung erfuhr. Ob dies stimmt? Die jüngere Forschung spricht dagegen – demnach überbrachte ein Agent Rothschilds ihm am 18. Juni die Nachricht von der Niederlage Napoleons.[38] So oder so – Rothschild hatte massiv in britische Staatsanleihen investiert, als die Anleger noch eine britische Niederlage fürchteten und die Kurse der Anleihen deswegen im Keller waren. Als Großbritannien dann jedoch siegte und weniger neue Schulden machen musste, stiegen die Kurse dieser Anleihen wieder und Nathan Mayer Rothschild machte ein Vermögen.

Womit die Anleihekäufe Rothschilds bezahlt wurden? Nathan Mayer Rothschild hatte wahrscheinlich nicht damit gerechnet, dass der Krieg nach Waterloo umgehend enden würde. Jedenfalls hatte seine Bank weiteres Gold im Wert von zwei Millionen Pfund gekauft, welches auch zum Duke of Wellington transportiert werden sollte, sobald die britische Regierung es anforderte. Doch da der Krieg vorüber war, blieb Rothschild auf seinem Gold sitzen. Aber Not macht erfinderisch – obwohl der Begriff „Not" vielleicht in diesem Zusammenhang nicht angebracht ist. Wer hätte nicht gerne das „Problem", Gold im Wert von zwei Millionen Pfund im Lager zu haben? Rothschild bemerkte zu diesem Zeitpunkt, dass die britischen Staatsanleihen niedrig notierten. Seine Überlegung lautete wahrscheinlich wie folgt:

1. Der Krieg war gewonnen (aus britischer Sicht) und es waren nicht mehr so hohe Ausgaben für das Militär notwendig.
2. Deshalb würde Großbritannien nicht mehr so viele neue Anleihen emittieren müssen.
3. Die neuen Anleihen würden niedrigere Zinsen bieten.
4. Die alten, bestehenden Anleihen mit höherem Kupon (Zinssatz, der auf den Nominalwert bezahlt wird) würden dann attraktiver als die neuen Anleihen sein und deshalb im Kurs steigen.

Fazit: umgehend britische Staatsanleihen kaufen!

Und das tat Rothschild dann auch. Er begann im Sommer 1815, britische Anleihen zu kaufen und mit dem oben erwähnten Gold zu bezahlen. Als dann die Kurse dieser Anleihen bis 1817 um 40 % gestiegen waren, verkaufte er sie mit einem Gewinn von mehreren Hunderttausend Pfund.[39]

Als der Krieg mit Frankreich zu Ende war, gab es in Großbritannien Diskussionen darüber, ob man wieder zum Goldstandard zurückkehren sollte. Das Papiergeld der Bank of England sollte also wieder gegen Gold eingetauscht werden können. Und bis Ende November 1816 hatte die Bank of England auch in der Tat wieder so viel Gold angesammelt, dass sie sich mit dem Gedanken anfreunden konnte, für das vor 1812 gedruckte Papiergeld eine Eintauschverpflichtung in Gold zu akzeptieren. Im April 1817 war sie bereit, dasselbe für alle Geldscheine zu akzeptieren, die vor Januar 1816 ausgegeben worden waren. Dennoch wurde nur für relativ wenige Banknoten der Eintausch in Gold verlangt. Eine ganze Generation von Bürgerinnen und Bürgern hatte sich inzwischen an den Gebrauch von Papiergeld gewöhnt. Diese Menschen hatten es nicht eilig, zur Bank zu gehen und ihr Papiergeld gegen Gold zu tauschen. Papiergeld ließ sich doch auch leichter herumtragen als Gold ...

Großbritannien beschließt, zum Goldstandard zurückzukehren

1819 wurde ein Gesetz verabschiedet, das die umfassende Eintauschverpflichtung gegen Gold für jegliches Papiergeld in Großbritannien innerhalb einer Frist von einigen Jahren forderte. Ab dem 1. Mai 1823 bezog sich dieses Gesetz dann auf alle von der Bank of England ausgegebenen Geldscheine. Damit war seit der Suspendierung der Eintauschverpflichtung am 27. Februar 1797 mehr als ein Vierteljahrhundert vergangen. Großbritannien hatte wieder seinen umfassenden Goldstandard, obwohl es in den kommenden Jahren noch einige „Ausnahmen" geben würde. Doch die Reformen, die nach solchen Ausnahmen einsetzten, stärkten letztlich den britischen Goldstandard. Sie spielten zudem eine wichtige Rolle bei der Evolution des Finanzsystems, wie wir es heute kennen. „Gut" oder „schlecht" also? Wir blicken am besten unvoreingenommen auf die Details.

Die erste der genannten „Ausnahmen" gab es Anfang der 1820er-Jahre. Das Papiergeld der Bank of England wurde größtenteils in der Londoner Region genutzt. In anderen Teilen von England und Wales wurde eher auf das Papiergeld der regionalen Banken zurückgegriffen. Schätzungen zufolge erhöhte sich die umlaufende Menge an Banknoten der regionalen Banken von vier Millionen Pfund im Zeitraum 1821–1823 über sechs Millionen Pfund im Jahr 1824 auf schließlich acht Millionen Pfund anno 1825.[40] Die Kriege gegen Frankreich hatten die Geschäfte der regionalen Banken erheblich ausgeweitet. Diese finanzierten nun einen großen Teil der Investitionen der neuen Industriezweige in den Midlands und im südlichen Wales. Hilfreich war auch, dass der Außenhandel über Häfen außerhalb von London deutlich gewachsen war. Zudem verdienten sie auch daran, dass sie die regionalen Steuereinnahmen der Regierung (Grundsteuer, Stempelsteuer, Einkommensteuer) nach London überwiesen. Das Kriegsende bedeutete, dass ein Teil dieser Umsätze wegfiel, weil beispielsweise in den regionalen Manufakturen nun weniger Kriegsgerät produziert wurde und gewinnträchtige britische Staatsanleihen, welche zur Finanzierung der Kriegsanstrengungen emittiert worden waren, ausliefen.

Neue Möglichkeiten zur Geldanlage gesucht

Da die regionalen Banken aber keine zurückgehenden Gewinne akzeptieren wollten, suchten sie nach neuen Möglichkeiten, ihr Papiergeld möglichst gewinnbringend anzulegen. So entstanden auf einmal in London Finanzprojekte mit hohem Risiko – es kam zu einem regelrechten Boom bei solchen Anlageformen.[41] Besonders beliebt waren Staatsanleihen der von Spanien und Portugal unabhängig gewordenen Staaten in Südamerika.[42] So emittierte im März 1822 der frisch entstandene Staat Kolumbien Anleihen im Volumen von zwei Millionen Pfund. Diese Anleihen boten Zinsen von über sieben Prozent, was ungefähr doppelt so hoch war wie die Zinsen bei britischen Staatsanleihen. Im Mai desselben Jahres wurden in London auch chilenische Staatsanleihen an den Markt gebracht. Bei diesen Anleihen mussten nur zehn Prozent des Nominalwerts sofort gezahlt werden. Diese Anleihen erwiesen sich als sehr populär und erbrachten bald Gewinne von rund 150 % für deren Käufer.[43] Interessanterweise blieb ein großer Teil des mit den Anleihen eingesammelten Geldes in London, statt zu den jeweiligen Regierungen weitergereicht zu werden. Denn die mit neu emittierten Staatsanleihen erzielten Einnahmen wurden zu einem großen Teil dazu benutzt, die Zinsen für andere Anleihen desselben Staates zu bezahlen. Und neue Anleihen wurden auch emittiert, um mit den daraus erzielten Mitteln fällige alte Anleihen zurückzahlen zu können.[44]

Londoner Investmenthäuser reiben sich die Hände

Zudem mussten den Londoner Investmenthäusern, welche die Transaktionen einfädelten, hohe Kommissionen gezahlt werden.[45] Ein Historiker formulierte es im Hinblick auf eine kolumbianische Anleihe von 1824 so: Diese Deals seien derart gestaltet gewesen, dass die Investmenthäuser „eine Kommission für die mit der Anleihe eingenommenen Mittel erhielten, eine Kommission für das Weiterleiten und Ausgeben dieser Mittel und eine Kommission für die Rückzahlung".[46] Ein Schneeballsystem entstand: Das Geld, welches neue Investoren brachten, wurde dazu genutzt, fällige Zahlungen an frühere Investoren leisten zu können. Solange das funktionierte, blieb der Schein eines erfolgreichen Investments gewahrt. Es entwickelte sich eine regelrechte Investment-Manie, welche Ihre Autoren an die Zeiten des deutschen Neuen Marktes Ende der 1990er erinnert. Im Oktober 1822 schaffte es ein schottischer Abenteurer namens Gregor MacGregor sogar, Staatsanleihen eines imaginären Landes namens Poyais zu platzieren, das angeblich in der Nähe von Honduras in Mittelamerika lag.[47] Gier fraß Hirn. Dieses Phänomen ist Ihren mit den Finanzmärkten vertrauten Autoren nicht fremd. Doch nur wer ohne Sünde ist, werfe hier den ersten Stein.

Jedenfalls wurden in London in diesen Jahren ungefähr rund 43 Millionen Pfund in südamerikanische Staatsanleihen investiert. Zum Vergleich: Zur gleichen Zeit waren britische Staatsanleihen im Umfang von etwa 820 Millionen Pfund in Umlauf.[48] Hier gilt es aber, die Relationen zu sehen: Während die südamerikanischen Staatsanleihen innerhalb weniger Jahre platziert worden waren, handelte es sich bei den britischen Anleihen im Umlauf um Papiere, die über einen viel längeren Zeitraum emittiert worden waren.

Bald änderte sich das Interesse der Investoren. Auf einmal waren anstelle der südamerikanischen Staatsanleihen Aktien von Minengesellschaften interessanter, die versprachen, den Rohstoffreichtum auf dem südamerikanischen Kontinent zu erschließen und auszubeuten.

Diverse Verkaufsprospekte dieser Zeit teilten potenziellen Investoren mit, dass in Südamerika überall Gold und Silber herumliege, das nur abgebaut werden müsse. Es entwickelte sich ein regelrechter Hype, der sich auch auf britische Aktien ausweitete. Folglich kam es zu einem regelrechten Boom bei Gründungen von neuen Aktiengesellschaften: Zwischen 1824 und 1825 gingen in Großbritannien 624 Unternehmen neu an die Börse.[49] Diese Unternehmen wollten mit ihren Börsengängen rund 372 Millionen Pfund einsammeln. Das hätte rund einem Drittel des Geldvermögens des gesamten Landes entsprochen – was etwa 150 Pfund pro Kopf der britischen Bevölkerung gewesen wären.[50] Wir haben den Konjunktiv im vorigen Satz nicht ohne Grund gewählt, denn diese anvisierte Summe kam nicht zustande. Letztlich wurden durch die Börsengänge der neuen Aktiengesellschaften rund 49 Millionen Pfund tatsächlich eingesammelt.[51]

Geschäftsidee: Das Rote Meer austrocknen und dort nach Juwelen suchen

In solchen Zeiten des allgemeinen Börsenbooms gibt es manchmal sehr ungewöhnliche Geschäftsmodelle, für die Investoren gesucht werden. So gab es ein Londoner Unternehmen, welches versprach, dass man keinen Regenschirm mehr mit sich herumtragen müsse. Mit dem Geld der Aktionäre wolle man in London Depots einrichten, in denen Regenschirme hinterlegt seien. Die Kunden des Unternehmens könnten dann gegen Zahlung einer Gebühr diese Depots nutzen. Besonders einzigartig war ein Unternehmen, welches das Rote Meer austrocknen wollte, um dort nach dem Gold und den Juwelen zu suchen, das die Ägypter dort bei ihrer Verfolgung der Israeliten möglicherweise zurückgelassen hätten.[52] Einige dieser neu gegründeten Aktiengesellschaften hatten Parlamentsabgeordnete im Aufsichtsrat, was ihrem Geschäft eine gewisse Seriosität verleihen sollte.

Da sich sogar für abstruse Geschäftsideen viel Geld fand – war es da nicht regelrecht zu erwarten, dass es bald Probleme geben würde?

Bei einigen Aktien und Anleihen musste zu Beginn nur ein Teil des Emissionspreises bezahlt werden. Als dann aber später der restliche Betrag eingefordert wurde, ignorierten das einige Investoren einfach. Das führte wiederum dazu, dass diverse Unternehmen zahlungsunfähig wurden.[53]

Also sprach Lord Liverpool

Obwohl Großbritannien zum Goldstandard zurückkehrte, druckten einige regionale Banken weiterhin fleißig Papiergeld, ohne es mit Gold zu decken. Laut einer Version der Geschichte hörte das jedoch schlagartig auf, als sich ein gewisser P. Jones beschwerte, eine regionale Bank in Bristol habe sich geweigert, das von ihm bei der Bank vorgelegte Papiergeld gegen Gold einzutauschen, sondern wolle nur einem Tausch gegen gedrucktes Papiergeld der Bank of England zustimmen.[54] Als das öffentlich bekannt wurde, stürmten die Kunden die regionalen Banken, um ihr Papiergeld gegen Gold einzutauschen. Es kam zu dem, was auch im deutschen Sprachraum als Bank Run bezeichnet wird.

Im August 1825 hatte die Bank of England Goldreserven im Umfang von vier Millionen Pfund. Mit diesem Gold als Sicherheit hatte sie Papiergeld im Volumen von 19 Millionen Pfund ausgegeben.[55] Um diese gefährliche Situation zu entschärfen, hielt sich die Bank of England mit dem Diskontieren von Wechseln zurück. Gleichzeitig sahen sich die regionalen Banken noch mit dem genannten Bank Run konfrontiert.

Der britische Premierminister Lord Liverpool kritisierte, dass regionale Banken nur dann gegründet werden konnten, wenn die Zahl ihrer Partner nicht mehr als sechs betrug. Dies gewährleistete, dass die starke Stellung der Bank of England kaum angegriffen werden konnte. Gleichzeitig würden die mit geringen Mitteln gegründeten regionalen Banken zu gesamtwirtschaftlichen Problemen führen. Die Situation sei so, dass jeder kleine Fleischer, Händler oder Lokalpolitiker eine Bank gründen und das gesamte System sehr zerbrechlich machen könne – so Lord Liverpool. Stattdessen sei nötig, dass starken Unternehmen, die Vertrauen einflößen könnten, die Gründung von Banken erlaubt werde.

Die Situation war so fragil, dass die Aktienkurse um bis zu 80 % einbrachen. In diesem Umfeld wurde es auch schwer, neue Staatsanleihen oder neue Aktien der Bank of England oder der Ostindien-Kompanie am Markt zu platzieren.[56] Und außer Brasilien schaffte es keiner der südamerikanischen Staaten, die in London Geld aufgenommen hatten, seine Anleihen vollständig zurückzuzahlen.[57] Damals bekamen die Briten ein Gefühl dafür, wie sich ein Zahlungsausfall ausländischer Schuldner anfühlt. Die Auswirkungen dieser Krise und insbesondere des genannten Bank Run führten dazu, dass zahlreiche regionale Banken zahlungsunfähig wurden. Am 8. Dezember 1825 musste Wentworth & Co., die größte Bank in Yorkshire, ihr Scheitern verkünden. Sie riss weitere regionale Banken mit sich in den Abgrund. Am 12. Dezember 1825 stellte die Londoner Bank Pole & Co. ihre Zahlungen ein und weitere 47 regionale Banken taten es ihr gleich.[58]

Infolgedessen wurde ein Gesetz erlassen, welches die Gründung neuer Banken auch mit mehr als sechs Gesellschaftern erlaubte. Diese Banken sollten ebenfalls das Recht haben, Papiergeld auszugeben. Es gab allerdings eine Einschränkung: Die Neugründungen mussten ihren Sitz mindestens 65 Meilen von London entfernt haben. Diese Maßnahme sollte eine gewisse Stabilität in das Bankenwesen außerhalb von London bringen.

Bank of England: Zentralbank im Herzen des Finanzsystems

Ein paar Jahre später wurden im Jahr 1833 die Auflagen für das britische Bankwesen weiter gelockert. Das Papiergeld der Bank of England wurde zum gesetzlichen Zahlungsmittel erklärt – fast 140 Jahre nachdem diese ihre ersten Geldscheine gedruckt hatte. Die regionalen

Banken hatten nicht mehr die Verpflichtung, ihre Banknoten gegen Gold einzutauschen. Sie konnten diese stattdessen – nach eigener Wahl – auch in Papiergeld der Bank of England eintauschen. Das senkte die Transaktionskosten für die regionalen Banken erheblich. Sie konnten nun ihre gesamten Goldvorräte zur Bank of England bringen und dort lagern. Im Gegenzug erhielten sie für ihr Gold Papiergeld der Bank of England, welches sie zu geringeren Kosten als physisches Gold bei sich lagern konnten. Die Bank of England wurde durch diese Regelung gestärkt und entwickelte sich nun zu einer vollständigen Zentralbank im Herzen des britischen Finanzsystems.[59]

Als weitere Maßnahme wurde die Gültigkeit eines Wuchereigesetzes, welches es Banken untersagte, mehr als fünf Prozent Zinsen zu berechnen, für Wechsel mit weniger als 90 Tagen Laufzeit ausgesetzt. Dadurch konnte die Bank of England in Zeiten, in denen sie nicht genug Gold in ihren Lagern hatte, die Zinsen, mit denen sie Wechsel diskontierte, auf deutlich über fünf Prozent erhöhen. Das wiederum hielt die Bürger(innen) verstärkt davon ab, Wechsel zur Diskontierung bei der Bank of England vorzulegen. In solchen Fällen war dann tendenziell weniger Papiergeld im System – und damit der Druck auf die Bank, Papiergeld gegen Gold tauschen zu müssen, geringer. Und dies wiederum sorgte dafür, dass die Goldbestände der Bank of England nicht auf ein kritisch niedriges Niveau fielen. Die geschilderte Vorgehensweise ermöglichte es zudem, dass denjenigen, welche Gold bei der Bank of England hinterlegten, dafür ein höherer Zinssatz gezahlt werden konnte.

In der ersten Hälfte des 19. Jahrhunderts schritt in Großbritannien die industrielle Revolution schnell voran. Das Land bewegte sich von einer größtenteils landwirtschaftlich geprägten Volkswirtschaft hin zu einer Industrienation. 1836 hatte das Land zudem zwei sehr gute Erntejahre hinter sich. Wie wir eben gesehen haben, durften in Großbritannien ab 1826 auch größere private Banken gegründet werden. In den ersten sieben Jahren nach der Verabschiedung des entsprechenden Gesetzes wurden 34 solcher Banken gegründet. In den darauf folgenden drei Jahren kam nochmals eine ähnliche Zahl neuer Bankhäuser hinzu. 1843 wurden dann 42 weitere Bankhäuser gegründet. Und da alle diese neuen Banken das Recht hatten, ihr eigenes Papiergeld zu drucken – was sie auch taten –, stieg die umlaufende Papiergeldmenge im Land deutlich an.[60]

Damals herrschte die Ansicht vor, dass es wichtig sei, neuen Banken das Recht zu geben, eigenes Papiergeld zu drucken. Auf diese Weise könne sich eine neue Bank besser etablieren. Mit eigenem Papiergeld könne sich eine Bank Vertrauen erwerben und so die Menschen ermutigen, ihr Geld/Gold bei ihr anzulegen beziehungsweise zu lagern. Es würde nur einige Zeit dauern, bis die Geschäfte anlaufen würden, außer die entsprechenden Banker seien lokal bekannt. Das von regionalen Banken ausgegebene Papiergeld würde auch die lokale Wirtschaft stärken. Und wenn dieses Papiergeld sogar in Gold eingetauscht werden könne, würde das Schritt für Schritt dazu führen, dass die Menschen gerne ihr Geld bei so einer Bank anlegen würden.[61]

Aber wieder einmal zeigte sich auch hier, dass Theorie und Praxis nicht immer Hand in Hand gehen (wobei „nicht immer" durchaus ein Euphemismus ist). Damals gab es in den Vereinigten Staaten von Amerika einen Immobilienboom. Dieser wurde auch dadurch gefördert, dass britische Banken dort Kredite vergaben. Und die amerikanischen Banken druckten ebenfalls fleißig Papiergeld. Ab 1832 hatte am US-Immobilienmarkt eine wilde Spekulation begonnen, gestützt auch dadurch, dass sehr viel neues Papiergeld in Umlauf war. Bis 1837 kam Papiergeld im Volumen von rund 90 Millionen Pfund hinzu.[62] Doch dann folgte auf den Boom der Knall: Im Jahr 1837 wurden 618 US-Banken zahlungsunfähig. 1839 folgten weitere 959 Banken.[63]

Diese Pleiten von US-Banken hatten auch auf der anderen Seite des Atlantiks ihre Auswirkungen. Bald waren Banken in der britischen Region Lancashire (dem Zentrum der britischen Textilindustrie) in

Schwierigkeiten. Die Bank of England musste in ihrer Funktion als Kreditgeber letzter Instanz zu Hilfe eilen. Sie kam auch amerikanischen Investmenthäusern in Großbritannien zu Hilfe und lieh diesen fast sechs Millionen Pfund. Die Investmenthäuser waren eigentlich solvent, hatten aber zu diesem Zeitpunkt nicht genügend liquide Mittel, um den Forderungen ihrer Gläubiger nachkommen zu können. Die Bank of England musste ihre Hilfe in diesem Fall nicht bereuen, denn die US-Investmenthäuser zahlten das ihnen geliehene Geld vollständig zurück, nachdem die Vermögensanlagen, in welche sie investiert hatten, wieder am Markt gehandelt wurden.[64]

Banken und Investmenthäuser „retten", wenn diese in Schwierigkeiten geraten: Seitdem die Bank of England es damals vorgemacht hat, wurde das von diversen anderen Zentralbanken zu unterschiedlichen Zeitpunkten in der Geschichte nachgemacht. Es entstand ein Problem, das in den Wirtschaftswissenschaften mit dem Fachbegriff „Moral Hazard" beschrieben wird.

Das „Moral Hazard"-Problem

In Zeiten einer Panik war es für die Bank of England wichtig, glaubhaft zu signalisieren, dass sie anderen Banken Geld leihen würde – wenn auch zu einem höheren Zinssatz. Dazu musste sie sowohl weiter Wechsel diskontieren als auch Geld an Banken und Investmenthäuser verleihen, welche dieses dringend benötigten. Wenn die Panik vorüber war, sollten diese Banken und Investmenthäuser wieder in der Lage sein, das Geld zurückzuzahlen.[65] Hier kam das besagte Problem *Moral Hazard* ins Spiel. Denn sobald die Banken und Investmenthäuser erst einmal wussten, dass die Bank of England sie retten würde, wenn es wirkliche Probleme geben würde, erhöhte das deren Bereitschaft, riskante Geschäfte einzugehen. Wenn diese gut gehen würden – sehr gut. Und wenn es schiefgehen würde, dann würde schon die Bank of England mit neuen Krediten helfen.

Die Krise Ende der 1830er offenbarte sich nur Schritt für Schritt, und erst 1839 war das volle Ausmaß der Schäden sichtbar geworden. Es hatte zudem Ende der 1830er zwei schlechte Erntejahre gegeben, sodass wieder Nahrungsmittel aus dem Ausland importiert werden mussten. Da diese mit Gold bezahlt wurden, fielen die Goldreserven der Bank of England bis auf rund 2,5 Millionen Pfund.[66] Gleichzeitig wurden immer mehr Banken zahlungsunfähig und bis 1843 waren rund 63 britische regionale Banken pleitegegangen.[67]

Und die Moral von der Geschichte? Wenn Bankern die Freiheit gegeben wird, eigenes Papiergeld zu drucken, dann übertreiben sie es damit, und das muss im Zaum gehalten werden.

Als die allgemeine Wirtschaftslage gut war und die Preise generell stiegen, wollten die meisten Händler Kredite, um ihr Geschäft auszubauen. Die Banken, welche eigenes Papiergeld drucken konnten, fanden es in so einer Situation sehr schwer, Kredite zu verweigern (selbst wenn der Kreditnehmer keine ausreichenden Sicherheiten vorweisen konnte). Dies führte wiederum dazu, dass mehr Papiergeld in Umlauf gebracht wurde, was desaströse Konsequenzen hatte.

Der „Peel Act" von 1844

Um diese Entwicklung zu korrigieren und zu kontrollieren, wurde in Großbritannien im Jahr 1844 der sogenannte „Bank Charter Act" oder auch „Peel Act" verabschiedet – benannt nach dem damaligen Premierminister Robert Peel, der die treibende Kraft dahinter war. Der „Peel Act" bestand aus einer Reihe von Regulierungsmaßnahmen für das britische Bankensystem. Zuerst einmal wurde die Bank of England in zwei Geschäftsbereiche aufgeteilt: in einen Teil, der für die Ausgabe von Papiergeld zuständig war, und in einen zweiten Teil mit allen übrigen Bankgeschäften. Der erste Geschäftsbereich würde Papiergeld emittieren, welches der zweite Geschäftsbereich dann durch das Diskontieren von Wechseln der Händler in Umlauf bringen würde.

Zudem wurde eine Obergrenze von 14 Millionen Pfund für die Menge an Papiergeld festgelegt, die ohne Deckung durch Edelmetalle gedruckt werden durfte. Auf dieser Höhe lag die durchschnittliche effektive Emission von Papiergeld der Bank of England im Zeitraum von 1827 bis 1843. Mit „effektiver Emission" ist dabei die Menge an Papiergeld gemeint, die *nicht* durch Gold/Silber gedeckt war.[68] Wenn der erste Geschäftsbereich der Bank of England mehr als besagte 14 Millionen Pfund an Papiergeld drucken wollte, dann gab es dafür eine einfache Lösung: Über dieser Marke liegende Mengen an Papiergeld mussten vollständig mit Gold und/oder Silber gedeckt sein! Dazu ein Beispiel: Wenn die Bank of England Goldreserven in Höhe von zehn Millionen Pfund hatte, dann konnte sie Papiergeld im Umfang von bis zu 24 Millionen Pfund drucken (14 Millionen Pfund + zehn Millionen Pfund). Wenn die Goldreserven danach um vier Millionen Pfund zurückgingen, musste entsprechend Papiergeld im Volumen von vier Millionen Pfund eingezogen werden.[69] Die Idee, die dahintersteckte, war, dass die umlaufende Menge an Papiergeld stärker variieren konnte als im Fall eines zu 100 % mit Edelmetallen gedeckten Systems.[70]

Der „Peel Act" versuchte auch, die regionalen Banken unter stärkere Kontrolle zu bringen. Ab dem 10. Oktober 1844 galt eine Obergrenze für die von allen regionalen Banken zusammen emittierte Menge an Papiergeld. Diese Obergrenze entsprach der durchschnittlichen Menge an Regionalbanken-Papiergeld, die in den zwölf Wochen vor dem 27. April 1844 in Umlauf gewesen war. Jede regionale Bank, die mehr Papiergeld druckte und in Umlauf brachte, als sie eigentlich durfte, sollte eine Strafe in Höhe des zu viel emittierten Papiergeldes bezahlen. Und wenn eine Regionalbank die Zahl ihrer Gesellschafter auf mehr als sechs erhöhte, würde sie das Recht zur Ausgabe von Papiergeld verlieren. Das sollte auch dann der Fall sein, wenn durch die Fusion zweier Regionalbanken die Zahl der Gesellschafter auf mehr als sechs steigen würde. Und Banken, die zahlungsunfähig werden sollten, würden umgehend das Recht auf den Druck von Papiergeld verlieren.[71] Wenn wegen der genannten Gründe Papiergeld aus dem Umlauf genommen werden musste, dann hatte die Bank of England das Recht, bis zu zwei Drittel dieser Menge durch eigenes neu gedrucktes Papiergeld zu ersetzen.

Die gesamte Idee hinter diesen Maßnahmen war offensichtlich, die Ausgabe von Papiergeld besser kontrollieren zu können. In Zukunft sollte hauptsächlich eine Bank Papiergeld ausgeben – und zwar die Bank of England. Der „Peel Act" von 1844 stärkte also die Macht der Bank of England als Zentralbank.

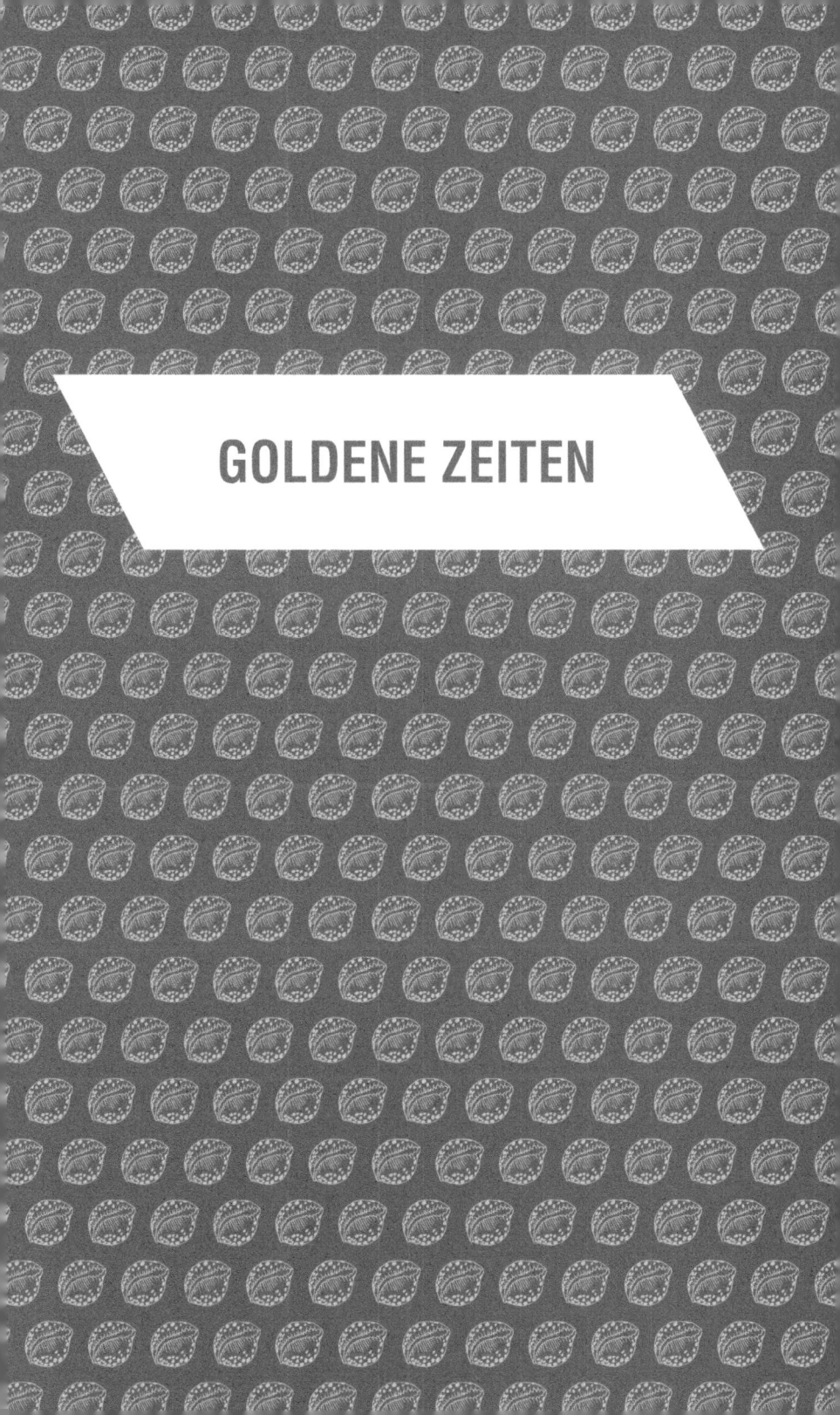
GOLDENE ZEITEN

„*Wohl dem Menschen, der Weisheit findet, und dem Menschen, der Verstand bekommt! Denn es ist besser, sie zu erwerben, als Silber; denn ihr Ertrag ist besser als Gold. Sie ist edler denn Perlen; und alles, was du wünschen magst, ist ihr nicht zu vergleichen.*"

– Die Bibel: Sprüche 3,13–15

1873 wollten die Vereinigten Staaten von Amerika wieder zur Deckung ihrer Währung durch Edelmetalle zurück – diese hatten sie während des amerikanischen Bürgerkriegs aufgegeben. Im sogenannten „Coinage Act" von 1873 wurde deshalb festgelegt, welche Münzen geprägt werden sollten. Auf dieser Liste standen sowohl Gold- als auch Silbermünzen. Der Standard-Silberdollar aus den Zeiten vor dem Bürgerkrieg mit einem Gewicht von 371,25 *grains* (1 *grain* = 0,06479891 Gramm) erschien jedoch nicht mehr auf der Liste.[1]

Das war der letzte Nagel im Sarg von Silber als wichtigster Grundlage der Währung in den USA. Silber wurde daraufhin nur noch für Kleingeld genutzt. Nur wenige realisierten die weitreichenden Konsequenzen des „Coinage Act", denn auch nach Verabschiedung dieses Gesetzes blieben die zuvor geprägten Silberdollars in Umlauf und waren weiterhin gesetzliches Zahlungsmittel. Allerdings wurde kaum noch mit ihnen bezahlt, denn der Materialwert der Münze lag weit über dem aufgedruckten Wert (heute ist es genau umgekehrt!), sodass viele Münzen eingeschmolzen wurden, um dann das pure Silber zu verkaufen.

Die Weltmacht Großbritannien setzt auf den Goldstandard

Der Hauptgrund dafür, dass die USA ihre Währung de facto mit Gold deckten, war Großbritannien. Dieser wichtige Handelspartner der USA hatte einen Goldstandard – sprich, seine Währung war in einem festen Verhältnis gegen Gold eintauschbar. Es war sinnvoll, denselben Standard wie der größte Handelspartner zu haben, denn dann spielten die Preisschwankungen von Gold keine Rolle mehr beim Handel zwischen den USA und Großbritannien. Zu jenem Zeitpunkt war Großbritannien das größte Imperium der Welt und eine industrielle Supermacht. Und die damals vorherrschende Ansicht war, dass der Goldstandard Großbritannien zu dieser Größe verholfen hatte. Deshalb übernahmen auch andere Länder diesen Standard. Hier ein Überblick:

- Kanada führte 1867 den Goldstandard ein.
- Deutschland und Japan folgten im Jahr der Gründung des deutschen Kaiserreichs 1871.
- Frankreich und Spanien koppelten ihre Währungen 1876 an das gelbe Edelmetall.
- Österreich-Ungarn setzte dies im Jahr 1879 durch.
- In Argentinien wurde der Goldstandard 1881 eingeführt.
- In Russland war die Währung ab 1893 an Gold gebunden.
- Und im Kronjuwel des britischen Weltreichs – Indien – war es 1898 so weit.[2]

Indien war im 19. Jahrhundert britische Kolonie. Die britische Regierung wollte in ihren Kolonien die Nutzung des Britischen Pfunds durchsetzen. In Indien allerdings blieb die Landeswährung Rupie in Gebrauch. 1898 wurde die Rupie dann fest an das Britische Pfund gekoppelt im Verhältnis 15 Rupien : 1 Britisches Pfund. Da das Britische Pfund zu dem Zeitpunkt mit Gold gedeckt war und die britische Regierung auch den Wert der Rupie auf Goldbasis garantierte, haben wir die Rupie mit in die obige Auflistung aufgenommen.

Deutschland setzt ab 1871 auf den Goldstandard

Die Vereinigten Staaten hatten erst seit 1900 einen vollständigen Goldstandard. Allerdings hatten die USA bereits seit 1834 einen „Mehr oder weniger"-Goldstandard. Da alle genannten Staaten auf Gold zur Deckung ihrer Währungen setzten, wurde Silber diesbezüglich weniger wichtig. Die Nachfrage ging entsprechend zurück.

Schauen wir auf Deutschland: Dort hatte der Reichskanzler Otto von Bismarck nach der Reichsgründung 1871 genug Gold, um den Goldstandard in Deutschland einzuführen. Das frisch gegründete Deutsche Reich konnte seine neue Währung – die Mark – auch deshalb auf den Goldstandard setzen, weil Frankreich im Frieden von Frankfurt 1871 (welcher den Deutsch-Französischen Krieg beendet hatte) zur Zahlung von fünf Milliarden Goldfranken verpflichtet worden war. Dies läutete eine Ära ein, welche wir als Zeit des „klassischen Goldstandards" bezeichnen möchten. Sie dauerte von 1871 bis 1914 und fand mit dem Beginn des Ersten Weltkriegs, dieser Katastrophe Europas, ihr Ende. Das nicht mehr benötigte Silber (zum Beispiel für Silbertaler) wurde seit der Reichsgründung auf den Markt geworfen und verkauft, was wiederum den Silberpreis unter Druck setzte.[3] Das Verhältnis von Gold zu Silber veränderte sich entsprechend. Dazu folgender Überblick:

Entwicklung des Gold-Silber-Verhältnisses 1864–1896

Im Jahr 1864 lag das Verhältnis des Goldpreises zum Silberpreis bei durchschnittlich 15,4. Das bedeutet, für eine Einheit Gold gab es 15,4 Einheiten Silber.

- 1873 betrug dieses Verhältnis 15,9.
- 1874 war ein Wert von 16,15 erreicht.
- 1875 stieg diese Kennzahl weiter auf 16,62.
- 1877 wurde dann ein Wert von 17,22 erreicht.[4]
- Bis 1896 war das Verhältnis auf 30:1 gestiegen.[5]

Der Silberpreis hatte in London fast 70 Jahre lang bei 60 Pence je Feinunze gelegen. Doch bis 1902 fiel er dann auf rund 21 Pence. Die Gründe dafür waren vielfältig: In den Vereinigten Staaten waren im Bundesstaat Nevada neue Silberminen entstanden. Hinzu kam, dass auch aus Indien weniger Silber nachgefragt wurde, seitdem die Rupie 1898 an das Britische Pfund und damit indirekt an Gold und nicht mehr an Silber gebunden war.

Die Niederlande hatten zwischenzeitlich auch die Prägung von Silbermünzen untersagt.[6] Was der Sache von Silber ebenfalls nicht half, war die Tatsache, dass einige größere Länder, die Silber als Geld genutzt hatten – darunter Russland und Österreich-Ungarn –, den Tausch von Papiergeld in Silber einstellten.[7] Während der Silberpreis fiel, hatten Länder, die auf den Silberstandard setzten, nämlich mit dem internationalen Handel Probleme. So auch Indien, bevor es seine Währung an das Britische Pfund koppelte. Dazu ein Beispiel: Wenn der Preis für Getreide auf dem Weltmarkt in Gold gemessen unverändert blieb, dann erhielt ein Exporteur von Getreide nun mehr Silber als vorher für dieselbe Exportmenge. Dieser Exporteur erhielt zwar in Gold gemessen einen unveränderten Betrag – doch dieses Gold konnte er wegen des gefallenen Silberpreises in mehr Silbermünzen als zuvor eintauschen.[8]

Wenn eine Kolonie die Kosten für die Besatzungsmacht trägt
Zur selben Zeit musste Indien an seine Kolonialmacht Großbritannien Zahlungen leisten, die sogenannten *home charges*. Diese Zahlungen mussten in Gold erfolgen und deckten unter anderem diese Dinge ab:

Von den home charges abgedeckte Zahlungen:

- Zinsen für Schulden (auf Goldbasis)
- Löhne, Gehälter und Pensionszahlungen für britische Angestellte im indischen öffentlichen Dienst

GOLDENE ZEITEN

- Güter aus Großbritannien für die in Indien arbeitenden Beamten und Soldaten
- Ausgaben für den Bau von Eisenbahnen in Indien
- Und so weiter ...

Großbritannien als Kolonialmacht ließ sich also von der Kolonie Indien zumindest teilweise die Kosten für die in Indien arbeitenden britischen Beamten und sogar die Soldaten erstatten. Die Soldaten, die das eigene Land besetzen, auch noch selber bezahlen müssen? Wir finden, das zeigt bereits, warum die Inder in späteren Jahrzehnten für die Unabhängigkeit von Großbritannien eintraten. Wir wollen an dieser Stelle aber auf einen ganz anderen Aspekt hinaus.

Da die indische Währung an Silber gekoppelt war, die Zahlungen für die *home charges* jedoch in Gold erfolgen mussten, war das für Indien ein Problem. Denn Indien benötigte angesichts eines fallenden Silberpreises immer mehr Silber, um die in Gold anfallenden *home charges* bezahlen zu können. Dies erhöhte die Ausgaben Indiens sehr deutlich.[9] Aus wirtschaftlicher Sicht war es daher sinnvoll, dass Indien dann 1898 zum Goldstandard wechselte.

Die Welt war in eine Situation geraten, in der ein Silberstandard wirtschaftlich gesehen nicht mehr sinnvoll war, da der Silberpreis immer weiter fiel. Ein Land mit Silberstandard musste im internationalen Handel tendenziell immer mehr Silber für seine Importe zahlen. Das führte dazu, dass immer mehr Länder zum Goldstandard wechselten. Nichtsdestotrotz gab es in den Vereinigten Staaten von Amerika noch einen Versuch, Silber als Standard durchzusetzen.

1889: Ein Fünftel des Goldes der Welt lagert in den USA
1879 hatten die USA die Umtauschmöglichkeit von Papiergeld in Gold wieder aufgenommen. Auch die Dollarscheine, die zur Finanzierung des Bürgerkriegs gedruckt worden waren, konnten nun in Gold eingetauscht werden. Um sicherzustellen, dass genug Gold vorhanden

sein würde, falls viele Bürger(innen) die Tauschmöglichkeit nutzen würden, hatte die US-Regierung im Vorfeld mit Goldkäufen begonnen. Deshalb lagerten in den USA im Jahr 1879 rund sieben Prozent der offiziellen Goldreserven der Welt. Zehn Jahre später war dieser Wert auf 20 % gestiegen.[10]

Die Silberlobby wachte schließlich auf und der „Coinage Act" von 1873 wurde als „Das Verbrechen von 1873" bezeichnet. Wir erinnern uns: Damals war der Silberdollar nicht mehr in der Liste der vom Staat zu prägenden Münzen aufgetaucht. Der Silberbergbau war der wichtigste Industriezweig in einigen amerikanischen Bundesstaaten wie Arizona, Colorado, Idaho, Montana, Nevada, New Mexico und Utah. Diese Bundesstaaten waren zwar relativ dünn besiedelt, aber sie waren im US-Senat signifikant vertreten. Und der Senat ist eines der beiden Häuser des amerikanischen Kongresses – der Legislative der USA. Um die Interessen dieser Bundesstaaten nicht zu vernachlässigen, wurde deshalb am 28. Februar 1878 der sogenannte „Bland-Allison Act" verabschiedet. Darin wurde festgesetzt, dass die US-Regierung jeden Monat für zwei bis vier Millionen Dollar Silber kaufen musste, um damit Silberdollars zu prägen und in Umlauf zu bringen. Ein Sieg für die Silberlobby! Diese Silberdollars sollten offizielles Zahlungsmittel sein, ohne obere Begrenzung. Mit ihnen sollten alle Arten von Steuern und sogar Zölle bezahlt werden können.[11] Neben der Prägung von Silberdollars war auch die Ausgabe von Zertifikaten möglich, welche dann aber durch Silber gedeckt sein mussten. Diese Silberzertifikate waren de facto Papiergeld, welches von der Regierung ausgegeben wurde. Deckung für diese Zertifikate/dieses Papiergeld war das Silber, welches die US-Regierung jeden Monat kaufen musste. Die vorgesehenen Silberkäufe wurden 1890 mit der Verabschiedung des „Sherman Silver Purchase Act" sogar noch erhöht, auf 4,5 Millionen Feinunzen Silber pro Monat.

Die Silberzertifikate fanden jedoch niemals den richtigen Zuspruch der Bankhäuser, welche lieber Gold in diversen Formen bevorzugten. Die Banken boykottierten die Zertifikate keineswegs. Sie akzeptierten sie als Einlagen – aber sie zahlten sie schnell an Kunden aus, die Zahlungen an die Regierung leisten mussten. Deshalb kamen die Silberzertifikate oft zur Regierung zurück, kaum dass sie ausgegeben worden waren. Sie blieben nicht besonders lange in Umlauf.[12] Das zeigte sehr deutlich, dass die amerikanischen Bürger(innen) nicht besonders daran interessiert waren, Silber als Geld zu nutzen.

Ein Grund dafür könnte die Tatsache gewesen sein, dass der Silberpreis so lange gefallen war. Wer möchte schon gerne lange eine Währung besitzen, deren Deckung in der Vergangenheit stark an Wert verloren hat? Hinzu kam, dass die meisten größeren Länder, mit denen die USA in Handelsbeziehungen standen, entweder schon den Goldstandard hatten oder diesen vorbereiteten. Angesichts dessen machte es zumindest für Händler Sinn, ihr Geld in Gold zu halten, um die Verluste zu vermeiden, welche durch einen weiteren Rückgang des Silberpreises eintreten konnten.

Bronze, Silber und Gold ...

Diejenigen, die „für Gold" waren, hatten das Gefühl, dass ein Goldstandard dem natürlichen Fortschritt entsprechen würde. Der zivilisatorische Fortschritt von Ländern hatte dazu geführt, dass diese zunächst Silber und dann Gold als Geld nutzten. So hatten die Perser mit Silber begonnen – und als ihr Außenhandel größere Dimensionen annahm, stiegen sie auf Gold um. Die Griechen folgten. Die Römer wiederum hatten mit Kupfer begonnen und waren dann auch bei Gold gelandet, während das römische Imperium gewachsen war. Im Mittelalter, als die europäische Wirtschaft stagnierte, wurde Silber als Tauschmittel akzeptiert. Aber innerhalb von einem oder zwei Jahrhunderten ging die Entwicklung wieder hin zu Gold.[13]

Ende der 1860er-Jahre sah es so aus, als ob sich unter den größeren Staaten weltweit der Goldstandard durchsetzen würde. Ein Grund dafür war, dass es in den späten 1840ern und frühen 1850ern zu großen Goldfunden in Australien, Russland und Kalifornien gekommen war – „Gold Rush" hieß es damals. Dadurch wurde jährlich eine vergleichsweise große Menge Gold gefördert. Von 1851 bis 1871 lag die weltweite Goldproduktion durchschnittlich bei umgerechnet 136 Millionen Dollar pro Jahr. Im selben Zeitraum wurde Silber im Wert von durchschnittlich 48 Millionen Dollar pro Jahr produziert. Zum Vergleich: In den zwei Jahrzehnten davor – also von 1831 bis 1851 – hatte die Goldproduktion bei lediglich durchschnittlich 26 Millionen Dollar pro Jahr gelegen. Für Silber lag der Vergleichswert bei durchschnittlich 30 Millionen Dollar pro Jahr.[14] Zwischen 1831 und 1851 wurde also noch wertmäßig mehr Silber als Gold produziert. Aber mit den Goldfunden ändert sich das schnell.

Von 1851 bis 1871 gingen fast zwei Drittel des damals jährlich geförderten Goldes im Wert von rund 92 Millionen Dollar in die Prägung von Goldmünzen. Der Rest, circa 44 Millionen Dollar, wurde hauptsächlich zur Schmuckherstellung verwendet. Im nächsten Jahrzehnt (1871–1881) fiel die Fördermenge an Gold weltweit auf 104 Millionen Dollar pro Jahr und die Verwendung für monetäre Zwecke auf 24 Millionen Dollar. Die nicht-monetäre Verwendung von Gold – darunter die Anfertigung von Goldschmuck in Indien – stieg von den vorigen 44 Millionen auf 80 Millionen Dollar pro Jahr stark an.[15]

Damals wurde angenommen, dass der Zenit der Goldförderung in Westaustralien und im südafrikanischen Transvaal bereits überschritten sei. Und auch die Goldvorkommen im amerikanischen Bundesstaat Colorado – ein weiterer größerer Goldproduzent – wirkten zunehmend erschöpft.[16]

Wenn das Gold (= Geld) knapp wird

Als in den 1880er-Jahren wie zuvor geschildert immer mehr Länder auf den Goldstandard setzten, konnten mit der vorhandenen Goldmenge die Bedürfnisse der Goldstandard-Länder kaum noch gedeckt werden. Da die Menge an Gold, die für monetäre Zwecke verwendet wurde, zurückging, sank damit auch das Wachstum der Geldmenge. Die Geldmenge wuchs langsamer als die zugrunde liegenden Volkswirtschaften. Dies führte dazu, dass die Preise der Güter und Dienstleistungen fielen. Es kam zu einer Deflation. *In den Vereinigten Staaten fielen die Preise zwischen 1875 und 1896 um 1,7 % pro Jahr.* In Großbritannien fielen die Preise im gleichen Zeitraum um durchschnittlich 0,8 % pro Jahr.[17] Das Geld war knapp, deshalb gaben die Menschen weniger aus. Die Unternehmen versuchten dem mit niedrigeren Preisen für ihre Produkte und Dienstleistungen entgegenzuwirken, was aber wiederum ihre Gewinne senkte. Da das Geld knapp blieb, wurden die Unternehmen vorsichtig in Bezug auf alles, was Ausgaben betraf.[18] Der Weizenpreis fiel in den Vereinigten Staaten von 2,95 Dollar pro Scheffel im Jahr 1866 auf 1,40 Dollar im Jahr 1875. 1894 wurde dann sogar ein Tief von 0,56 Dollar je Scheffel erreicht. Für die Farmer, deren Einkommen sanken, schien der Fall klar: Es gab nicht genug Geld in der Wirtschaft! Und sie kamen zu der Ansicht, dass „mehr Geld" gut für die Wirtschaft sei.[19] Was auch nicht gerade half, war die Tatsache, dass viele Farmer hoch verschuldet waren. Sie hatten gehofft, mit den Verkäufen der landwirtschaftlichen Güter, die sie produzierten, ihre Schulden zurückzahlen zu können. Die Preise ihrer produzierten Güter waren aber gefallen – die Höhe der Schulden jedoch nicht. Einige dachten in dieser Situation, dass die Lösung für alle diese Probleme Silber sei. Die Vereinigten Staaten produzierten damals für fast 50 Millionen Dollar pro Jahr Silber, das als Geld genutzt werden konnte.[20] Dieses Thema wartete nur darauf, von Politikern aufgegriffen zu werden. Und genau das passierte dann auch.

Der in diesem Buch bereits erwähnte „Sherman Silver Purchase Act" von 1890 legte fest, dass die US-Regierung 4,5 Millionen Feinunzen Silber pro Monat kaufen musste. Bezahlt werden musste dafür mit Gold. 1893 wurde der „Sherman Silver Purchase Act" nicht verlängert, sodass die US-Regierung weniger Gold für Silberkäufe ausgeben musste. Die Folge: Der Preis von Silber gegenüber Gold brach ein. 1896 war das Verhältnis von Gold- zu Silberpreis auf 30 zu 1 gestiegen.

„Dornenkrone auf der Stirn der Arbeit"?

William Jennings Bryan, damals in seinen 30ern und Mitglied des amerikanischen Repräsentantenhauses, hielt in mehreren Städten der Vereinigten Staaten Reden gegen den Kollaps des Silbermarkts. Am 9. Juli 1896 sprach er bei einer Versammlung der Demokratischen Partei in Chicago. Bryan vertrat dort die Ansicht, dass die Geldfrage das Thema der Stunde sei.[21] Seine Rede erregte damals einiges Aufsehen, weshalb wir einige Kernsätze daraus wiedergeben möchten. Sinngemäß sagte William Jennings Bryan:

Statt auf den Goldstandard zu setzen, weil Großbritannien diesen habe, sollten die USA besser auf Gold und Silber setzen. Dann sollte Großbritannien diesem Standard folgen, weil die USA ihn hätten. (…) Hinter den USA stünden die produzierenden Massen der Nation und der Welt, unterstützt von den kommerziellen Interessen, und die Forderungen nach einem Goldstandard werde man so beantworten: Man solle auf die Stirn der Arbeit keine Dornenkrone drücken, und man solle die Menschheit nicht am Kreuz des Goldes kreuzigen.[22]

Der Ausdruck „Kreuz des Goldes" war natürlich eine Anspielung auf die Kreuzigung Jesu. Während er diesen letzten Satz seiner Rede sprach, hob er seine Arme und hielt sie für ungefähr fünf Sekunden in einer Kreuzigungspose.[23] Damit wollte er sagen, dass er bereit wäre, sich – wie Jesus vor ihm – für seine Sache zu opfern. Sobald William Jennings Bryan seine Rede beendet hatte und das Rednerpult verließ, war er von einer Flut von Delegierten umgeben, welche ihn auf ihren Schultern umhertrugen. Die *Washington Post* berichtete, dass nach der Rede von Bryan ein gewaltiger Taumel und großes Durcheinander entstanden seien.[24] Ihre Autoren können sich des Eindrucks nicht erwehren, dass geldpolitische Diskussionen damals durchaus interessanter als heute verliefen.

Ein Wahlausgang mit Folgen

Am darauffolgenden Tag, dem 10. Juli 1896, gewann Bryan die Nominierung zum Präsidentschaftskandidaten der Demokraten. Er forderte unter anderem, Silber wieder als Geld zu nutzen und das Gold-Silber-Verhältnis auf 16 zu 1 zu fixieren. Bryan verlor allerdings gegen seinen republikanischen Gegner William McKinley mit 271 zu 176 Wahlmännerstimmen.[25] Und so endete der Kampf um Silber als Geld in den Vereinigten Staaten.

Neue Technologien erhöhen die Goldfördermengen

Das Problem der knappen Goldbestände war zu diesem Zeitpunkt übrigens bereits gelöst. 1887 hatten drei schottische Chemiker namens John S. MacArthur, Robert Forrest und William Forrest herausgefunden, wie sich mithilfe von Zyanid auch aus Gestein mit geringem Goldgehalt Gold gewinnen lässt. Dieses Verfahren konnte dann in Südafrika großflächig angewendet werden. Nachdem der Anteil Südafrikas an der weltweiten Goldproduktion im Jahr 1886 auf nahezu null Prozent gefallen war, erreichte er im Jahr 1896 bereits wieder erstaunliche 23 %. Und im ersten Viertel des 20. Jahrhunderts sogar fast 40 %.[26] Das waren die Boom-Jahre der südafrikanischen Goldindustrie. Inzwischen ist Südafrikas Anteil an der weltweiten Goldproduktion wieder deutlich gesunken: 2015 lag er bei geschätzt deutlich unter zehn Prozent.

Die Vereinigten Staaten werden zum Nettoimporteur von Gold

In den zehn Jahren von 1890 bis 1900 stieg die jährliche Goldproduktion der Welt um beeindruckende 114 % auf 12,32 Millionen

Feinunzen. Die Vereinigten Staaten wurden kurz vor dem Jahrhundertwechsel zum Nettoimporteur von Gold und importierten zwischen 1897 und 1900 Gold für etwas über 200 Millionen Dollar. Zusammen mit der heimischen Goldförderung erhöhte das die gesamten Goldbestände der USA von 502 Millionen Dollar im Jahr 1896 auf 859 Millionen Dollar im Jahr 1899.[27] Im Jahr 1900 lagen die Goldbestände dann bereits im Bereich von einer Milliarde Dollar.[28] 1896 herrschte in den USA und Großbritannien deshalb statt zuvor jahrzehntelanger Deflation nun Inflation. Die südafrikanischen Goldminen hatten schließlich gewaltige Mengen Gold geliefert, und damit stieg auch die Menge des durch Gold gedeckten Geldes. Das Preisniveau in Großbritannien stieg deshalb von 1896 bis 1914 um 17 %, in den Vereinigten Staaten im selben Zeitraum um rund 44 %.[29]

Spät ist manchmal doch zu spät

Bryan war mit seiner Kampagne für Silber als Geld also ein bisschen spät dran gewesen. Denn zum Zeitpunkt seiner oben genannten Rede im Jahr 1896 hatte sich das weltweite Angebot an Gold bereits deutlich erhöht. Mehr als das: Das Preisverhältnis von Gold zu Silber stand wie bereits erwähnt am offenen Markt bei 30 zu 1. Wenn die US-Regierung per Gesetz ein Verhältnis von 16 zu 1 eingeführt hätte, dann hätte das bedeutet, dass sie einen höheren Preis für Silber zahlen würde als der freie Markt. Die Menschen hätten wahrscheinlich ihr Silber zu den staatlichen Münzanstalten getragen, um von den hohen Umtauschpreisen in Gold zu profitieren. Da auch die Nachfrage nach Silber gestiegen wäre, wäre wahrscheinlich auch der Silberpreis gestiegen. Das Verhältnis von 30 zu 1 am offenen Markt wäre dann voraussichtlich auch gesunken. Letztlich hätten sich das staatliche Verhältnis von 16 zu 1 und der Marktpreis vielleicht auf demselben Niveau eingependelt. Aber bis dahin wären Turbulenzen wahrscheinlich gewesen – und große Chancen auf leichte Gewinne für Arbitrageure.

Gold = Geld: Eine Feinunze Gold wird auf 20,67 Dollar festgesetzt

Am 14. März 1900 war es dann mit der Verabschiedung des „Gold Standard Act" so weit: In den USA wurde ein reiner Goldstandard formalisiert. Der Wert eines Dollar wurde in Gold gemessen und auf 25,8 Grain Gold von neun Zehnteln Reinheit (900/1000) festgelegt. 25,8 Grain entsprechen rund 1,672 Gramm. Eine Feinunze Gold (welche rund 31,1 Gramm wiegt) entsprach somit 20,67 Dollar. Silber hatte innerhalb dieses Systems übrigens auch einen Platz, es wurde als Kleingeld benutzt.

Ein weltweites monetäres System – selbstständig entstanden

Interessanterweise hatten der größte Teil der westlichen Welt und die britischen Kolonien (außer Indien) bis Ende der 1880er einen Goldstandard eingeführt. Anders als die monetären Systeme, welche darauf folgen würden, war das Systems des Goldstandards nicht von Regierungen entworfen worden. Es hatte sich selbstständig über Jahre hinweg entwickelt. Jörg Guido Hülsmann charakterisierte diese Ära in seinem Buch „Die Ethik der Geldproduktion" mit passenden Worten.[30] Der klassische Goldstandard dieser Zeit habe demnach – bis jetzt zum letzten Mal – gezeigt, wie ein weltweites monetäres System ohne politische Vorgaben entstehen kann. Die Länder führten unabhängig voneinander jeweils Goldstandards ein. Es gab weder Verträge noch Konferenzen oder Verhandlungen zwischen den Staaten.

Ihre Autoren möchten das „unabhängig voneinander" relativieren. Die Einführung des Goldstandards in diversen Staaten wird wahrscheinlich durchaus davon beflügelt worden sein, dass die damals größte Handelsmacht der Welt – Großbritannien – auf den Goldstandard setzte. Die inhärente Einfachheit des Systems ließ es funktionieren. Es war keine weltweite Organisation notwendig, um zum Funktionieren des Goldstandards beizutragen.

Alles, was notwendig war, war dies:

1. Ein Land erklärte, dass sein Papiergeld je Einheit eine bestimmte Menge Gold wert sei.
2. Das Land erklärte zudem, dass es bereit sei, zu jeder Menge sein Gold gegen Papiergeld einzutauschen. Und umgekehrt: Gegen Gold gab dieses Land die entsprechende Menge seines Papiergeldes.[31]

Das war alles. Kein IWF, keine Zentralbanken, keine internationalen Konferenzen oder Kommissionen. Zwei klare Ansagen, die auch der oft genannte „Mann auf der Straße" verstehen konnte. Ein interessanter Aspekt dabei: Dieser Zeitraum des klassischen Goldstandards kam auch ohne Zentralbanken aus. *So hatten die Vereinigten Staaten fast während dieses gesamten Zeitraums überhaupt keine Zentralbank.* Die US-Notenbank – das „Federal Reserve System" – wurde erst 1913 gegründet und nahm ihre Arbeit 1914 auf. Trotz des Fehlens einer Zentralbank vor 1913 funktionierte das Land sehr gut. Oder sollten wir an dieser Stelle statt des Wortes „trotz" besser „wegen" verwenden? Bilden Sie sich Ihre eigene Meinung dazu, wenn Sie mögen. Was für einen Unterschied doch ein einziges Wort machen kann ...

Was dem klassischen Goldstandard ebenfalls zugutekam, war die Tatsache, dass er selber zu einem Ausgleich von Ungleichgewichten führte. Wenn sich die Goldmenge plötzlich erhöhte – wie es manchmal vorkam, wenn zum Beispiel in Südafrika oder Australien neue Goldvorkommen gefunden wurden –, dann stieg das allgemeine Preisniveau. Wenn das passierte, wurde es für Goldminen teurer, Gold zu produzieren, was im weiteren Verlauf die Goldförderung senkte. Denn die Einnahmen waren fix (Gold) – die Ausgaben stiegen. Eine niedrigere Goldproduktion wiederum bedeutete, dass die Geldmenge nicht mehr so stark stieg, woraufhin es wieder zu Preisstabilität kam.³² Preisstabilität durch Goldstandard – und das ohne Zentralbanken und Offenmarktpolitik und Leitzinsanpassungen und sonstige geldpolitische Maßnahmen der heutigen Zeit.

Beispiel zur Funktionsweise des Goldstandards

Diese Ära des klassischen Goldstandards hatte noch eine weitere schöne Eigenschaft. Kein Land konnte lange über seine Verhältnisse leben. Lassen Sie uns das anhand eines hypothetischen Beispiels von zwei Ländern näher betrachten, Deutschland und den Vereinigten Staaten. Nehmen wir an, dass die Nachfrage nach deutschen Maschinen in den USA groß war. Die Nachfrage nach amerikanischen Gütern in Deutschland war allerdings nicht so groß. Deshalb waren die deutschen Exporte in die USA größer als die amerikanischen Exporte nach Deutschland.

Deutschland hatte also einen Handelsbilanzüberschuss gegenüber den USA. Und umgekehrt hatten die Vereinigten Staaten ein Handelsbilanzdefizit gegenüber Deutschland. Um das Defizit auszugleichen, mussten die USA mit Gold bezahlen. Und um in Gold bezahlen zu können, mussten die USA natürlich die benötigte Goldmenge besitzen.

Nehmen wir nun weiter an, dass die Nachfrage nach deutschen Gütern in den USA weiter anstieg und deshalb das amerikanische Handelsbilanzdefizit gegenüber Deutschland weiter wuchs. Um dieses Handelsbilanzdefizit auszugleichen, mussten die USA noch mehr Gold an Deutschland zahlen.

Wenn die Vereinigten Staaten immer mehr Gold an Deutschland zahlten, dann würden – keine Überraschung – die eigenen Goldreserven sinken. Um das Schrumpfen der eigenen Goldvorräte zumindest zu verlangsamen, mussten die USA entweder mehr nach Deutschland exportieren – oder die Importe von dort senken.

Das lag auf der Hand und führte zu dieser schönen Disziplinierung: Die Importe eines Landes konnten seine Exporte nicht über einen längeren Zeitraum übersteigen. Ganz einfach deshalb, weil das Land nicht genug Gold hätte, um dafür zu zahlen. Das war etwas, das der Goldstandard sicherstellte. Massive Handelsbilanzdefizite, wie sie die USA in der Gegenwart seit vielen Jahren aufweisen, wären damals mit Goldstandard nicht möglich gewesen – Punkt.

Die Frage ist nun, wie die Importe in einem solchen Fall begrenzt wurden. Es gibt hier zwei Punkte zu bedenken, die Theorie und die Praxis. Wie es der amerikanische Baseballspieler Yogi Berra auf den Punkt brachte: *Theoretisch gibt es keinen Unterschied zwischen Theorie und Praxis – in der Praxis allerdings schon.* Theoretisch war es so: Ein Land (in unserem Beispiel die USA) hatte ein Handelsbilanzdefizit. Es nutzte seine Papierwährung, um für die überschüssigen Importe zu bezahlen. Mit diesem Papiergeld konnten die Exporteure, die Güter an die USA verkauft hatten, in ihrer Heimat (in unserem Beispiel Deutschland) nichts anfangen. Also wandten sich diese deutschen Exporteure an die (Zentral-)Bank des Landes mit den überschüssigen Importen und tauschten dort das Papiergeld gegen Gold ein. Dieses Gold tauschten sie dann wiederum gegen die Papierwährung ihres eigenen Landes – die Mark – ein.

Die entscheidenden Größen: Außenhandel, Geldmenge, Goldvorräte

Was hatte dies für Auswirkungen? Die Geldmenge erhöhte sich in dem Land, aus dem die Exporte kamen, also in Deutschland. Und eine höhere Geldmenge ließ dort die Preise tendenziell *steigen*. Im Gegenzug sank die Geldmenge in dem Land mit den hohen Importen, also in den Vereinigten Staaten. Denn Gold wurde abgezogen und verschwand aus dem Umlauf. Dadurch sank die Geldmenge und die Preise *fielen* tendenziell.

Da die Preise im Land mit den hohen Exporten (Deutschland) stiegen, wurden dessen Exporte tendenziell teurer und sanken somit. Anders in den USA, dem Land mit den hohen Importen. Dort machten die sinkenden Preise die eigenen Waren auf dem Weltmarkt attraktiver – die Exporte stiegen tendenziell. Die USA wurden wegen der gesunkenen Preise im Inland auf dem internationalen Markt wettbewerbsfähiger. Die erhöhten Exporte senkten das Handelsbilanzdefizit. Gleichzeitig gingen die Exporte Deutschlands wegen des dortigen höheren Preisniveaus tendenziell zurück. Nun floss Gold in das Land mit dem vorigen Handelsbilanzdefizit und hinaus aus dem Land mit dem vorigen Handelsbilanzüberschuss. Im Endeffekt war wieder ein Gleichgewicht erreicht.

Der Unterschied zwischen Theorie und Praxis

So sollte es in der Theorie funktionieren, wie es bereits der Ökonom David Hume im 18. Jahrhundert prognostiziert hatte. Doch siehe Yogi Berra – es gibt meistens einen Unterschied zwischen Theorie und Praxis ...

Denn zur Zeit des klassischen Goldstandards waren bereits in zahlreichen Staaten die Zentralbanken sehr aktiv geworden. Und es gab nicht immer einen direkten Zusammenhang zwischen der umlaufenden Menge an Papiergeld in der Volkswirtschaft und der Höhe der Goldreserven, welche zur Deckung des Papiergeldes verwendet wurden. Die Geldmenge schrumpfte also nicht immer, wenn Gold das Land verließ, und umgekehrt. Und wenn sich in so einem Fall die Geldmenge nicht änderte, dann hatte das auch nicht die oben genannten Auswirkungen auf das Preisniveau.

Zwischen 1875 und 1913 (vor Beginn des Ersten Weltkriegs) hatten sich die Edelmetallreserven Deutschlands verdoppelt. Im selben Zeitraum allerdings hatte sich die Geldmenge in Deutschland um den Faktor 8,6 erhöht.[33] In der Theorie des reinen Goldstandards konnte die Geldmenge nur so stark zunehmen wie die Goldreserven. Im Fall Deutschlands, wo die Edelmetallreserven sich verdoppelten, hätte sich dann auch die Geldmenge verdoppeln müssen. Sie stieg aber erheblich stärker.

Dass die Realität so sehr anders aussah, lag vor allem an den mächtigen Zentralbanken, welche der Theorie nicht folgten, aber auch an großen Konzernen und Raubritterkartellen in diversen Teilen der Welt, die damals auf dem Höhepunkt ihrer Macht standen. Die Preise wurden dadurch oft auf einem bestimmten Niveau festgehalten und passten sich deshalb nicht so an, wie es die Theorie vorgesehen hätte.[34]

Aber trotz dieser Einschränkungen mussten die Staaten aufpassen, dass ihre Importe nicht über längere Zeit über ihren Exporten lagen. Und zwar ganz einfach weil sie nicht wollten, dass ihnen das Gold ausging.

In den 1880ern hatten die meisten der großen Länder mit Goldstandard (außer Großbritannien) ein System von Importzöllen auf landwirtschaftliche und industrielle Güter eingeführt. Diese Zölle waren allerdings im Vergleich zum Niveau nach dem Ende des Ersten Weltkriegs noch relativ niedrig.[35] Sie wurden auch eingeführt, um den Aufbau einer heimischen Industrie zu fördern. Solange diese sich sozusagen noch in den Kinderschuhen befand, sollte sie vor internationaler Konkurrenz geschützt werden. Daher stammt auch der Begriff „Schutzzölle". Und die Importzölle sorgten auch dafür, dass die Importe generell gebremst wurden und deshalb kein Druck auf die eigenen Goldreserven aufkam.

Großbritannien: Preisniveau von 1930 dasselbe wie 1717

Was für den klassischen Goldstandard dieser Zeit spricht: Das Preisniveau blieb insgesamt während dieser Periode recht stabil. Als Großbritannien im Jahr 1930 den Goldstandard aufgab, lag das Preisniveau auf demselben Niveau wie im Jahr 1717 (als das Land den Goldstandard eingeführt hatte). Und im Fall der USA war das Preisniveau im Jahr 1930 in etwa dasselbe wie im Jahr 1800.[36] Ihre Autoren finden das äußerst bemerkenswert. Heutzutage gibt es manchmal kurz nach der Bekanntgabe von *monatlichen*

Inflationszahlen stärkere Kursbewegungen. Zentralbanken verfallen in Aktionismus, weil das Preisniveau um 0,2 % gestiegen (oder gefallen) ist. Bei solchen Anlässen denkt Ihr Autor Michael Vaupel gelegentlich durchaus mit einem wehmütigen Gefühl an die Zeit des Goldstandards zurück. Noch einmal: *Das Preisniveau in Großbritannien lag im Jahr 1930 auf dem Niveau von 1717.* Dieser Satz sagt eigentlich alles – und lässt Ihren Autor so manche Pressekonferenz von heutigen Zentralbankvorsitzenden mit einem leichten Lächeln betrachten.

Nach der Aufgabe des Goldstandards: Inflation!

Der Vollständigkeit halber der Vergleich der Zeit des Goldstandards mit der Zeit des ungedeckten Papiergeldes: Nachdem Großbritannien den Goldstandard verlassen hatte, stieg das Preisniveau von 1931 bis 1981 um rund 2.000 %. Trotz oder vielleicht wegen einer aktiven Zentralbank. Im Fall der USA stiegen die Großhandelspreise von 1933 bis 1982 um rund 760 %. Ebenfalls trotz oder vielleicht wegen einer aktiven Zentralbank. Ob diese Entwicklung gegenüber der vorigen ein Fortschritt war, möge jeder für sich selbst entscheiden. In Deutschland war die Lage etwas anders. Dort kam es auch durch die Niederlage im Ersten Weltkrieg bereits in den ersten Nachkriegsjahren zu einer massiven Inflation, die 1923 in eine Hyperinflation mündete. Gerade der deutsche Mittelstand und das Bildungsbürgertum sahen sich dabei mit einem Verlust ihrer Ersparnisse und ihrer traditionellen Werte konfrontiert. Ein meisterhaft geschriebenes psychologisches Bild dieser Zeit des dramatischen Umbruchs und persönlichen Elends bietet übrigens die 1925 von Stefan Zweig veröffentlichte Erzählung „Die unsichtbare Sammlung".

Während der Zeit des Goldstandards blieb das Preisniveau über Jahrzehnte, sogar Jahrhunderte, relativ stabil. Das bedeutet aber keineswegs, dass es nicht auch Perioden mit relativ starken Preisveränderungen gab. Wir haben bereits gesehen, dass die Preise von

Gütern und Dienstleistungen sowohl in den Vereinigten Staaten als auch in Großbritannien zwischen 1875 und 1896 fielen. In den USA sanken die Preise in diesem Zeitraum um durchschnittlich 1,7 % pro Jahr, in Großbritannien um durchschnittlich 0,8 % pro Jahr. Heutzutage würde dies wahrscheinlich als massives Problem bezeichnet – das „Deflations-Gespenst" müsste mit einer „Politik des leichten Geldes" bekämpft werden. Ihre Autoren hingegen sind keineswegs der Ansicht, dass es den Vereinigten Staaten und Großbritannien zum Ende des 19. Jahrhunderts besonders schlecht gegangen wäre – ganz im Gegenteil.

Wir können die Periode des klassischen Goldstandards in zwei Abschnitte teilen. Im ersten Abschnitt bis 1896 sank das Preisniveau etwas. Im zweiten Teil stiegen die Preise, da immer mehr Gold entdeckt wurde. Üblicherweise betrachten viele Menschen eine milde Inflation als nicht besonders problematisch. Interessanterweise werden fallende Preise heutzutage aber als großes Problem gesehen. In der Periode des klassischen Goldstandards war der Zeitraum fallender Preise eine gute Zeit für Gläubiger – aber nicht für Schuldner. Ein Farmer, der einen Kredit aufgenommen hatte, erwirtschaftete mit seinen Produkten wegen der fallenden Preise geringere Einnahmen. Aber die monatliche Zinsbelastung und die Höhe der Tilgungszahlungen seines Kredits blieben auf unveränderter Höhe (unter der Annahme einer festen Verzinsung). So gesehen hatte sich die Lage der Schuldner verschlechtert: Ihre Zins- und Tilgungszahlungen blieben identisch, während ihre Einnahmen sanken.

Das galt natürlich auch für Unternehmen, welche sich zu einem fixen Zinssatz verschuldet hatten und ihre Güter zu niedrigeren Preisen verkaufen mussten. Ihre Fähigkeit zur Bedienung der Kredite sank. Und auch die Gewinnmargen dieser Unternehmen sanken. Wer hohe Gewinnmargen behalten wollte, musste seine Kosten unter Kontrolle halten. Einige Unternehmen entließen deswegen Mitarbeiter(innen). Andere versuchten, die Löhne zu senken. Aber das ist aus verständlichen Gründen etwas, das niemals besonders gut funktioniert. Die Löhne sind „klebrig" in dem Sinne, dass sie nur schwer gesenkt werden können. Dazu braucht man nur einen beliebigen Angestellten oder Arbeitgeber zu fragen. Der Ökonom Irving Fisher fand das zu Beginn des 20. Jahrhunderts in der Praxis heraus. Denn während des Ersten Weltkriegs koppelte er die Entlohnung seiner Angestellten an den Preisindex. Wenn die Preise stiegen, dann stiegen auch die Gehälter seiner Angestellten entsprechend. Die Begriffe „Lohn" und „Gehalt" verwenden wir in diesem Beispiel synonym. Doch wenn die Preise fielen, dann wurden die Gehälter entsprechend gesenkt. Wahrscheinlich war Irving Fisher der erste Arbeitgeber der Welt, der für seine Angestellten eine automatische Anpassung der Entlohnung an die Lebenshaltungskosten vorgesehen hatte. Dieses System war theoretisch sehr robust – doch bei seinen Angestellten kam es keineswegs gut an. Natürlich liebten die Angestellten es, wenn ihre Gehälter zusammen mit steigenden Preisen anstiegen. Aber sie hassten es, wenn ihre Löhne gekürzt wurden, weil das allgemeine Preisniveau sank.[37]

Die Barings: Eine erfolgreiche Familie

Von Irving Fisher zu Johann Baring. Die Bank „Baring Brothers & Co." war eines der ältesten Bankhäuser in Großbritannien. 1762 war sie von Francis Baring und seinem Bruder John gegründet worden.[38] Die Familie Baring stammte ursprünglich aus Norddeutschland. Johann Baring, der Vater von Francis und John (eigentlich Johann), wanderte im Jahr 1717 nach England aus. Er war ein Beispiel dafür, wie stark sich deutsche Auswanderer in ihre neue Heimat einbrachten. Nicht nur, dass seine Söhne eines der renommiertesten Bankhäuser Großbritanniens gründeten, einige seiner Nachkommen wurden auch in den britischen Hochadel aufgenommen. Auch der in Deutschland verbliebene Teil der Familie ging seinen Weg und stellte zahlreiche hohe Beamte und Offiziere. Der 1932 geborene Historiker

Arnulf Baring gehört ebenfalls zu dieser Familie. Die Barings-Bank brach übrigens im Jahr 1995 zusammen, als ein Mitarbeiter der Bank namens Nick Leeson in Singapur mit Termingeschäften einen Verlust von 1,4 Milliarden Dollar erzielte. Zur Geschichte der Barings-Bank zitieren wir Marie Freifrau von Ebner-Eschenbach (1830–1916): „*Der Gedanke an die Vergänglichkeit aller irdischen Dinge ist ein Quell unendlichen Leids – und ein Quell unendlichen Trostes.*"
Zu ihren Erfolgszeiten hatte die Bank Baring Brothers & Co. unter anderem dadurch Berühmtheit erlangt, dass sie den Kauf des sogenannten Louisiana-Territoriums durch die USA finanziert hatte. Wir haben diese Transaktion in diesem Buch bereits angesprochen. Bei diesem Verkauf hatte Frankreich im Jahr 1803 seine Territorialgebiete in Nordamerika für lediglich 15 Millionen Dollar an die USA verkauft. Dieser „Louisiana Purchase" war ein ungeheuer positives Ereignis für die Vereinigten Staaten. Ursprünglich hatte der amerikanische Präsident Thomas Jefferson nur Verhandlungen über den Kauf der Stadt New Orleans von Frankreich angestrebt. Dafür sollten zwei Millionen Dollar geboten werden, im ungünstigsten Fall wollten die Amerikaner bis zu zehn Millionen Dollar zahlen. Die Unterhändler waren regelrecht sprachlos, als Napoleon Bonaparte den Verkauf nicht nur von New Orleans, sondern des gesamten französischen Kolonialbesitzes in Nordamerika vorschlug. Das Gebiet umfasste über zwei Millionen Quadratkilometer. Zum Vergleich: Die Bundesrepublik Deutschland besteht aus 0,357 Millionen Quadratkilometern, Österreich umfasst knapp 0,084 Millionen Quadratkilometer und die Schweiz gut 0,041 Millionen Quadratkilometer.

Lage, Lage, Lage: Sieben Dollar pro Quadratkilometer

Mit anderen Worten: Über zwei Millionen Quadratkilometer zum Preis von 15 Millionen Dollar – das war mehr als ein Schnäppchen und eine historische Chance dazu. Die USA griffen zu und die Baring-Brüder finanzierten den Kauf. Laut Wikipedia umfasst dieses

Gebiet die heutigen US-Bundesstaaten Arkansas, Missouri, Iowa, Oklahoma, Kansas, Nebraska und South Dakota. Hinzu kommen Teile von Minnesota, North Dakota, Texas, New Mexico, Colorado, Wyoming und Montana. Wer weiß, wie die Weltgeschichte verlaufen wäre, wenn Napoleon Bonaparte diesen Verkauf nicht vorgeschlagen und stattdessen an diesem riesigen Gebiet festgehalten hätte? Damals jedoch suchte Napoleon kurzfristige Vorteile, um seine Kriegskasse aufzubessern. Vielleicht hatte er auch das Interesse an der „Neuen Welt" verloren, nachdem Frankreich in einem Kolonialkrieg in Saint-Domingue (heute Haiti) eine herbe Niederlage hatte einstecken müssen.

Im Laufe der Jahre hatte die Familie Baring mit dem Handel großer Mengen Rohstoffe begonnen. Den Anfang hatte der Wollhandel gemacht, es folgten Kaffee, Kupfer, Indigo, Reis, Tabak und Mais. Ihre Bank wurde als Handelsbank bekannt – eine Art Vorläufer (um niemanden zu beleidigen) dessen, was heutzutage als Investmentbank bekannt ist.

London wird zum größten Finanzmarkt der Welt

Im Verlauf des 19. Jahrhunderts wurde der Finanzdistrikt von London der größte Kapitalmarkt der Welt. Als Folge davon nahm Argentinien einen Großteil seiner Auslandsschulden in London auf. In den 1880ern war Argentinien der fünftgrößte Schuldner der Welt, 40 bis 50 % der britischen Kreditvergaben gingen in das südamerikanische Land. Und fast zehn Prozent aller neuen Anleihen am Finanzplatz London waren damals argentinische Anleihen. Zum Vergleich: Die Vereinigten Staaten von Amerika, deren Bevölkerung 20 Mal so groß wie die Argentiniens war, waren für ca. 30 % der neuen Anleihen verantwortlich.[39]

1880er: Argentinische Anleihen in London sehr gefragt

1880 waren rund 25 Millionen Britische Pfund in argentinische Anleihen investiert. Im folgenden Jahrzehnt ging ungefähr die Hälfte des britischen Geldes, welches in Übersee nach höheren Renditen suchte, nach Argentinien. Im Jahr 1890 waren nahezu 150 Millionen Britische Pfund in Argentinien investiert – ein großer Teil davon über die Bank der Baring-Brüder.[40] Die britischen Anleger interessierten sich für Anleihen, die aus Hypothekendarlehen auf argentinisches Land zusammengefasst worden waren. Diese wurden „Cedulas" genannt und von argentinischen Banken ausgegeben. Die „Cedulas" wurden am Finanzmarkt London durch bis dahin respektable Investmenthäuser eingeführt – ohne Verkaufsprospekte. Sie wurden dennoch von Kleinanlegern gekauft, weil die Investmenthäuser gute Performance in Aussicht stellten.[41]

Ein argentinisches Schneeballsystem

Aber wie es gelegentlich passiert, wenn Geld leicht verfügbar ist, so wurden auch im Fall von Argentinien fast 40 % der Mittel der neuen Anleihen nur dafür verwendet, alte Schulden zu bedienen.[42] Es sah zunehmend so aus, als ob die Argentinier mit der Hilfe der britischen Investmenthäuser auf ein Schneeballsystem setzen würden: Das Geld, das reinkam, wurde zu einem großen Teil nur dafür verwendet, frühere Investoren auszubezahlen. Die Anleihen sollten eigentlich den Bau von Eisenbahnen und anderen Infrastrukturmaßnahmen finanzieren, um so das Wirtschaftswachstum Argentiniens anzukurbeln. Aber es gab da keine schnellen Erfolge, und schließlich war eine Situation erreicht, in der Argentinien nicht mehr in der Lage war, seinen Zahlungsverpflichtungen nachzukommen.[43]

Eine Zeit lang konnte Argentinien die Staatspleite umgehen, indem es neue Anleihen emittierte und das damit erhaltene Geld nutzte, um alte Schulden zu bedienen. Diese Vorgehensweise unterscheidet sich übrigens kaum von der Vorgehensweise, die wir heutzutage manchmal bei Staaten beobachten können. Aber kein Schneeballsystem kann unbegrenzt weiterlaufen, und schließlich fanden die Investoren heraus, was vor sich ging. Als dieser Punkt erreicht war, hörten die Kapitalzuflüsse aus Großbritannien und dem Rest der Welt schlagartig auf. Argentinien musste nun seine Zins- und Tilgungszahlungen aus eigenen Mitteln leisten, genauso wie die Importe des Landes. Dafür stand das Gold zur Verfügung, das durch die Exporte ins Land kam. Aber die Infrastrukturprojekte hatten nicht den erwünschten großen Erfolg gebracht, und der Wert der argentinischen Exporte war nicht so stark gestiegen, als dass die Zins- und Tilgungsleistungen des Landes hätten bezahlt werden können.[44]

Straßenkämpfe in Buenos Aires

Die Barings-Bank war bei der Emission argentinischer Staatsanleihen sehr stark involviert gewesen. Sie hatte auch für eine Tranche einer Anleihe eines Privatunternehmens, welches für die Wasserversorgung von Buenos Aires zuständig war, gebürgt. Allerdings konnte die Bank die Tranche von 1,46 Millionen Britischen Pfund dann nicht mehr bei Investoren am Börsenplatz London platzieren.[45] Das überrascht nicht, denn zu diesem Zeitpunkt – 1889 – hatten viele gewitzte Investoren in London erkannt, dass die Finanzlage Argentiniens durchaus eine Gefahrenquelle darstellte.[46] Im Juli 1890 kam es in Argentinien dann auch noch zu einer Revolution, in Buenos Aires brachen Straßenkämpfe aus. Die korrupte Regierung von Präsident Celman, die den Anleiheboom gefördert hatte, wurde zum Rücktritt gezwungen.[47] Dies führte wiederum dazu, dass die Kurse argentinischer Anleihen und Aktien an der Londoner Börse stark fielen[48] und kaum noch Interesse an neu emittierten Anleihen bestand.

Eine Fehleinschätzung mit Folgen

Da die Barings-Bank für die Platzierung der besagten Tranche von 1,46 Millionen Britischen Pfund garantiert hatte, musste die Bank auch „liefern". Die Anleihe an der Börse zu platzieren war jedoch nicht möglich, die Summe selbst aufzubringen aber ebenso wenig.[49] Der grundlegende Fehler der Barings-Bank war die Annahme, dass an der Londoner Börse weiterhin reichlich Kapital in argentinische Anleihen fließen würde und dass sie auf diese Kapitalströme auch in schwierigeren Börsenzeiten Zugriff haben würde. Das war offensichtlich jedoch nicht der Fall.

Es ist was faul ...

Die Investments der Bank in Argentinien waren in keiner guten Verfassung und das Bankhaus stand an der Schwelle zur Zahlungsunfähigkeit. Sie informierte die britische Zentralbank am Samstag, dem 8. November 1890, darüber. Am Montag wurde von der Zentralbank ein Komitee unter Lord Rothschild gegründet, welches das Ausmaß der Bedrohung des Londoner Marktes durch argentinische Papiere untersuchen sollte. Am Freitag darauf teilte John Daniel von „Mullens and Co" dem Gouverneur der Zentralbank William Lidderdale mit, dass die Marktteilnehmer an der Börse der Ansicht seien, dass etwas Scheußliches vor sich gehe.[50] John Daniel war nicht irgendjemand: Mullens and Co handhabte die Offenmarktgeschäfte der Zentralbank. Der technische Begriff „Offenmarktgeschäft" bezieht sich auf Käufe und Verkäufe von Staatsanleihen am freien Markt durch die Zentralbank, um die Geldmenge der Volkswirtschaft zu beeinflussen.

Zeit, zu handeln?

Zu jener Zeit sah sich die Bank of England als „lender of last resort", das heißt als Kreditgeber letzter Instanz. Dieses Selbstverständnis war nicht zuletzt durch die Schriften von Walter Bagehot (1826–1877) – einem der frühen Herausgeber von *The Economist* – entstanden. Sein Einfluss auf das britische Finanzsystem war so groß, dass er während seiner 17 Jahre an der Spitze von *The Economist* vom britischen Premierminister William Gladstone als „permanenter Schatzkanzler" (Finanzminister) bezeichnet wurde. Die Bank of England organisierte also eine Rettung für die Barings-Bank und verhinderte somit eine Krise, die den ganzen Finanzplatz London hätte treffen können.[51]

Interessanterweise erklärte Argentinien hingegen den Staatsbankrott wegen 48 Millionen Britischer Pfund. Gute alte Zeit: Diese Summe machte in den 1890ern rund 60 % der gesamten Schuldenlast der Staaten weltweit aus.[52]

Pro und Kontra: Rettung von Banken

Diese Rettungsmaßnahme wirft damals wie heute wieder einmal das bereits erwähnte „Moral Hazard"-Problem auf. Im Fall der Barings-Bank entschied sich die britische Zentralbank dafür, einzugreifen. Warum? Es sollte sichergestellt werden, dass sich die Panik nicht auf weitere Unternehmen und Teile des Wirtschaftssystems ausbreitete. Es hatte sich bei früheren Krisen gezeigt, dass in Panikstimmung sogar für die besten Firmen kaum frisches Kapital verfügbar war. Und dann war da der politische Druck. Oft waren Firmen mit Problemen politisch gut vernetzt. William Lidderdale, zum Zeitpunkt der genannten Krise Vorsitzender der Bank of England, erhielt vom britischen Schatzkanzler Lord Goschen eine Ausfallbürgschaft.

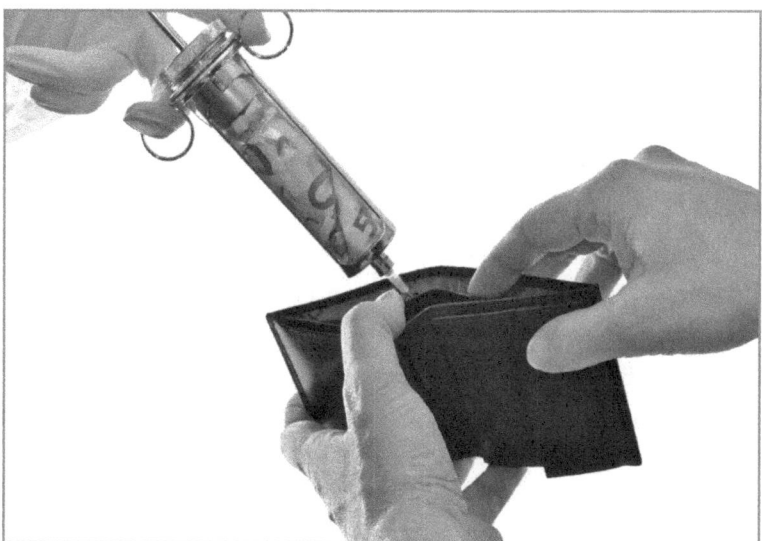

Dadurch wurde der britischen Zentralbank erlaubt, die maximale Höhe ihrer Kreditvergabe zu überschreiten und dieses Geld zur Rettung der Barings-Bank zu nutzen. Es spricht für die Charakterstärke von Lidderdale, dass er diesem Schreiben widersprach und sagte, dass die Abhängigkeit von solchen Briefen der Grund für einen Großteil des schlechten Bankwesens in England sei.[53] Die „Moral Hazard"-Thematik ist durchaus auch in jüngster Vergangenheit wieder aktuell geworden – Stichwort Rettungspakete für griechische Banken beziehungsweise den griechischen Staat oder zuvor für die Investmentbank Lehman Brothers.

„Rettungspakete" für Banken – bereits im 19. Jahrhundert

Für Lidderdale war die Krise der Barings-Bank auch keineswegs überraschend gekommen. Er hatte die Bank im August 1890 gewarnt, dass sie ihr Engagement in argentinischen Anleihen herunterfahren sollte. Diese Warnung hatte jedoch nicht gefruchtet, und die Barings-Bank war nun mit Problemen konfrontiert, die sie sich selbst eingebrockt hatte. Aber angesichts des Drucks zu Rettungsmaßnahmen musste Lidderdale einen Plan präsentieren. Als eine seiner ersten Maßnahmen überredete er die Zentralbank Russlands, die 2,4 Millionen Pfund, die sie bei der Barings-Bank deponiert hatte, *nicht* abzuziehen. Und er schaffte es sogar, dass die russische Zentralbank weitere 1,5 Millionen Pfund dort einzahlte. Die französische Zentralbank wiederum bot einen Kredit von drei Millionen Pfund an. Es sprangen auch andere private Banken ein, und letztlich hatte das „Rettungspaket" einen Umfang von 17 Millionen Pfund.

Es gab auch ein Abkommen der Bank of England mit der britischen Regierung: Beide würden sich die Verluste teilen, welche mit von der Barings-Bank ausgegebenen Papieren entstehen würden.[54] Obwohl letztlich keine großen Summen von der Bank of England selbst aufgewendet werden mussten, war Lidderdale mit dieser Rettung der Barings-Bank keineswegs glücklich. Nach der Rettung „bereute er fast, dass die Panik verhindert wurde". Er war der Ansicht und vertrat sie erfrischend offen, dass „sie (die Banken) eine hartnäckige und rebellische Rasse sind, denen es nur um ihr eigenes Geschäft geht".[55] Zum Glück gab es dergleichen nur im 19. Jahrhundert – Ironie-Modus aus.

Gründe, warum Banken gerettet werden

Die große Frage dabei ist, ob Regierung und/oder Zentralbank Finanzinstitute mit Problemen retten sollen. Oder sollten sie nichts tun und zusehen, wie die Dinge ihren Lauf nehmen? In den meisten Fällen kommen Regierung und Zentralbank zu Hilfe, wenn größere Banken in Probleme geraten. Doch warum?

Grund Nummer 1: Der Zeitgeist

Unser Ansatz dazu ist sehr einfach: Zu jeder Zeit gibt es an einem bestimmten Ort das, was auch im Englischen „Zeitgeist" genannt wird. Und der Zeitgeist in Zeiten von Finanzkrisen ist üblicherweise dieser: „Rettung, Rettung, Rettung!" Jeder schreit laut nach Rettungsmaßnahmen. Regierung und Zentralbank sollen „etwas tun".

Grund Nummer 2: Die Motivation der Entscheidungsträger

Natürlich wollen Banken, die Probleme haben, gerettet werden. Auch andere Banken oder Unternehmen, die keine hausgemachten Probleme haben, wollen nicht, dass die Probleme auf sie übergreifen. Deshalb wollen auch sie Rettungsmaßnahmen. Die Politiker wiederum wollen generell nicht, dass die Probleme von den Finanzmärkten auf die gesamte Volkswirtschaft überspringen und damit auch ihre Chancen auf Wiederwahl gefährden könnten. Deshalb wollen auch sie, dass die großen Banken gerettet werden.

Grund Nummer 3: Angst vor Konsequenzen des „Nichtstuns"

Wenn eine Rettung arrangiert wird, dann soll alles möglichst schnell wieder so werden, wie es vorher war, bis die nächste Krise kommt.

Aber wenn ein Finanzinstitut nicht gerettet wird, dann ist sehr schwer zu prognostizieren, was dann passieren wird. Wird das untergehende Finanzinstitut andere mit sich reißen? Und wie würde das die gesamte Volkswirtschaft beeinflussen? Wenn die Entscheidung getroffen wird, dass keine Rettungsmaßnahme erfolgen soll, und später gibt es dann ernsthafte Konsequenzen für die Volkswirtschaft, ist es nahezu sicher, dass der Ruf derjenigen, die das entschieden haben, deutlich leiden wird. „Sie hätten etwas tun sollen", dürfte in so einem Fall der Tenor sein.

Grund Nummer 4: Enge Beziehungen Politik – Finanzwirtschaft

Bei der Entscheidungsfindung geht es um die zu diesem Zeitpunkt aktuelle Lage. Was die Auswirkungen dieser Entscheidungen in einigen Jahren sein werden, ist sekundär (wenn es überhaupt bedacht wird). Was ebenfalls für die Durchführung von Rettungsmaßnahmen spricht, ist die oft beobachtete Tatsache, dass viele Politiker in Entscheidungspositionen enge Kontakte zu Finanzinstituten haben.

Grund Nummer 5: Fehlende Erfahrungswerte

Im Laufe der Jahre gab es einfach nicht viele Fälle, in denen Banken nicht gerettet wurden. Wir haben also wenig Erfahrungswerte für diesen Fall und wissen deshalb schlicht und einfach nicht, wie es weitergehen wird, wenn die Pleite einer großen Bank zugelassen wird. Im Fall einiger Naturwissenschaften können Dinge experimentell im Labor herausgefunden werden. Leider ist das in der Volkswirtschaftslehre nicht der Fall. Hier ist das wirkliche Leben der beste Lehrmeister.

Angesichts dieser Argumente ist es nicht überraschend, dass große Banken in einer problematischen Lage öfter gerettet werden als nicht.

Was ist Geschichte? „Das gleiche Stück mit unterschiedlicher Rollenbesetzung", hieß es bei Henry de Montherlant. „Die Geschichte ist nicht viel mehr als eine Aufzählung der Verbrechen, Narrheiten und Unglücksfälle der Menschheit", so Edward Gibbon. Selbst wenn es so wäre, könnte es sich lohnen, die Geschichte zu beachten. Otto von Bismarck dazu: „Ihr seid alle Idioten zu glauben, aus Eurer Erfahrung etwas lernen zu können, ich ziehe es vor, aus den Fehlern anderer zu lernen, um eigene Fehler zu vermeiden." Sie merken sicherlich – wir mögen Zitate. Damit schließt sich der Kreis zwischen unserem Fazit und dem Vorwort Ihres Autors Michael Vaupel – in dem Mark Twain zitiert wird: „Geschichte wiederholt sich nicht – aber sie reimt sich." Dieses Zitat gibt die Ansicht Ihrer Autoren sehr treffend wieder. Deshalb sind wir auch der Ansicht, dass sich aus der Geschichte durchaus lernen lässt. Sie wird sich zwar wahrscheinlich nicht genauso wiederholen – aber vielleicht ähnlich …

Und wie Sie diesem Buch entnehmen konnten, haben im Laufe der Geschichte Regierungen immer wieder darauf hingearbeitet, ihr eigenes Geld und ihr Finanzsystem zu zerstören. Die Römer senkten den Silbergehalt ihrer Münzen. Die Mongolen, Chinesen, Spanier, Franzosen, Amerikaner und auch die Deutschen zerstörten zu bestimmten Zeitpunkten ihre eigenen Währungen. Als Gold und Silber Geld waren, konnten die Regierungen ihre eigenen Währungen schädigen, indem sie den Edelmetallgehalt ihrer Münzen senkten. Und als Papiergeld die Edelmetalle als Geld ersetzte, ging es noch einfacher. Die Regierungen zerstörten den Wert ihres Geldes, indem sie einfach immer mehr davon druckten. Die Erfahrung lehrt uns, dass die Menschen nicht aus Erfahrung lernen.

Politik des leichten Geldes – auch in der Gegenwart beliebt

Und damit sind wir schon fast in der Gegenwart. Seit der Finanzkrise des Jahres 2008 haben Zentralbanken weltweit mit massivem „Gelddrucken" begonnen. Heutzutage muss dies noch nicht einmal durch physischen Druck von Geld geschehen – bei virtuellem Geld reicht gewissermaßen ein Knopfdruck. Seit dem Beginn der Finanzkrise im Jahr 2008 bis Anfang 2013 ist die Bilanzsumme der US-Notenbank um 220 % gestiegen. Bei der Bank of England lag dieser Zuwachs sogar bei 350 %. Die Europäische Zentralbank begann etwas später und erhöhte im genannten Zeitraum ihre Bilanzsumme um 98 %. Die „Bank of Japan" schaffte in diesem Zeitraum bei ihrer Bilanzsumme „nur" ein Plus von rund 30 %.[1] Dafür ging es 2013 in Japan los: Die in diesem Jahr vom japanischen Premierminister Shinzō Abe begonnene Wirtschaftspolitik wird als „Abenomics" bezeichnet und steht unter anderem für eine massive Geldschwemme. Wieder einmal sollte der Druck von Papiergeld das Wirtschaftswachstum anfachen. Wie wir in diesem Buch dargelegt haben, endete es bisher noch niemals gut, wenn massiv Geld gedruckt wurde. Aber derselbe Fehler wird weiterhin gemacht.

Es ist eben einfacher für Regierungen, Geld zu drucken beziehungsweise es drucken zu lassen, als die eigenen Bürger(innen) höher zu besteuern. Das war so und es ist auch derzeit so. Wenn eine Regierung schnell eine größere Menge Geld benötigt, dann „ist die erste Maßnahme, an die ein Finanzminister denkt"[2], der Druck von Papiergeld. In diesem Zusammenhang ist es wichtig zu verstehen, dass *Geld im Laufe der Geschichte zwei Funktionen hatte:*

- Als „Währung" ist Geld nicht mehr als ein Zahlungsmittel, das den Handel ermöglicht. Wie wir zu Beginn dieses Buches gesehen haben, kann kurzfristig eine ganze Reihe von Gegenständen als Zahlungsmittel verwendet werden.

- Aber Geld ist eben auch Wertaufbewahrungsmittel. Die Zyklen monetärer Ausschweifung (und darauf folgendem wirtschaftlichen Kollaps) treten dann ein, wenn Geld nur noch die Funktion einer „Währung" hat, aber kein Wertaufbewahrungsmittel mehr ist.

Der Volkswirt Jeff Nielson schrieb dazu Ihrem Autor Vivek Kaul in einer E-Mail sinngemäß diese Zeilen: „Sobald das eintritt, haben wir eine Art Diebstahl durch Verwässerung, wobei immer mehr Geld gedruckt wird. Diejenigen, welche das ‚Geld' (im Sinne von Währung) produzieren, werden durch ihr Verbrechen unglaublich reich – um den Preis der Verarmung der Massen und des kompletten Zerstörens der breiten Volkswirtschaft."

Es ist wahr: Wenn Geld sowohl Zahlungs- als auch Wertaufbewahrungsmittel ist, kann es auch Probleme geben, zum Beispiel mit dem Wirtschaftswachstum und/oder dem Außenhandel. So gab es Ende des 19. Jahrhunderts in den Vereinigten Staaten von Amerika und in Großbritannien den Goldstandard und Geld war sowohl Zahlungs- als auch Wertaufbewahrungsmittel. Beide Länder hatten in jener Zeit mit wirtschaftlicher Stagnation zu kämpfen. Ähnlich war die Lage in Großbritannien nach dem Ersten Weltkrieg.
    Trotzdem: *Die Probleme, die sich ergeben, wenn Geld auch Wertaufbewahrungsmittel ist, sind üblicherweise weit weniger schwerwiegend, als wenn Geld zu einem reinen Zahlungsmittel abgewertet wird.*[3]

Eine weitere Lektion, die wir aus der Geschichte gelernt haben, ist diese: Zwischen der Entwicklung des Bankwesens und der Entwicklung des Papiergeldsystems in der heutigen Form gab es einen engen

Zusammenhang. Denken Sie an die englischen Goldschmiede, die Quittungen für das bei ihnen hinterlegte Gold ausstellten – beziehungsweise irgendwann auch „gefälschte" Quittungen, die nicht durch Edelmetalle gedeckt waren. Mehr Quittungen = mehr verliehenes „Geld" = mehr Zinseinnahmen. Kreative Banker – das ist offensichtlich kein Phänomen der Gegenwart.

Dieser Modus Operandi führte zu der Erkenntnis, dass die Rendite (und das Risiko!) auf das Eigenkapital umso höher war, je weniger Kapital die Bank selbst eingebracht hatte. Walter Bagehot formulierte es sinngemäß so: „Die Hauptquelle der Profitabilität des etablierten Bankwesens ist die geringe Menge an erforderlichem Kapital."⁴ *Diese Lektion beherzigen Banken bis heute.* Finanzielle Innovationen wie verbriefte Hypotheken, Credit Default Swaps und andere, die übrigens maßgeblich zur Finanzkrise des Jahres 2008 beigetragen haben, sind eine Erweiterung dieser Lektion. Dadurch wurde es den Banken ermöglicht, mit relativ geringem Eigenkapital hohe Eigenkapitalrenditen einzufahren – solange es gut ging.

Früher mussten die Banken Kredite, die sie vergaben, für die gesamte Laufzeit des Kredits in ihren Büchern halten. Finanzielle Innovationen erlauben es den Banken allerdings heute, Kredite und deren Ausfallrisiko weiterzureichen. Auf diese Weise konnte es sehr unübersichtlich werden, wer im Fall eines Kreditausfalls überhaupt das Risiko zu tragen hatte. Wer hatte sozusagen den „Schwarzen Peter"? Ihre Autoren sind durchaus *nicht* der Ansicht, dass sich diese Innovationen im Vergleich zum vorigen Zustand zum Wohle der gesamten Volkswirtschaft ausgewirkt haben.

Eine weitere wichtige Lektion, die wir aus der Geschichte des Geldes gelernt haben, ist das, was mit dem Begriff „Moral Hazard" beschrieben wird. Finanzinstitute werden so lange riskante Geschäfte eingehen, solange sie wissen, dass sie im Notfall vom Staat beziehungsweise der Zentralbank gerettet werden.

Dieser Trend zeigte sich deutlich im 20. Jahrhundert, als zahlreiche Finanzinstitute weltweit „gerettet" wurden. Besonders in den Vereinigten Staaten war dies in den 1980ern und 1990ern verbreitet. Dies wiederum führte erwartungsgemäß dazu, dass die Banken und Investmenthäuser immer mehr Risiken eingingen – was letztlich zur Finanzkrise führte. Und auch nach der Finanzkrise 2008/2009 wurden weltweit zahlreiche Finanzinstitute vor dem Untergang gerettet. Die Frage bleibt: Sollten Regierung und/oder Zentralbank Finanzinstituten, die vor dem Kollaps stehen, zu Hilfe eilen oder nicht?

Zu zahlen in Gold ...

Solange es einen Goldstandard gab, sorgte dieser dafür, dass ein Land eine gewisse Balance zwischen seinen Importen und seinen Exporten halten musste. Denn wenn die Importe deutlich über den Exporten lagen, musste das betreffende Land die Differenz in Gold bezahlen. Und da die Goldmenge, die ein Land besaß, nicht beliebig vermehrbar war – wie der Gelddruck per Knopfdruck –, konnten die Importe nicht für längere Zeiträume deutlich über den Exporten liegen. In so einem Fall musste das Land entweder

 a) seine Importe verringern oder

 b) seine Exporte erhöhen, um damit Gold zu erhalten, mit dem die Importe bezahlt werden konnten.

Dieser Mechanismus sorgte auf relativ einfache Weise dafür, dass eine bestimmte Balance zwischen Importen und Exporten bestand.

Während wir diese Zeilen schreiben, ist China *der* Exporteur der Welt. China exportierte im Jahr 2015 erheblich mehr in die Vereinigten Staaten von Amerika, als es von dort importierte. Der Historiker Niall Ferguson schrieb dazu folgende Zeilen: „Die Importe aus China haben die Inflation in den USA niedrig gehalten. Die chinesischen Ersparnisse haben die Zinsen in den USA niedrig gehalten. Die chinesischen Arbeitskosten haben das Lohnniveau in den USA niedrig gehalten. Als Ergebnis davon war es bemerkenswert günstig, sich Geld zu leihen."[5]

Wie es zu den niedrigen Zinsen in den USA kam

Im Grunde ist dies passiert: Die Vereinigten Staaten sind im Jahr 2016 mit rund 25 % des Bruttoinlandsprodukts der Welt die größte Volkswirtschaft dieses Planeten. Sie sind auch der größte Abnehmer von Gütern weltweit, an den China, Japan und andere Staaten aus Südostasien und natürlich Länder wie Deutschland ihre Güter verkaufen und damit Dollar verdienen können. Die USA haben massiv Güter importiert, und Länder wie China, Japan und Saudi-Arabien verdienten dadurch Milliarden an Dollar. Diese Dollar konnten entweder in den Zentralbanken dieser Länder gelagert oder anderswo investiert werden. Und ein großer Teil dieser Dollar wurde auch in amerikanische Staatsanleihen investiert. Da dadurch so hohe Nachfrage nach diesen bestand, konnten sie zu niedrigen Zinssätzen angeboten werden – die Nachfrage war schließlich da. Auf diese Weise blieben ihre Zinsen und das gesamte Zinsniveau in den Vereinigten Staaten niedrig.

So funktionierte der Kreislauf

Dies wiederum ermöglichte es den amerikanischen Bürgerinnen und Bürgern, zu niedrigen Zinsen Hypotheken aufzunehmen und Häuser zu kaufen. Die hohe Nachfrage nach Häusern ließ deren Preise steigen. Sobald der Marktwert eines Einfamilienhauses gestiegen war, konnten ihre Eigentümer die bestehende Hypothek erhöhen. Und genau das wurde tausendfach getan. Und viel von dem Geld, das die Konsumenten durch die Erhöhung bestehender Hypotheken erhielten, steckten sie in den Konsum. In Deutschland ist es eher unvorstellbar, dass ohne Not Hypotheken erhöht werden, um mehr konsumieren zu können (zumindest dem Eindruck Ihres Autors Michael Vaupel zufolge). In den Vereinigten Staaten hingegen war diese Praxis durchaus verbreitet. Der zusätzliche Konsum bedeutete dann wiederum, dass weitere Autos aus Japan, noch mehr Kleidung und Elektronikgeräte aus China und zusätzliches Öl aus Saudi-Arabien von den USA importiert wurden. Und so funktionierte dieser Kreislauf. Die Vereinigten Staaten konsumierten Güter aus China, China erhielt dafür Dollar, diese wurden in den Vereinigten Staaten investiert, einen Großteil dieses Geldes liehen sich die USA, sie gaben es dann wieder aus, China erhielt das Geld dann erneut und es verlieh dieses Geld dann erneut an die USA. Und so weiter! Ähnlich sah es übrigens im Fall von Japan und den USA aus, wenn auch auf einem geringeren Niveau.

Das ganze System, so wie es sich eingespielt hatte, erinnert an ein Schneeball- beziehungsweise Pyramidensystem. Genauer gesagt an das, was von Wirtschaftswissenschaftlern „Ponzi-Schema" oder „Ponzi-System" genannt wird. Bei einem solchen System verspricht ein Betrüger zukünftigen Investoren hohe Renditen. Die Investoren, welche von den „hohen Renditen" angelockt werden, investieren Geld. Wenn sich die Neuigkeit von den hohen Renditen verbreitet, dann möchten weitere Investoren in dieses Schema investieren. Das Geld, das diese neuen Investoren mitbringen, wird aber nur dazu genutzt, die Ausschüttungen der Investoren zu zahlen, die vorher eingestiegen waren.

Im Grunde war das gesamte USA-China-Japan-Arrangement ähnlich wie das beschriebene Schema. Die Chinesen kauften massiv US-Staatsanleihen, was mithalf, das Zinsniveau in den USA niedrig zu halten. Dies ermöglichte es den Amerikanern, mehr zu konsumieren. Dieser erhöhte Konsum bedeutete, dass wieder Geld zurück nach China floss (wie eine Auszahlung in einem Ponzi-Schema), und dann wurde es erneut in US-Staatsanleihen investiert. Dies hielt die Zinsen dort weiterhin niedrig – und der Konsum blieb hoch. Wie in einem Ponzi-Schema flossen die Dollar, die China und andere Länder verdienten, immer wieder zurück in die Vereinigten Staaten.

Ein Satz, über den es sich nachzudenken lohnt

Dieses Arrangement, das die Zinsen niedrig hielt, lag im Zentrum dessen, was folgte und nur deshalb eintreten konnte, weil die Vereinigten Staaten die Differenz zwischen ihren Importen und ihren Exporten nicht mehr wie früher mit Gold ausgleichen mussten. Der US-Dollar wurde nach dem Zweiten Weltkrieg die wichtigste Währung der Welt und ersetzte in dieser Funktion das Britische Pfund. Ein großer Teil des internationalen Warenhandels wird in Dollar abgewickelt. Angesichts dessen ist es interessant, einen Moment über den folgenden Satz nachzudenken: *Die Vereinigten Staaten müssen für ihre Importe mit Papier-Dollar bezahlen – und diese können sie einfach drucken und müssen sie nicht verdienen.* Dies ist eine Hauptursache der jüngsten Finanzkrise, doch es sieht nicht so aus, als ob daraus eine Lehre gezogen worden wäre.

Wenn die großen Imperien der Vergangenheit ihre Währungen missbrauchten, dann wurden sie oft genug selbst zerstört. Das römische Weltreich fiel, als der Denar abgewertet wurde. Die Mongolen herrschten über China und verloren schnell an Macht, als sie mehr und immer mehr Papiergeld druckten. Die Spanier wurden von all dem „leichten Geld" in Form von Gold und Silber abhängig, das sie aus Südamerika holten, und verloren die Kontrolle. Die Briten druckten im Ersten Weltkrieg jede Menge Papiergeld und gaben dessen Golddeckung auf, um den Krieg zu finanzieren. Danach verlor das Britische Pfund seinen Status als Leitwährung der Welt an den US-Dollar. Die Sonne ging bald darauf über dem britischen Empire unter. Die beiden Querdenker William Bonner und Addison Wiggin schrieben dazu in ihrem Buch „Empire of Debt" sinngemäß: „Ein Imperium benötigt fast unbegrenzte Mittel, um Kriege zu finanzieren, während im Inland Brot und Spiele geboten werden." Es lässt sich durchaus die These aufstellen, dass sich die Vereinigten Staaten in den letzten 100 Jahren daran gehalten und ein weltweites Imperium mit Militärbasen überall auf der Welt errichtet haben.

Die Vereinigten Staaten haben auch einen sehr viel größeren Teil der weltweiten Ressourcen konsumiert, als es ihrem Anteil an der Weltbevölkerung entspricht, um den großen *American Dream* aufzubauen. Aber währenddessen hat der Dollar 95 % seiner Kaufkraft verloren. Deshalb ist die logisch folgende Frage diese: Wie lange wird das Imperium der USA noch bestehen, angesichts der Tatsache, dass der Dollar rapide zerstört wird?

Die Geschichte bietet uns viele Lektionen an, die wir lernen können. Aber es liegt an uns, ob wir daraus lernen oder nicht. Der deutsche Philosoph Georg Wilhelm Friedrich Hegel (1770–1831) sagte einmal: „Was die Erfahrung aber und die Geschichte lehren, ist dieses, dass Völker und Regierungen niemals etwas aus der Geschichte gelernt und nach Lehren, die aus derselben zu ziehen gewesen wären, gehandelt haben."

Und warum sollte es dieses Mal anders sein?

ANHANG

ENDNOTEN

Warum Robinson Crusoe kein Geld brauchte (S. 15–30)

1. J.F. Chown: „A History of Money from AD 800", London/New York, 1994.
2. M.N. Rothbard: „What Has the Government Done to Our Money", Alabama: Ludwig von Mises Institute, 2008.
3. Ebenda.
4. N. Lewis: „Gold Once and Future of Money", New Jersey, 2007.
5. Ebenda.
6. J. Heath: „Economics without Illusions – Debunking the Myths of Modern Capitalism", New York, 2009.
7. Chown: „History of Money from AD 800".
8. Rothbard: „What Has the Government Done to Our Money".
9. J. Weatherford: „The History of Money", New York, 1997.
10. T.H. Breen: „Tobacco Culture", Princeton, 2001.
11. D. Bloch: „Salt and the Evolution of Money", 1999.
12. M. Benanav: „Men of Salt: Crossing the Sahara on the Caravan of White Gold", Connecticut, 2006.
13. Ebenda.
14. J. Weatherford: „The History of Money", New York, 1997.
15. C. Narbeth: „The Cowry Shell as Money".
16. Ebenda.
17. W. Jacob: „An Historical Enquiry into the Production and Consumption of Precious Metal", London, 1831.
18. F.E. Berdan und P. Carrasco: „Economic Anthropology: Topics and Theories", Maryland, 1983.

19 P.R. Senn: „Cigarettes as Currency", in: „Journal of Finance 6(3)" von 1951, S. 329–332.

20 Ebenda.

21 M. Friedman: „Money Mischief – Episodes in Monetary History", New York, 1994.

22 C. Desan: „Coins Reconsidered: The Political Alchemy of Commodity Money", Berkeley Electronic Press, 2010.

23 R.A. Radford: „The Economic Organisation of a P.O.W. Camp", in: „Economica 12 (1945), S. 189–201.

24 C. Desan: „Coins Reconsidered: The Political Alchemy of Commodity Money", Berkeley Electronic Press, 2010.

25 Ebenda.

26 N. Lewis: „Gold Once and Future of Money", New Jersey, 2007.

27 W.H. Furness: „The Island of Stone Money", Philadelphia, 1910.

28 Ebenda.

29 J. Goldstein und Dr. Kestenbaum: „The Island of Stone Money", 2010, via: http://www.npr.org/sections/money/2011/02/15/131934618/the-island-of-stone-money, eingesehen am 16. Juli 2015. Dort finden Sie auch aussagekräftige Bilder von Feis.

30 W.H. Furness: „The Island of Stone Money", Philadelphia, 1910.

31 M. Friedman: „The Island of Stone Money", Working Papers in Economics, E-91-3, The Hoover Institution, Stanford University, 1991.

32 Ebenda.

33 Associated Press: „Hit by disease, deforestation and war, Columbia's last nomadic tribe faces extinction", 2003, via: http://www.ogiek.org/news/news-post-03-10-3.htm, eingesehen am 16. Juli 2015.

34 J. Forero: „Leaving the Wild, and Rather Liking the Change", 2006, via: http://www.nytimes.com/2006/05/11/world/americas/11colombia.html?pagewanted=all&_r=0, eingesehen am 16. Juli 2015. Dort finden Sie auch Fotos von Mitgliedern des Stammes.

35 Ebenda.

36 Diesen Gedanken verarbeitete Tim Harford in einem interessanten Beitrag: „Look on this toaster, ye mighty, and despair!", via: http://timharford.com/2009/07/look-on-this-toaster-ye-mighty-and-despair/, eingesehen am 18. Juli 2015.

ANHANG

Gold – nützlich oder nutzlos? (S. 33–54)

1. T. Harford: „Adapt: Why Success always starts with Failure", London, 2011.
2. M. Rothbard: „The Case Against the Fed", Alabama: Ludwig von Mises Institute, 1994:15.
3. Y. Trofimov: „Shrinking Dollar Meets Its Match in Dolphin Teeth", Artikel im „The Wall Street Journal" vom 30. April 2008, via: http://www.wsj.com/articles/SB120951522912254575, eingesehen am 20. Juli 2015.
4. J. Weatherford: „The History of Money", New York, 1997.
5. G.E. Griffin: „The Creature from Jekyll Island", American Media, 1994.
6. C. Weber: „A Short History of International Currencies", in „The Weber Global Opportunities Report", via: http://www.pdegraaf.com/articles/Historyofmoneycompleter.pdf, eingesehen am 20. Juli 2015.
7. G.E. Griffin: „The Creature from Jekyll Island", American Media, 1994.
8. C. Menger: „The Origins of Money", Alabama: Ludwig von Mises Institute, 2009.
9. Ebenda.
10. L. Avebury: „A Short History: Coins and Currency", London, 1903.
11. Aristoteles: Werke in deutscher Übersetzung. 19 Bände, Akademie Verlag, Berlin, 1956.
12. L. Avebury: „A Short History: Coins and Currency", London, 1903.
13. H. Mitchell: „Sparta", S. 163–165, 1954.
14. Ebenda.
15. L. Avebury: „A Short History: Coins and Currency", London, 1903.
16. Y. Chen, Jermey Gray, Wei Ouyang, Subu Varada und Yongxin Zhang: „In Gold We Trust", 2011.
17. M. Skousen: „Economics of a Pure Gold Standard", New York, 2010.
18. P. Bernstein: „The Power of Gold – The History of an Obsession", New York, 2000.
19. M. Vaupel: „Mehr Geld verdienen mit Rohstoffen – simplified: So profitieren Sie von Gold, Silber, Kaffee, Zucker, Mais, Indium …", S. 57–74, München, 2013.
20. D. Grice: „A Minskian Roadmap to the Next Gold Mania", Auszüge davon via: http://ftalphaville.ft.com//2009/11/19/84216/a-minskian-roadmap-to-the-next-gold-mania/, eingesehen am 20. Juli 2015.
21. P. Bernstein: „The Power of Gold – The History of an Obsession", New York, 2000.
22. L. Avebury: „A Short History: Coins and Currency", London, 1903.
23. Zum Beispiel via: „Herodot. Historien", Herausgeber Josef Feix, Düsseldorf 2004.
24. J. Weatherford: „The History of Money", New York, 1997.
25. Ebenda.
26. „Herodot. Historien", Herausgeber Josef Feix, Düsseldorf 2004.

27 Herodot: „Gyges und Kandaules", via http://www.gottwein.de/Grie/herod/hdt01006.php, eingesehen am 20. Juli 2015.
28 Ebenda.
29 Ebenda.
30 P. Bernstein: „The Power of Gold – The History of an Obsession", New York, 2000.
31 N. Lewis: „Gold Once and Future of Money", New Jersey, 2007.
32 Ebenda.
33 „Herodot. Historien", Herausgeber Josef Feix, Düsseldorf 2004.
34 J. Tassel: „The Search for Sardis", Harvard Magazine, Juli/August 1997.
35 „Herodot. Historien", Herausgeber Josef Feix, Düsseldorf 2004.
36 Fleur-de-coin.com: „Coins in ancient Greece", via: http://www.fleur-de-coin.com/currency/greek-coin-history, eingesehen am 20. Juli 2015.
37 J. Weatherford: „The History of Money", New York, 1997.
38 „Old World Silver (4000 BC–1500 AD)", The Silver Institute, 2011.
39 L. Avebury: „A Short History: Coins and Currency", London, 1903.
40 Weber: „Weber Global Opportunities Report".
41 P. Bernstein: „The Power of Gold – The History of an Obsession", New York, 2000.
42 „Die Schlacht von Pydna", Wikipedia-Eintrag, eingesehen am 21. Juli 2015.
43 L. Avebury: „A Short History: Coins and Currency", London, 1903.
44 P. Aicher: „Rome Alive: A Source Guide to the Ancient City", Volume 1, Illinois, 2004.
45 „Moneta", via http://www.thaliatook.com/OGOD/moneta.html, eingesehen am 21. Juli 2015.
46 W. Smith: „Dictionary of Greek and Roman Antiquities", London, 1875.
47 Weber: „Weber Global Opportunities Report".
48 R. Grossmann: „Denominations of Roman Coins", Yale University Art Gallery.
49 W. Till: „An Essay on the English Denarius and the English Silver Penny", 1838, via: http://www.treasurerealm.com/coinpapers/books/Till-1837-denarius.html, eingesehen am 21. Juli 2015.
50 Ebenda.
51 J. F. Chown: „A History of Money from AD 800", London/New York, 1994.
52 W. Bonner, A. Wiggin: „Empire of Debt – The Rise of an Epic Financial Crisis", New Jersey, 2006.
53 P. Bernstein: „The Power of Gold – The History of an Obsession", New York, 2000.
54 W. Bonner, A. Wiggin: „Empire of Debt – The Rise of an Epic Financial Crisis", New Jersey, 2006.

55 M. Lynn: „Greek Economics: Drachmas, Debt and Dionysius", 2011, via: http://www.historytoday.com/matthew-lynn/greek-economics-drachmas-debt-and-dionysius, eingesehen am 21. Juli 2015.

56 W. Bonner, A. Wiggin: „Empire of Debt – The Rise of an Epic Financial Crisis", New Jersey, 2006.

57 N. Lewis: „Gold Once and Future of Money", New Jersey, 2007.

58 Weber: „Weber Global Opportunities Report".

59 W. Bonner, A. Wiggin: „Empire of Debt – The Rise of an Epic Financial Crisis", New Jersey, 2006.

60 A.K. Bowman, P. Garnsey, A. Cameron: „The Cambridge Ancient History", Cambridge, 2005.

61 P. Bernstein: „The Power of Gold – The History of an Obsession", New York, 2000.

62 M.N. Rothbard: „What Has the Government Done to Our Money", Alabama: Ludwig von Mises Institute, 2008.

63 C.M. Reinhart und K. Rogoff: „This Time Is Different – Eight Centuries of Financial Folly", New Jersey, 2009.

Bedrucktes Papier wird zu Geld (S. 57–91)

1. D.J. Watts: „Everything is Obvious – Once You Know the Answer", New York, 2011.
2. G. Davies: „A History of Money – From Ancient Times to the Present Day", University of Wales Press, 2002.
3. A.P. Usher: „History of Mechanical Inventions", New York, 2011.
4. G. Davies: „A History of Money – From Ancient Times to the Present Day", University of Wales Press, 2002.
5. M. Polo: „The Travels of Marco Polo – Volume 2", Project Gutenberg, 2004.
6. Ebenda.
7. Ebenda.
8. J.E. Olson und E.G. Bourne: „The Northmen, Columbus and Cabot, 985–1503", Project Gutenberg, 2006. Diese sind auch die Quelle für den folgenden Abschnitt „Land in Sicht!" und zum Hintergrund des Matrosen Rodrigo de Triana.
9. Wikipedia-Eintrag zu Rodrigo de Triana, via: https://de.wikipedia.org/wiki/Rodrigo_de_Triana, eingesehen am 29. August 2015.
10. „The Causes of Death of Christopher Columbus", 25. Februar 2007, via: http://www.eluniversal.com.mx/notas/408828.html, eingesehen am 29. August 2015.
11. N. Ferguson: „The Ascent of Money – A Financial History of the World", London, 2008.
12. J. Hemming: „The Conquest of the Incas", New York, 1993.
13. Ebenda.
14. Ebenda.
15. N. Ferguson: „The Ascent of Money – A Financial History of the World", London, 2008.
16. G. Davies: „A History of Money – From Ancient Times to the Present Day", University of Wales Press, 2002.
17. C.C. Mann: „Kolumbus' Erbe. Wie Menschen, Tiere, Pflanzen die Ozeane überquerten und die Welt von heute schufen", Reinbek, 2013. Auf den Abschnitt „Die Schatzkammer der Welt" (S. 233ff.) des Buches von C.C. Mann berufen wir uns bei allen Angaben zu Potosí wie der angegebenen Einwohnerzahl oder den beschriebenen Beschwerdebrief des Priesters in diesem Buch.
18. N. Ferguson: „The Ascent of Money – A Financial History of the World", London, 2008.
19. G. Davies: „A History of Money – From Ancient Times to the Present Day", University of Wales Press, 2002.
20. J. Weatherford: „The History of Money", New York, 1997.
21. W. Bonner und A. Wiggin: „Empire of Debt – The Rise of an Epic Financial Crisis", New Jersey, 2006.

22 Ebenda.
23 P. Bernstein: „The Power of Gold – The History of an Obsession", New York, 2000.
24 W. Bonner und A. Wiggin: „Empire of Debt – The Rise of an Epic Financial Crisis", New Jersey, 2006.
25 G. Davies: „A History of Money – From Ancient Times to the Present Day", University of Wales Press, 2002.
26 J. Craig: „The Mint: A History of the London Mint from A.D. 287 to 1948", Cambridge University Press, New York, 1953.
27 A. Feavearyear: „The Pound Sterling", London, 1963.
28 J. Clark: „How did East India Company Change the world?", via: http://history.howstuffworks.com/european-history/east-india-company-influence1.htm, eingesehen am 30. August 2015.
29 Ebenda.
30 G. Davies: „A History of Money – From Ancient Times to the Present Day", University of Wales Press, 2002.
31 A. Andreades: „History of the Bank of England", London, 1909.
32 G. Davies: „A History of Money – From Ancient Times to the Present Day", University of Wales Press, 2002.
33 A. Andreades: „History of the Bank of England", London, 1909.
34 Ebenda.
35 Ebenda.
36 Ebenda.
37 M. Skousen: „Economics of a Pure Gold Standard", Kindle Edition, 2011.
38 C. Withers: „The Meaning of Money", New York, 1909, via https://archive.org/details/cu31924030178663, eingesehen am 31. August 2015.
39 Ebenda.
40 A. Andreades: „History of the Bank of England", London, 1909.
41 H. Goodman: „The Formation of the Bank of England: A response to Changing Political and Economic Climate, 1694", in: Penn History Review 17(1) Herbst 2009, S. 10–30, 2009.
42 L. Allen: „The Encyclopedia of Money", Santa Barbara, 2009.
43 H. Goodman: „The Formation of the Bank of England: A response to Changing Political and Economic Climate, 1694", in: Penn History Review 17(1) Herbst 2009, S. 10–30, 2009.
44 C.M. Collins: „The History, Law and Practice of Banking. With an Appendix of Statutes", Charleston, 2009.
45 A. Andreades: „History of the Bank of England", London, 1909.
46 L. Allen: „The Encyclopedia of Money", Santa Barbara, 2009.

47 J.F. Chown und F. Capie: „History of Money from AD 800", London, 1997.
48 S. Quinn: „Goldsmith Banking: Mutual Acceptance and Interbanker Clearing in Restoration London", in: Explorations in Economic History 34(4), S. 411–432, 1997.
49 H. Goodman: „The Formation of the Bank of England: A response to Changing Political and Economic Climate, 1694", in: Penn History Review 17(1) Herbst 2009, S. 10–30, 2009.
50 Ebenda.
51 A. Andreades: „History of the Bank of England", London, 1909.
52 Ebenda.
53 H. Goodman: „The Formation of the Bank of England: A response to Changing Political and Economic Climate, 1694", in: Penn History Review 17(1) Herbst 2009, S. 10–30, 2009.
54 J. Roger: „The First Nine Years of the Bank of England", Oxford, 1887.
55 M. Feierstein: „Planet Ponzi – How Politicians and Bankers Stole Your Future. What Happens Next. How You Can Survive", London, 2012.
56 S. Quinn: „Goldsmith Banking: Mutual Acceptance and Interbanker Clearing in Restoration London", in: Explorations in Economic History 34(4), S. 411–432, 1997.
57 Ebenda.
58 W.M. Acres: „The Bank of England from Within: 1694–1900", Oxford University Printing Press, London, 1931.
59 J.H. Clapman: „The Bank of England: A History, Volume 1: 1694–1797", Cambridge University Press, Cambridge, 1970.
60 H. Goodman: „The Formation of the Bank of England: A response to Changing Political and Economic Climate, 1694", in: Penn History Review 17(1) Herbst 2009, S. 10–30, 2009.
61 A. Andreades: „History of the Bank of England", London, 1909.

ANHANG

Papiergeld in Zeiten des Umbruchs (S. 95-136)

1 M. Ringmann: „Cosmographiae Introductio", 25. April 1507. Zitiert nach: https://de.wikipedia.org/wiki/Amerika#Namensgebung, eingesehen am 28. Juli 2015.

2 B. Bryson: „Made in America", New York, 1994.

3 S. Cronin: „First Letters Patent Granted by Henry VII to John Cabot on March 5, 1496", via: http://www.bris.ac.uk/Depts/History/Maritime/Sources/1496cabotpatent.htm, eingesehen am 28. Juli 2015.

4 F.F. McLeod: „The History of Fiat Money and Currency Inflation in New England from 1620 to 1789", in: Annals of the American Academy of Political and Social Science, Ausgabe 12, September 1898, S. 57-77, 1898.

5 B.W. Wait: „Paper Currency in Colonial South Carolina", in: The Sewanee Review, Ausgabe 5(3), Juli 1897, S. 277-289, 1897.

6 F.F. McLeod: „The History of Fiat Money and Currency Inflation in New England from 1620 to 1789", in: Annals of the American Academy of Political and Social Science, Ausgabe 12, September 1898, S. 57-77, 1898.

7 J.K. Galbraith: „Money - Whence It Came, Where It Went", Boston und New York, 1995.

8 Ebenda.

9 B. Eichengreen: „Exorbitant Privilege - The Rise and Fall of the Dollar", Oxford, 2010. Zum englischen König Jakob I. und der Entwicklung der Tabakproduktion in Jamestown im Rest des Abschnitts: C.C. Mann: „Kolumbus' Erbe. Wie Menschen, Tiere, Pflanzen und Ozeane die Welt überquerten und die Welt von heute schufen", Seite 122, Hamburg, 2013.

10 Wikipedia-Eintrag zu „Gresham'sches Gesetz", via: https://de.wikipedia.org/wiki/Greshamsches_Gesetz#cite_note-1, eingesehen am 28. Juli 2015.

11 B. Eichengreen: „Exorbitant Privilege - The Rise and Fall of the Dollar", Oxford, 2010.

12 J.R. Hummel: „The Monetary History of America to 1789: A Histographical Essay", in: Journal of Libertarian Studies, Ausgabe 2(4), S. 373-389, 1978.

13 E.W. Kemmerer: „Gold and the Gold Standard: The Story of Gold Money, Past, Present and Future", New York und London, 1944.

14 B. Eichengreen: „Exorbitant Privilege - The Rise and Fall of the Dollar", Oxford, 2010.

15 M.N. Rothbard: „A History of Money and Banking in the United States: The Colonial Era to World War II", Ludwig von Mises Institute, Alabama, 2002.

16 A. Nussbaum: „A History of the Dollar", New York, 1957.

17 Wikipedia-Eintrag zu „Dollar", Namensherkunft und Entstehung, via: https://de.wikipedia.org/wiki/Dollar#Namensherkunft_und_Entstehung, eingesehen am 28. Juli 2015.

18 L. Allen: „The Encyclopedia of Money", second edition, Santa Barbara, 2009.

19 B. Eichengreen: „Exorbitant Privilege - The Rise and Fall of the Dollar", Oxford, 2010.

20 G. Davies: „A History of Money – From Ancient Times to the Present Day", Cardiff, 2002.
21 J.R. Hummel: „The Monetary History of America to 1789: A Histographical Essay", in: Journal of Libertarian Studies, Ausgabe 2(4), S. 373–389, 1978.
22 Ebenda.
23 M.N. Rothbard: „A History of Money and Banking in the United States: The Colonial Era to World War II", Ludwig von Mises Institute, Alabama, 2002.
24 J.R. Hummel: „The Monetary History of America to 1789: A Histographical Essay", in: Journal of Libertarian Studies, Ausgabe 2(4), S. 373–389, 1978.
25 F.F. McLeod: „The History of Fiat Money and Currency Inflation in New England from 1620 to 1789", in: Annals of the American Academy of Political and Social Science, Ausgabe 12, September 1898, S. 57–77, 1898.
26 H. Peckham: „The Colonial Wars, 1689–1762", Chicago, 1964.
27 M.N. Rothbard: „A History of Money and Banking in the United States: The Colonial Era to World War II", Ludwig von Mises Institute, Alabama, 2002.
28 J.R. Hummel: „The Monetary History of America to 1789: A Histographical Essay", in: Journal of Libertarian Studies, Ausgabe 2(4), S. 373–389, 1978.
29 F.F. McLeod: „The History of Fiat Money and Currency Inflation in New England from 1620 to 1789", in: Annals of the American Academy of Political and Social Science, Ausgabe 12, September 1898, S. 57–77, 1898.
30 Ebenda.
31 M.N. Rothbard: „A History of Money and Banking in the United States: The Colonial Era to World War II", Ludwig von Mises Institute, Alabama, 2002.
32 Ebenda.
33 Wikipedia-Eintrag zu „Gresham'sches Gesetz", via: https://de.wikipedia.org/wiki/Greshamsches_Gesetz#cite_note-1, eingesehen am 28. Juli 2015.
34 Quelle für alle Zahlen in diesem Abschnitt: M.N. Rothbard: „A History of Money and Banking in the United States: The Colonial Era to World War II", Ludwig von Mises Institute, Alabama, 2002.
35 F.F. McLeod: „The History of Fiat Money and Currency Inflation in New England from 1620 to 1789", in: Annals of the American Academy of Political and Social Science, Ausgabe 12, September 1898, S. 57–77, 1898.
36 M.N. Rothbard: „A History of Money and Banking in the United States: The Colonial Era to World War II", Ludwig von Mises Institute, Alabama, 2002.
37 B.W. Wait: „Paper Currency in Colonial South Carolina", in: The Sewanee Review, Ausgabe 5(3), Juli 1897, S. 277–289, 1897.
38 Ebenda.
39 M.N. Rothbard: „A History of Money and Banking in the United States: The Colonial Era to World War II", Ludwig von Mises Institute, Alabama, 2002.

40 C.W. MacFarlane: „Pennsylvania Paper Currency", in: Annals of the American Academy of Political and Social Science, Ausgabe 8, Juli 1896, S. 50–126, 1896.
41 Ebenda.
42 F. Grubb: „Benjamin Franklin – And the Birth of a Paper Money Economy", Pennsylvania, 2006.
43 Ebenda.
44 Ebenda.
45 Ebenda.
46 M.N. Rothbard: „A History of Money and Banking in the United States: The Colonial Era to World War II", Ludwig von Mises Institute, Alabama, 2002.
47 C. Nicholas: „Paper Money in Colonial Virginia", in: The William and Mary Quarterly, Ausgabe 20(4), April 1912, S. 227–262, 1912.
48 J.R. Hummel: „The Monetary History of America to 1789: A Histographical Essay", in: Journal of Libertarian Studies, Ausgabe 2(4), S. 373–389, 1978.
49 M. Egnal und J.A. Ernst: „An Economic Interpretation of the American Revolution", in: The William and Mary Quarterly, Ausgabe 29(1), Januar 1972, S. 3–32, 1972.
50 Ebenda.
51 Ebenda.
52 F. Capie: „Conditions in Which Very Rapid Inflation Has Appeared", in: Carnegie-Rochester Conference Series on Public Policy 24(1), S. 115–168, 1986.
53 Ebenda.
54 Ebenda.
55 F. Grubb: „The Continental Dollar: How Much Was Really Issued?", National Bureau of Economic Research, Cambridge/Massachusetts, 2007.
56 M.N. Rothbard: „A History of Money and Banking in the United States: The Colonial Era to World War II", Ludwig von Mises Institute, Alabama, 2002.
57 F. Grubb: „The Continental Dollar: How Much Was Really Issued?", National Bureau of Economic Research, Cambridge/Massachusetts, 2007.
58 M.N. Rothbard: „A History of Money and Banking in the United States: The Colonial Era to World War II", Ludwig von Mises Institute, Alabama, 2002.
59 F. Grubb: „The Continental Dollar: How Much Was Really Issued?", National Bureau of Economic Research, Cambridge/Massachusetts, 2007.
60 F. Capie: „Conditions in Which Very Rapid Inflation Has Appeared", in: Carnegie-Rochester Conference Series on Public Policy 24(1), S. 115–168, 1986.
61 H.A.S. Trask: „Inflation and the American Revolution", via: https://mises.org/library/inflation-and-american-revolution, eingesehen am 16. August 2015.
62 F.F. McLeod „The History of Fiat Money and Currency Inflation in New England from 1620 to 1789", in: Annals of the American Academy of Political and Social Science, Ausgabe 12, September 1898, S. 57–77, 1898.

63 J.E. Sandrock: „Bank Notes of the French Revolution Part 1", via: http://www.thecurrencycollector.com/pdfs/BankNotesoftheFrench RevolutionPartI.pdf, eingesehen am 16. August 2015.

64 M. Adrock: „Analysing the French Revolution", Cambridge University Press, Cambridge, 2007.

65 C. Hibbert: „The Days of the French Revolution", New York, 1988.

66 J.E. Sandrock: „Bank Notes of the French Revolution Part 1", via: http://www.thecurrencycollector.com/pdfs/BankNotesofthe FrenchRevolutionPartI.pdf, eingesehen am 16. August 2015.

67 E. Levvasseur: „The Assignats: A Study in the Finances of the French Revolution", in: Journal of Political Economy 2(2), März 1894, S. 179–202, 1894.

68 Ebenda.

69 Ebenda.

70 J.E. Sandrock: „Bank Notes of the French Revolution Part 1", via: http://www.thecurrencycollector.com/pdfs/BankNotesoftheFrenchRevolutionPartI.pdf, eingesehen am 16. August 2015.

71 E. Levasseur: „The Assignats: A Study in the Finances of the French Revolution", in: Journal of Political Economy 2(2), März 1894, S. 179–202, 1894.

72 J.E. Sandrock: „Bank Notes of the French Revolution Part 1", via: http://www.thecurrencycollector.com/pdfs/BankNotesoftheFrench RevolutionPartI.pdf, eingesehen am 16. August 2015.

73 E. Levasseur: „The Assignats: A Study in the Finances of the French Revolution", in: Journal of Political Economy 2(2), März 1894, S. 179–202, 1894.

74 R.G. Hawtrey: „The Collapse of the French Assignats", in: The Economic Journal 28(111), S. 300–314, 1918.

75 E. Levasseur: „The Assignats: A Study in the Finances of the French Revolution", in: Journal of Political Economy 2(2), März 1894, S. 179–202, 1894.

76 R.G. Hawtrey: „The Collapse of the French Assignats", in: The Economic Journal 28(111), S. 300–314, 1918.

77 J.E. Sandrock: „Bank Notes of the French Revolution Part 2", via: http://www.thecurrencycollector.com/pdfs/BankNotesoftheFrenchRevolutionPartII.pdf, eingesehen am 16. August 2015.

78 E.M. Sait: „Economic Aspects of the French Revolution", in: Political Science Quarterly 25(2), S. 328–338, 1910.

79 J.E. Sandrock: „Bank Notes of the French Revolution Part 2", via: http://www.thecurrencycollector.com/pdfs/BankNotesoftheFrenchRevolutionPartII.pdf, eingesehen am 16. August 2015.

80 E. Levasseur: „The Assignats: A Study in the Finances of the French Revolution", in: Journal of Political Economy 2(2), März 1894, S. 179–202, 1894.

81 R.G. Hawtrey: „The Collapse of the French Assignats", in: The Economic Journal 28(111), S. 300–314, 1918.

82 J.E. Sandrock: „Bank Notes of the French Revolution Part 2",
via: http://www.thecurrencycollector.com/pdfs/BankNotesoftheFrench
RevolutionPartII.pdf, eingesehen am 16. August 2015.

83 R.G. Hawtrey: „The Collapse of the French Assignats", in: The Economic Journal 28(111), S. 300-314, 1918.

84 F. Capie: „Conditions in Which Very Rapid Inflation Has Appeared", in: Carnegie-Rochester Conference Series on Public Policy 24(1), S. 115-168, 1986.

85 E. Levasseur: „The Assignats: A Study in the Finances of the French Revolution", in: Journal of Political Economy 2(2), März 1894, S. 179-202, 1894.

Spekulationsblasen und Krisen (S. 139-170)

1. L.B. Broz: „The Origins of Central Banking: Solutions to the Free Rider Problem", in: International Organisation 52(2), S. 231-268, 1998.
2. S.N. Duryea: „William Pitt, The Bank of England, And the 1797 Suspension of Specie Payments: Central Bank War Finance During the Napoleonic Wars", in: Libertarian Papers 2(15), 2010.
3. G. Davies: „A History of Money – From Ancient Times to the Present Day", University of Wales Press, Cardiff, 2002.
4. L.B. Broz und R.S. Grossman: „Paying for Privilege: The Political Economy of Bank of England Charters, 1694-1844", via: http://dss.ucsd.edu/~jlbroz/EEHFinalText_LB3.pdf, eingesehen am 23. August 2015.
5. E.W. Kemmerer: „Gold and the Gold Standard: The Story of Gold Money, Past, Present and Future", New York und London, 1944.
6. W. Hague: „William Pitt the Younger", London, 2005.
7. S.N. Duryea: „William Pitt, The Bank of England, And the 1797 Suspension of Specie Payments: Central Bank War Finance During the Napoleonic Wars", in: Libertarian Papers 2(15), 2010.
8. M. Turner: „Pitt the younger: A life", London, 2003.
9. M.D. Bordo und E.N. White: „A Tale of Two Currencies: British and French Finance During Napoleonic Wars", in: The Journal of Economic History 51(2), Juni 1991, S. 303-316, 1991.
10. A. Andreades: „History of the Bank of England", London, 1909.
11. S.N. Duryea: „William Pitt, The Bank of England, And the 1797 Suspension of Specie Payments: Central Bank War Finance During the Napoleonic Wars", in: Libertarian Papers 2(15), 2010.
12. C.P.H.: „War Loans Versus Subsidies: A Note on Great Britain's Advances to Her Continental Allies", in: Foreign Affairs 9(4), S. 683-685, 1931.
13. E. Cannan: „The Paper Pound of 1797-1821. An Introduction", London, 1919.
14. Ebenda.
15. Anonymous: „The Bank of England Restriction 1797-1821", in: The North American Review 105(217), Oktober 1867, S. 393-434, 1867.
16. E. Cannan: „The Paper Pound of 1797-1821. An Introduction", London, 1919.
17. Anonymous: „The Bank of England Restriction 1797-1821", in: The North American Review 105(217), Oktober 1867, S. 393-434, 1867.
18. Ebenda.
19. S.N. Duryea: „William Pitt, The Bank of England, And the 1797 Suspension of Specie Payments: Central Bank War Finance During the Napoleonic Wars", in: Libertarian Papers 2(15), 2010.

20 M.D. Bordo und E.N. White: „A Tale of Two Currencies: British and French Finance During Napoleonic Wars", in: The Journal of Economic History 51(2), Juni 1991, S. 303-316, 1991.

21 Ebenda.

22 W.N. Hancock: „Sir Robert Peel's Bank Act of 1844, Explained and Defined", 1855, via: http://www.tara.tcd.ie/bitstream/2262/9093/1/jssVol14_261276.pdf, eingesehen am 2. September 2015.

23 Anonymous: „The Bank of England Restriction 1797-1821", in: The North American Review 105(217), Oktober 1867, S. 393-434, 1867.

24 D. Ricardo: „The High Price of Bullion", via: http://socserv.mcmaster.ca/econ/ugcm/3ll3/ricardo/bullion, eingesehen am 2. September 2015.

25 Report from the Select Committee on the High Price of Gold Bullion: Ordered, by the House of Commons, London, 1810.

26 W.N. Sloane: „The World Aspects of the Louisiana Purchase", in: The American Historical Review 9(3), S. 507-521, 1904.

27 Ebenda.

28 Ebenda.

29 M.D. Bordo und E.N. White: „A Tale of Two Currencies: British and French Finance During Napoleonic Wars", in: The Journal of Economic History 51(2), Juni 1991, S. 303-316, 1991.

30 Ebenda.

31 W.M. Sloane: „Napoleon's Plans for a Colonial System", in: The American Historical Review 4(3), S. 439-455, 1899.

32 P. Ziegler: „The Sixth Great Power: Barings 1762-1929", New York, 1988.

33 Anonymous: „The Bank of England Restriction 1797-1821", in: The North American Review 105(217), Oktober 1867, S. 393-434, 1867.

34 A. Zamoyski: „Moscow 1812: Napoleon's Fatal March", New York, 2004.

35 M. Friedman: „Bimetallism Revisited", in: Journal of Economic Perspectives 4(4), S. 85-104, 1990.

36 G. Davies: „A History of Money – From Ancient Times to the Present Day", University of Wales Press, Cardiff, 2002.

37 N. Ferguson: „The Ascent of Money – A Financial History of the World", London, 2008.

38 G. Davies: „A History of Money – From Ancient Times to the Present Day", University of Wales Press, Cardiff, 2002.

39 N. Ferguson: „The Ascent of Money – A Financial History of the World", London, 2008.

40 J.F. Chown und F. Capie: „History of Money from AD 800", London, 1997.

41 L. Neal: „The Financial Crisis of 1825 and the Restructuring of the British Financial System", Aufsatz für die 22. „Annual Economic Policy Conference at the Federal Reserve Bank of St. Louis" vom 16./17. Oktober 1997.

42 Ebenda.

43 E. Chancellor: „Devil Takes the Hindmost – A History of Financial Speculation", New York, 2000.

44 Ebenda.

45 F.G. Dawson: „The First Latin American Debt Crisis: The City of London and the 1822–25 Loan Bubble", New York, 1990.

46 L.H. Jenks: „The Migration of British Capital to 1875", New York, 1927.

47 L. Neal: „The Financial Crisis of 1825 and the Restructuring of the British Financial System", Aufsatz für die 22. „Annual Economic Policy Conference at the Federal Reserve Bank of St. Louis" vom 16./17. Oktober 1997.

48 A.D. Gayer, W.W. Rostow und A.J. Schwartz: „The Growth and Fluctuation of the British Economy, 1790–1850", Oxford, 1975.

49 L. Neal: „The Financial Crisis of 1825 and the Restructuring of the British Financial System", Aufsatz für die 22. „Annual Economic Policy Conference at the Federal Reserve Bank of St. Louis" vom 16./17. Oktober 1997.

50 A. Andreades: „History of the Bank of England", London, 1909.

51 A.D. Gayer, W.W. Rostow und A.J. Schwartz: „The Growth and Fluctuation of the British Economy, 1790–1850", Oxford, 1975.

52 E. Chancellor: „Devil Takes the Hindmost – A History of Financial Speculation", New York, 2000.

53 Ebenda.

54 Thomas Doubleday: „A Financial, Monetary and Statistical History of England, from the Revolution of 1688", London, 1859.

55 E. Chancellor: „Devil Takes the Hindmost – A History of Financial Speculation", New York, 2000.

56 So zumindest laut einer Rede von William Huskisson im britischen Unterhaus im Dezember 1825.

57 L. Neal: „The Financial Crisis of 1825 and the Restructuring of the British Financial System", Aufsatz für die 22. „Annual Economic Policy Conference at the Federal Reserve Bank of St. Louis" vom 16./17. Oktober 1997.

58 Der Titel dieses Buches ist eindeutig der längste unter den von uns verwendeten Quellen: W. Toone: „The Chronological Historian or a Record of Public Events, Historical, Political, Biographical, Literary, Domestic and Miscellaneous; Principally Illustrative of the Ecclesiastical, Civil, Naval, and Military History of Great Britain and its Dependencies", 1828.

59 M.N. Rothbard: „What Has the Government Done to Our Money", Ludwig von Mises Institute, Alabama, 2008.

60 H.M. Hyndman: „Commercial Crisis of the Nineteenth Century", London, 1902.

61 W. Bagehot: „Lombard Street – A Description of the Money Market", New York, 1873.
62 H.M. Hyndman: „Commercial Crisis of the Nineteenth Century", London, 1902.
63 Ebenda.
64 A. Andreades: „History of the Bank of England", London, 1909.
65 W. Bagehot: „Lombard Street – A Description of the Money Market", New York, 1873.
66 H.M. Hyndman: „Commercial Crisis of the Nineteenth Century", London, 1902.
67 A. Andreades: „History of the Bank of England", London, 1909.
68 W.N. Hancock: „Sir Robert Peel's Bank Act of 1844, Explained and Defined", 1855, via: http://www.tara.tcd.ie/bitstream/2262/9093/1/jssVolI4_261276.pdf, eingesehen am 2. September 2015.
69 K. Marx: „The Bank Act of 1844 and the Monetary Crisis in England", via: http://marxengels.public-archive.net/en/ME1033en.html, eingesehen am 6. September 2015.
70 J.H. Wood: „Bagehot's Lender of Last Resort – A Hollow Hallowed Tradition", in: The Independent Review 7(3), S. 343–351, 2003.
71 J.W. Gilbart: „The Laws of Currency, as Exemplified in the Circulation of Country Bank Notes in England, since the Passing of the Act of 1844", in: Journal of Statistical Society of London 17(4), S. 289–321, 1854.

Goldene Zeiten (S. 173–202)

1. M. Friedman: „The Crime of 1873", in: Journal of Political Economy 98(6), S. 1159–1194, Dezember 1990.
2. J. Rickards: „Currency Wars – The Making of the Next Financial Crisis", New York, 2011.
3. H. Mitchell: „The Gold Standard in the Nineteenth Century", in: The Canadian Journal of Economics and Political Science, Ausgabe 17(3), August 1951, S. 369–376, 1951.
4. A.E. Lee: „Bimetallism in the United States", in: Political Science Quarterly, Ausgabe 1(3), September 1886, S. 386–399, 1886.
5. M. Friedman: „The Crime of 1873", in: Journal of Political Economy 98(6), S. 1159–1194, Dezember 1990.
6. A.E. Lee: „Bimetallism in the United States", in: Political Science Quarterly, Ausgabe 1(3), September 1886, S. 386–399, 1886.
7. J.G. Hülsmann: „The Ethics of Money Production", Ludwig von Mises Institute, Alabama, 2008.
8. F.W. Taussig: „The International Silver Situation", in: Quarterly Journal of Economics, Ausgabe 11(1), Oktober 1896, S. 1–35, 1896.
9. E.W. Kemmerer: „Gold and the Gold Standard: The Story of Gold Money, Past, Present and Future", New York und London, 1944.
10. M. Friedman: „The Crime of 1873", in: Journal of Political Economy 98(6), S. 1159–1194, Dezember 1990.
11. F.W. Taussig: „The Silver Situation in the United States", in: The Quarterly Journal of Economics, Ausgabe 4(3), April 1890, S. 291–315, 1890.
12. Ebenda.
13. W.G. Sumner, J.L. Laughlin und F.A. Walker: „Shall Silver Be Demonetized?", in: The North American Review, Ausgabe 140(343), Juni 1885, S. 485–497, 1885.
14. C.B. Spahr: „Griffin's Case against Bimetallism", in: Political Science Quarterly, Ausgabe 8(3), September 1893, S. 401–425, 1893.
15. Ebenda.
16. O. Arendt: „The Outlook for Silver", in: The North American Review, Ausgabe 162(475), S. 674–681, Juni 1896.
17. M. Friedman: „The Crime of 1873", in: Journal of Political Economy 98(6), S. 1159–1194, Dezember 1990.
18. W.G. Sumner, J.L. Laughlin und F.A. Walker: „Shall Silver Be Demonetized?", in: The North American Review, Ausgabe 140(343), Juni 1885, S. 485–497, 1885.
19. M.G. Myers: „A Financial History of the United States", New York, 1970.
20. C.B. Spahr: „Griffin's Case against Bimetallism", in: Political Science Quarterly, Ausgabe 8(3), September 1893, S. 401–425, 1893.

21 W.J. Bryan: „The Cross of Gold Speech", 1896, via: http://www.nebraskastudies.org/0600/media/0605_0508gold.pdf, eingesehen am 25. Juli 2015.

22 Ebenda.

23 M. Kazin: „A Godly Hero: The Life of William Jennings Bryan", New York, 2006.

24 R.F. Bensel: „Passion and Preferences: William Jennings Bryan and the 1896 Democratic National Convention", Cambridge, 2008.

25 M. Friedman: „Money Mischief – Episodes in Monetary History", New York, 1994.

26 Ebenda.

27 M. Friedman und A. Schwartz: „A Monetary History of the United States, 1867–1960", Princeton, 1963.

28 J.F. Johnson: „The Currency Act of March 14, 1900", in: Political Science Quarterly, Ausgabe 15(3), September 1900, S. 482–507, 1900.

29 M. Friedman: „Money Mischief – Episodes in Monetary History", New York, 1994.

30 J.G. Hülsmann: „Die Ethik der Geldproduktion", Waltrop, 2007.

31 J. Rickards: „Currency Wars – The Making of the Next Financial Crisis", New York, 2011.

32 Ebenda.

33 Ebenda.

34 B. Eichengreen: „Golden Fetters – The Gold Standard and the Great Depression of 1919–1939", New York, 1992.

35 Ebenda.

36 Quelle der Zahlen dieses und des nächsten Abschnitts: R.W. Jastram: „The Gold Standard: Remarks to the Security Analysts Society of San Francisco", via http://www.goldensextant.com/Resources%20PDF/JASTRAM%20THE%20GOLD%20STANDARD.pdf, eingesehen am 26. Juli 2015.

37 S. Nasar: „Grand Pursuit – The Story of an Economic Genius", London, 2011.

38 P. Ziegler: „The Sixth Great Power: Barings 1762–1929", New York, 1988.

39 K.J. Mitchener und M.D. Weidenmier: „The Barings Crisis and the Great Latin American Meltdown of the 1890s", National Bureau of Economic Research, 2006, via: www.nber.org/papers/w13403.pdf, eingesehen am 26. Juli 2015.

40 P. Ziegler: „The Sixth Great Power: Barings 1762–1929", New York, 1988.

41 Anonymer Autor: „The Crisis of 1890", in: The Economic Journal, Ausgabe 1(1), März 1891, S. 192–196, 1891.

42 K.J. Mitchener und M.D. Weidenmier: „The Barings Crisis and the Great Latin American Meltdown of the 1890s", National Bureau of Economic Research, 2006, via: www.nber.org/papers/w13403.pdf, eingesehen am 26. Juli 2015.

43 Ebenda.

44 A.G. Ford: „Argentina and the Barings Crisis of 1890", in: Oxford Economic Papers (New Series), Ausgabe 8(2), Juni 1956, S. 127–150, 1956.

45 Ebenda.
46 Anonymer Autor: „The Crisis of 1890", in: The Economic Journal, Ausgabe 1(1), März 1891, S. 192–196, 1891.
47 A.G. Ford: „Argentina and the Barings Crisis of 1890", in: Oxford Economic Papers (New Series), Ausgabe 8(2), Juni 1956, S. 127–150, 1956.
48 Anonymer Autor: „The Crisis of 1890", in: The Economic Journal, Ausgabe 1(1), März 1891, S. 192–196, 1891.
49 Ebenda.
50 J.H. Clapman: „Bank of England", Volume 2, New York, 1945.
51 G. Davies: „A History of Money", Cardiff, 2002, via: https://archive.org/details/HistoryOfMoney, eingesehen am 27. Juli 2015.
52 K.J. Mitchener und M.D. Weidenmier: „The Barings Crisis and the Great Latin American Meltdown of the 1890s", National Bureau of Economic Research, 2006, via: www.nber.org/papers/w13403.pdf, eingesehen am 26. Juli 2015.
53 C. Kindleberger und R. Aliber: „Manias, Panics, and Crashes – A History of Financial Crises", New Jersey, 2005.
54 Ebenda.
55 J.H. Clapman: „Bank of England", Volume 2, New York, 1945.

Diesmal ist es nicht anders (S. 205–213)

1 L. Halligan: „Falling Yen to Spark Renewed Currency Wars", via: http://www.telegraph.co.uk/finance/comment/liamhalligan/9844314/Falling-yen-set-to-spark-renewed-currency-wars.html, eingesehen am 17. August 2015.

2 F.P. Powers: „The Greenback in War", in: Political Science Quarterly 2(1), März 1887, S. 79–90, 1887.

3 Wir bedanken uns bei Akhilesh Tilotia und Jeff Nielson für ihre Anmerkungen zu diesem Thema.

4 W. Bagehot: „Lombard Street – A Description of the Money Market", New York, 1873.

5 N. Ferguson: „The Ascent of Money – A Financial History of the World", London, 2008.

ANHANG

BILDQUELLEN

Illustrationen:
S. 18, 24, 28, 43, 51, 82, 99, 106, 122, 135, 144 von Patrick Soeder.

Fotos:
S. 22: „Kaurischnecke": iStockphoto
S. 27: „Fei": dpa Picture-Alliance
S. 37: „Schwedisches Plattengeld": Wikipedia
S. 47: „Athenische Drachme": iStockphoto
S. 58: „Mona Lisa": dpa Picture-Alliance
S. 59: „Vitruvianischer Mensch": Thinkstock
S. 64: „Karte Reisen Christoph Kolumbus": iStockphoto
S. 67: „Inka in Südamerika": dpa Picture-Alliance
S. 72: „Spanische Goldmünze alt": iStockphoto
S. 134: „Assignate": Fotolia
S. 209: „Spanische Goldmünze neu": dpa Picture-Alliance